織豊期研究会◉編

織豊期研究の現在〈いま〉

岩田書院

目　次

総論
織豊政権の独自性……藤田達生　5
はじめに　5
一　戦国大名領国の矛盾　7
二　東アジアのなかの織豊政権　22
おわりに　35

基調講演
身分としての奉公人―その創出と消滅―……藤井譲治　41
はじめに　41
一　身分としての「奉公人」　44
二　秀吉文書にみえる「奉公人」　45
三　秀吉文書からみた各時期の「奉公人」　47

四　豊臣期「奉公人」の歴史的位置　60
五　「奉公人」身分の消滅　73

第一部　論考編

織豊期経済論……………………………………本多博之　87
はじめに　87
一　十六世紀の東アジアと日本　88
二　貨幣　91
三　市場構造　98
四　商人　107
おわりに　115
織田期の政治過程と戦争……………………………山本浩樹　123
はじめに—「本能寺の変」に関する一試論—　123
一　織田政権期の政治的諸段階　128
二　織田権力の特質を考える　137
おわりに　143

織豊大名論……光成準治　149
はじめに　149
一　検地及びそれに伴う給地再編　155
二　家臣団の軍事力編成と行政機構　161
三　家臣団の本城城下移住、支城の整備　166
四　豊臣権力による大名統制　170
おわりに　179
天下統一論―停戦令・国分・仕置の視点から―……藤田達生　191
はじめに　191
一　戦後研究史に学ぶ―天下統一をどうみてきたか―　192
二　戦国動乱から天下統一へ　197
おわりに　220
豊臣期検地論……平井上総　229
はじめに　229
一　豊臣期の検地　230

二　石高制をめぐって　235
三　検地帳名請をめぐって　240
おわりに　244

第二部　研究史をふり返る

軍事・戦争……長屋隆幸　253
商業・流通……山下智也　265
寺社・宗教……羽柴亜弥　276
真宗・一向一揆……水野智之　283
武家儀礼……小久保嘉紀　291
織豊期研究二十年の回顧……三鬼清一郎　307
あとがき……水野智之　313

■総論

織豊政権の独自性

藤田達生

はじめに

織豊期研究会が発足して、早くも二十年が経過した。この間、それなりに学会として認知されたとしたら、織田信長・豊臣秀吉・徳川家康という三人の天下人の故郷である東海地域に事務局を置くという、その地域性によるところ大であろう(1)。発足当初から、共同研究を重ねながら(2)、おおよそ次の問題意識が研究会メンバーに共有されてきたと、筆者は認識している。

①どうして、東海地域から近世化への胎動がはじまったのか。たまたま三人の英雄が誕生したからではなく、東海地域の地域的特性が彼らの活躍の前提として大きく作用したと考えた。つまり、東国社会の成熟を前提としつつ、京都と東国を結び、かつ日本海と太平洋の距離がもっとも短く、東西・南北の流通の結節点という地域的な特徴が、積極的に作用したとみたのである。

②織豊期は、戦国期とも江戸期とも異なる一段階ではなかったか。戦国期からの量的発展とは違い、質的な転換を遂げた時代であり、必ずしもそのまま江戸期にはつながらない一段

階と考えた。連続か断絶かではなく、様々な可能性があり、その生成・消滅過程としてとらえることをめざした。

私たちが、この二十年間の研究会活動を通じて確信したのが、如上のごとき織豊政権の独自性だった。今回の織豊期研究会創立二十周年記念シンポジウム「織豊期研究の現在《いま》」は、約一年前から構想を練り、準備報告会を重ねて実現したものであるが、特にこの点に焦点を絞ることになった。当日（二〇一五年十一月二十八日）の報告を経て、本書に収録した論考は下記の通りである。

基調講演
藤井讓治「身分としての奉公人─その創出と消滅─」
論考編
本多博之「織豊期経済論」
山本浩樹「織田期の政治過程と戦争」
光成準治「織豊大名論」
藤田達生「天下統一論」
平井上総「豊臣期検地論」

基調講演（藤井）と個別報告の担当者（本多・光成・藤田）には、報告内容をできるだけ忠実に論文化していただき、司会者（山本・平井）には、当日の議論から個別テーマを選択して問題提起するように依頼した。

この二十年間、織豊期を対象とする研究は活況を呈し、格段の深化を遂げた。シンポジウムを準備する過程で、研究会に出席する若手研究者を中心に、関係論文を抽出し目録化する作業をおこない、あわせてテーマ別に研究史の成果と課題に関する報告会を開催した（研究会ＨＰ参照のこと）。これについては、「第二部　研究史をふり返る」に収録された各論稿を参照されたい。

総論としての本稿では、先述の①②の問題意識を前提としつつ、収録した諸論文との関連から、織豊期時代像に関する若干の問題提起を試みたい。なお、諸事情によって本書の刊行までに一年半も要してしまい、関係者にご迷惑をおかけしたことを、心からお詫び申し上げます。

一　戦国大名領国制の矛盾

1　初期織田政権―環伊勢海政権―

・本多博之「織豊期経済論」

本多論文は、大航海時代における世界的な銀の流れに着目して、日本における銀の大量生産が、日本も含む東アジアの政治・経済構造の大きな変化をもたらしたことを強調する。

信長については、楽市令や関所撤廃などによる交通・流通政策のなかで、統一政権としての指向性をもった人物と評価する。米の通貨としての利用を禁止し、そのかわりに普遍性をもった価値尺度としての石高が、知行制や軍役賦課の基本原理として採用される土台ができたことを評価した。

豊臣政権は、天下統一戦を通じて生野や石見の銀山をはじめとする主要金銀鉱山を収公する。二二〇万石を超える蔵入地に加えて、京都・伏見・大坂・堺など上方都市の米相場情報を掌握する豊臣政権は、蔵米と直轄鉱山の金銀を活用することで、上方都市を核とする求心的市場構造が誕生し、大名主導の物流と重層的に繋がる状況が生まれたとする。

ここでは本多説を受けて、信長台頭の理由を東海地域の視座から提示する。

言うまでもないが、戦国末期から織豊期を経て、天草・島原一揆が鎮圧される江戸初期までは、果てしない大規模戦争の時代だった。日本列島規模で、戦国大名たちの資本蓄積をめざす富国強兵策は、領土拡張への方向性を選択させた。戦乱の拡大と長期化によって、領地の境目の相対化が進んだ。それは、必ずしも国境・郡境と言ったラインにとどまらず、時として国郡規模のゾーンに拡大することさえあった。

このような政治動向もさることながら、京都と諸地域を結ぶ伝統的な座商業に収斂されない隔地間流通を、新興商人が担うようになったことも看過できない。たとえば、六角氏が保護した新興の今堀商人は、隊商を組んで若狭―近江間、近江―伊勢間を往来して商売を営んだ(3)。戦国大名たちは、新興の御用商人を育てつつ、鉄炮や弾薬などの武器の移入や様々な商品の流通を奨励した。

かかる拡大と開放の動きの一方で、本領と加地子などの在地剰余を守ろうとする国人層の、政治的自立化の動きも見逃せない。彼らは、郡規模領主として戦国大名を支えつつも、主君と利害調整がつかない場合は容易に離反することさえあった(4)。

これらは、拡大・開放と自立・離反というふたつの道のせめぎ合いとなって現れ、大名家中における直臣層と大身家臣との対立を孕むことになる。戦国大名権力とは、多かれ少なかれ当初よりかかる矛盾を内包しており、ここに権力基盤の脆弱性を求めることができるのである。

信長は、日本列島における東西・南北の結節点であることのアドバンテージを十分に生かし、銭貨蓄積による強兵策を進めて、一挙に周辺大名を併呑する勢いをみせた。その背景は、なんといっても直属軍の精鋭化にあった。

信長が採用した三間半（約六・三メートル）の長槍は、戦国大名のなかで最長クラスだったといわれる。『信長公記』では、天文二十二年（一五五三）の尾張富田聖徳寺の会談の際、斎藤道三が美濃衆の槍が信長の軍隊のそれと較べて短いのをみて、「興をさましたる有様」、つまり不機嫌になったと記している。即座に、信長とその軍団が侮れないことを見抜いたのである。

その折りの長槍は、「三間間中（三間半）柄の朱やり五百本ばかり」と記されているように、信長が長さばかりか色も含めて同じ規格のものを大量に準備し、足軽たちに装備したものである。これは、もはや自前の武装に依存する段階ではなくなっていたことを物語っている。

長槍は長いほど重くしなることから、軍勢が増加するほど統一的な操作が難しく、日常的に足軽たちに軍事訓練を課さねば、大規模な槍衾を組織的に編成することができなかった。臨機応変に軍隊の編成を変え、たとえ強力な騎馬隊が突進してきたとしても、石突きを地面に立てて槍衾をつくり隊伍を崩さないという、集団的な訓練が施されていなければ意味がなかったのである。

このように考えると、長槍隊に属した足軽たちは専業的な兵士として組織されていたことになる。そうすると、信長の軍事的成功は莫大な銭貨蓄積に支えられていたとの見通しが立つ。つまり、長槍隊の足軽たちには銭を支払い長屋を提供するなど生活を保障したのである。長槍の長さは、戦国大名の軍制における兵農分離度を端的に示すものだった。

当時の信長の経済政策でみるべきものは、伊勢海や木曽三川に面する港湾都市に寄生した流通支配にあった。筆者は、ここに銭貨収奪システム解明のためのヒントが潜んでいると考える。

かつて父織田信秀が、山科家などの京都の公家との交流をもち、朝廷や伊勢神宮へ莫大な銭貨を寄進しえたのは、津島（愛知県津島市）や熱田（名古屋市）といった伊勢海を代表する有力港湾都市を掌握したことに求めることができる。商人たちの保護への反対給付として、莫大な銭貨を租税として徴収したと推測される。

信長は尾張統一の過程で、服属した寺院や都市に対して旧来の諸特権を認めるとともに、「無縁所」などといわれた寺院を中核とする自治都市的な場についても、制札・禁制などによる平和保証と諸権利の安堵を通じて、直接把握していった。

もちろんこれらの寺院や都市には、信長への莫大な判銭拠出と今後の奉仕の約束が前提としてあったと考えられる。このように毎年おこなわれる大小の戦争と所領拡大そのものが、信長に巨額の銭貨をもたらす構造を強化していたのである。

信長は、上洛の翌年にあたる永禄十二年（一五六九）の二月と三月に、金・銀・銭三貨の交換基準すなわち比価を定めた(5)。やがて鐚銭を基準貨幣と定めるなど、銭貨についての制度化を急ぎ、これが豊臣政権さらには江戸幕府の貨幣制度のありかたを規定してゆくのであるが、ここに近世統一権力としての片鱗を認めることができるであろう。

尾張統一以後、清須（愛知県清須市）→小牧山（愛知県小牧市）→岐阜（岐阜市）→安土（滋賀県近江八幡市）へと本城を移動させるたびに、信長は家臣団に引っ越しを強制した。長年住み慣れた本領を捨てて、主君と運命を共有する軍団をめざしたのである。一例を示そう。

永禄六年、信長は美濃攻撃のために本拠地を清須城から小牧山城へと移転する。広大な濃尾平野にあって、小牧山は斎藤氏の居城美濃稲葉山（金華山）を見通すことのできる要衝にあった。ここに城郭と城下町を新造したのである。

近年の発掘調査によって、清須城では使用されなかった石垣が本丸や大手道に大規模に用いられ、城下町も新たに計画的に造成されたことが明らかになってきている(6)。

これは、直接的には斎藤義龍と結びついた尾張北部の反信長勢力を一掃することを目的としたものである。それと同時に、なんのしがらみもない新城下町を用意して家臣団を招き寄せることをめざすものでもあり、本格的な兵農分離のための第一歩とみられる。織田家臣団内部に自立的かつ反抗的な重臣が育たなかったのは、早い段階から敵対する一族・重臣を粛正したことと、本拠地移転を強制したからと考えられる。

戦争が大規模化し長期化するようになると、長期遠征可能な職業軍人＝兵（武士と従軍する奉公人）と、その後方を支える専業農民＝農の分業態勢を創出せねばならなくなる。これをいち早く認識し対応したのが、信長だった。屈強な兵身分を誕生させるためには、家臣団に所替えを強制して本領を取り上げ、家臣と彼ら父祖伝来の領地・領民との強い絆を否定し、主君の家中を運命共同体と位置づけることが前提となる。

これが、信長が他大名のような譜代重臣との対立という内部矛盾を抱え込まなかった第一の理由ということができよう。本拠地移転を進めながら兵農分離を促進し、同時に三間半もの長槍や大量の鉄炮の配備を進めて軍隊の精鋭化を図る。信長は、領土拡張の進捗にあわせて、兵身分として純化を遂げた武士団が、高度な軍事力を独占するように方向づけていったのである。

ただし、このような動きがストレートに天下統一への道につながるものではない。あくまでも、分権化の深化をもたらす動きだった。永禄八年の足利義輝横死以来、しばしば足利義昭とコンタクトをとり、永禄十一年には義昭を奉じて上洛して、幕府を復興し、朝廷とも良好な関係を維持したことが、やがて天下統一への方向を選択する前提となるのであった。

信長は、上洛を果たした永禄十一年から安土に本拠地を移す天正四年(一五七六)まで、岐阜と京都との間を往復した。これまで筆者は、この期間における信長の中核的な領国が、尾張・美濃・伊勢という環伊勢海三カ国だったことに着目してきた。信長以前の細川政権と三好政権を、その経済基盤から環大坂湾政権と表現するならば、それにかわって登場した織田政権は環伊勢海政権とよぶべきことを主張したのである(7)。

尾張そして美濃を平定して上洛した信長は、翌永禄十二年九月に北畠氏を降して次男信雄をその養子として伊勢を統一した。これをもって初期織田政権、すなわち環伊勢海政権が成立した。将軍権力を推戴する武士団の基盤が、東瀬戸内海地域から伊勢海地域へと一気に交替したのである。

この政権は、萌芽的ではあるが、海運力に依拠した重商主義政策を中核とする海洋国家としての本質をもつものだった。中世において城郭と関所は一体になって海陸の物流を監視していたから、この時期に流通の自由化をめざす城割や関所撤廃が打ち出されていたことは、注目するべきである。筆者は、他の戦国大名との最大の相違はここにあるとにらんでいる。

信長が意識した新国家とは、港湾都市の流通と平和を保障することで租税を集積し、その卓越した資本力で強力な軍隊を組織して商業圏をさらに広げてゆくことに本質をもった。戦争に勝利するために、長槍・鉄炮を中心とする軍隊の大規模化→都市の掌握→商業圏＝領地の拡大がサイクルとなって自己運動化したのである。

環伊勢海三カ国のなかでも、伊勢の掌握は特に重要だった。東海道という東国と京都を結ぶ大動脈ばかりか、関東への足がかりとなる太平洋海運を押さえることを意味したのだ。同国には、桑名(三重県桑名市)・四日市(三重県四日市市)・安濃津(津市)・大湊(三重県伊勢市)に代表される、関東と結ぶ太平洋流通上の有力港湾都市が点在したからである(8)。

戦乱状態が深刻であればあるだけ、地域社会の諸階層に強烈な平和願望をもたらす。環伊勢海地域のなかでも、特に斎藤氏や今川氏という戦国梟雄の領国に挟まれ、長らく一国規模で草刈り場となった尾張のようなゾーンとしての境界地域にこそ、強力な領主権力が出現する可能性が高かったのである。日本の近世は、畿内と東国に挟まれた境界中の境界といってよい地域に蓄積されたエネルギーを糧に誕生したのだった。

環伊勢海諸国から、織田・豊臣さらには徳川という、かつてない強大な権力が誕生したことは、畿内を中心になお強靭な生命力を維持する室町幕府体制と、東国で発達した戦国大名体制との矛盾と緊張が、もっともこの地域で蓄積されていたことを物語る。その正体こそ、公儀権力たる幕府の専制化・集権化の動きと、地域公権たる戦国大名たちの自立化・分権化の動きがもたらしたものだった。

信長の軍事行動は、ともすれば地方からの国家建設とみられがちである。しかし領国支配の安定化という課題を、室町幕府の再興によって解決しようとしたことに、他の戦国大名との明確な違いがあった。義昭を将軍に据え、壮麗な二条御所を普請し、家臣団をあげて幕府を支えたのである。

これは、当然のことながら領国支配の安定化に積極的に作用したはずである。環伊勢海政権は、将軍義昭を推戴して室町幕府体制を支える地方政権だった。ところが、信長の周辺諸国へのすさまじい領土拡大行動が、義昭の志向する伝統政治を激しく浸食することになる。二人の対立は、決して性格の不一致というような個人的な問題ではなく、上述の矛盾にもとづく必然の成りゆきだったのである。

２　織豊期の可能性―初期絶対主義―

・山本浩樹「織田期の政治過程と戦争」

山本論文は、織田政権による「天下布武」の実現を、天正八年（一五八〇）八月の本願寺教如が大坂を退去した時期に求め、それまでの政治と戦争の段階について、Ⅰ期を義昭・信長の上洛から元亀四年（一五七三）七月まで、Ⅱ期を天正改元から天正三年の信長の権大納言・右大将任官まで、Ⅲ期を信長の権大納言・右大将任官から教如の大坂退去までの三段階とし、残りの時期をⅣ期として、教如の大坂退去から本能寺の変までに区分する。

織田政権の特質としては、三好政権を継承し、やがて武門の棟梁として将軍足利義昭を凌駕する地位と実力を身につけたこと、自身への奉公を競わせ、低い評価しか与えられない者は容赦なく切り捨てたこと、これらとは裏腹に、家臣団内部では激しい競争と確執が絶えることなく、信長への謀反に踏み切る者も少なからず現れたことに求めた。

・光成準治「織豊大名論」

光成論文は、戦国大名と織豊大名との差違について厳密に分析し定義する。対象とした毛利氏が、検地によって在地の実態を掌握し石高を確定したことによって、給人の給地総入れ替えすなわち転封が可能になったことに注目する。これが従来の在地領主制を否定し、毛利輝元を頂点とする一元的支配構造を可能にしたと論じる。すなわち、中世的な在地領主から、地域統治権を委任された行政官的存在へと変質されることに注目する。

毛利氏領国では、重要都市を直轄化する体制を志向しており、出頭人や行政官僚を直轄都市の城番や代官に任命し、商工業者を直接統制しようとした。毛利氏においては、朝鮮出兵前後に中央行政機構が整備され、官僚層に支えられた絶対主義的支配が実現したと結論づける。これを、江戸時代の藩主・藩政とも質的に異なる織豊期特有の権力構造と評価するのである。

山本論文は、織田政権の時期区分を試み、足利将軍権力を相対化しつつ自らの絶対化を追求する信長の姿勢は、秀吉へと継承されたとみる。信長の絶対化に伴い家臣団間の権力抗争が表面化し、蓄積した矛盾が謀反へとつながってゆくとする。

光成論文は、戦国大名とも江戸期の藩主とも異なる織豊大名の特質を明示した。研究史的には、戦国大名からのつながりを重視する見解もあるが、政策的・実態的にも質的に異なり、藩主への過度期的存在でもない織豊期大名像を積極的に位置づける意義を訴えたのである。

ここでは両論文をふまえて、織豊政権および織豊大名が誕生した経緯について論じたい。

環伊勢海地域は、東西・南北の人と物が交差する流通の結節点だった。信長が近江・越前へと北に進出しようとして浅井氏・朝倉氏と対立したのは、中国・朝鮮・南蛮船が来航する日本海諸湊（若狭小浜・越前敦賀・越前三国湊など）と太平洋につながる伊勢海諸湊を結ぶ、南北の流通路を確保するための必然的な自己運動だった。これが、元亀争乱の本質といえる。

信長は、天正三年十一月に右近衛大将に任官し、それにあわせて翌年二月に本拠地を岐阜城から安土城へと移す。これは、環伊勢海三カ国に、元亀争乱の末に獲得した近江・若狭・越前をあわせた大領国における新たな流通の結節点に位置したからである。安土を中心とする新国家は、東山道・北国街道、および日本海・太平洋、そして運河としての琵琶湖の結節点に位置する。

信長の呼称については、右近衛大将任官の後、家臣団にとどまらず諸大名やその家臣のみならず一般民衆からも、将軍相当者呼称である「公儀」や「上様」、さらには「公方」「将軍」とさえ表現され、文書様式に平出が用いられ、将軍と同等の礼が採用されるようになる(9)。

信長は、天正三年以前は他の戦国大名と同様に、諸大名に発給する文書において花押を据え、「恐々謹言」を文章末の書止文言とする書状様式の判物を使用していたが、将軍相当者となって御内書様式の印判状に変化し、表現も尊大化するようになる。

信長は、常設では最高位の近衛大将という武官に就任し、将軍の正式文書である御内書形式の印判状を作成し、臣従した戦国大名には官位叙任や知行宛行などをおこなうようになる。事実上の武家の棟梁となっているから、信長の武家政権は「安土幕府」といってよく、天正四年以降、義昭の亡命政権「鞆幕府」と抗争を繰り広げる。(10)

「安土幕府」は、天正三年十一月における信長の右近衛大将任官が制度的前提で、天正四年正月からの安土築城は幕府建設の起点であり、天正七年五月の信長の安土城天主への移住によって本格化した。なお、安土城には京都二条に営まれた義昭御所を解体し、その建造物や庭石が移築・移設されたことも興味深い。

さらに天正八年閏三月の大坂本願寺との勅命による講和を画期として、信長は義昭を凌駕する天下人となった。同年八月には教如が大坂を退去し、畿内の義昭派勢力は消滅する。ここに畿内平定すなわち天下静謐が完成したのであり、室町幕府の滅亡を求めるべきである。天正十年には、織田家臣団や領民に加えて陸奥会津黒川城主の蘆名氏などの遠国の戦国大名からも、将軍の尊称である「上様」「公儀」呼称が使用されている。信長の天下は、瞬く間に拡大したのであった。

ここで、天正八年以降における天下人信長と光秀クラスの重臣との関係についてまとめてみよう。信長は、領国の最前線・周縁部に明智光秀（丹波）・羽柴秀吉（播磨）・柴田勝家（越前）ら重臣を配置し、彼らに与力大名を付属した。光秀には、丹後の細川氏や一色氏である。天正八年からは、丹波や丹後で城割は執行された。

丹波の場合、光秀は本城を亀山城とし、支城として八上城は明智光忠、黒井城は斎藤利三、福知山城は明智秀満というように、一郡に一城程度を残し城代を置いた。その他の城については城割を進めたようで、天田郡の和久左衛門大夫のように、城郭破却に従わなかったため、天正九年六月に本人を処刑し、逃亡した一類・被官人を徹底的に探索している(11)。

丹後の場合、細川藤孝は八幡山に入城するが、信長から宮津築城を許可され、光秀と相談のうえしっかりと普請するように指示されている(12)。これは天正八年の播磨平定にあわせて、信長が秀吉に姫路を居城とするよう申し付けて築城させたことと同様である(13)。また検地についても、信長からこと細かな指令を受け、同時に軍役の速やかな執行を命じられている。

天下人信長は、重臣と与力大名が協力して領国支配をおこなうよう指導し、城割や築城そして検地に関わる最終決定もおこなっている。光秀は、与力大名の細川氏や一色氏に対する軍事指揮権は預けられているが、最終的なそれは信長が握っている。

確かに光秀ら重臣たちは、独自の領国支配を展開していたし、しようとしていたであろう。しかし天正八年以降に畿内近国で推進した一国規模の城割や検地が信長の命令による占領政策で、各分国における拠点城郭築城の許可や指出検地の出目分を差配していたことからも、重臣層の自立性は限定的であったことがわかる。

光秀らの重臣たちは、あたかも自己の判断で城割や検地を実施したかのようにみえるが、あくまでも現地でのリーダーであって、上位かつ最終的な権限はあくまでも信長が有するのである。

光秀が丹波一国を預けられたのは天正七年で、秀吉が播磨一国を預けられたのは天正八年のことであり、そもそも一国支配において排他的自律性など確立する暇などなかった。中世的な本主権をもたない彼らの支配の正統性は、あくまでも信長その人に由来し、かつ預けられたものであり、これこそこの段階における主従制の本質である。

この点について、播磨における天正八年四月二十六日付の信長による城割令を分析した小林基伸氏の指摘は重要である。すなわち、城割令によって破却されなかった場合は、城主と城郭との自律的な関係は失われ、織田政権の承認による城の存続ということになる。当該期に大和・伊勢・摂津・河内・能登・越中などの織田領国で進められた城郭政策は、決して秀吉ら現地で城割の実務にあたる重臣の独自性を示すものではなく、信長の意図によるものだったとするのである。(14)

この時期、九州や関東・奥羽の有力戦国大名は、信長と友好関係にあった。天正十年には四国・中国攻撃が予定され、それらに勝利することで信長の天下統一事業が完成し「安土幕府」は新たな段階を迎えるはずだったが、本能寺の変によって信長の政権構想は挫折した。

秀吉が天下人になったのは、天正十三年のことである。天正十二年の小牧・長久手の戦いの講和によって、織田信雄の秀吉に対する軍事的に明確な従属関係が発生したが、ただちに公式の主従関係が成立したわけではなかった。秀吉は主家乗っ取りの汚名を着せられることを避け、なお信雄を旧主信長の子息として尊重したからである。従来のように、信長から秀吉への直線的な政権継承は誤りで、その間に信雄を入れねば、激動期の政治史の本質を見誤ってしまう。(15)

秀吉は、既にこの戦いの終局にあたる天正十二年十月二日に、従五位下権少将に任官し、信長も用いた御内書形式の朱印状を発給するまでになっていた。そして講和直後の十一月二十二日には、将軍足利義昭と対等の従三位権大納言に就任して、事実上の天下人としての立場を固めた。

信雄の臣従が表明されたのは、彼が天正十三年二月二十六日に上洛し、秀吉に対面した時点である。これが、事実上の臣下の礼であった。見返りとして、三月一日には秀吉の仲介のもと信雄の従三位権大納言への任官が決定する。その直後の三月十日に秀吉は正二位内大臣に任官し、あわせて前田玄以を京都所司代に任じて、正式に首都京都を掌握した。秀吉がはじめて朝廷に参内したのは、この時である。

このような経過から、天正十三年三月になってようやく秀吉政権が成立したといえる。小牧・長久手の戦いの頃、秀吉は天下人にふさわしい官職を獲得するために、義昭の養子となって十六代将軍に任官するべく画策していた。実際に、天正十二年十一月九日付の「河内国御給人之内より出米目録」（大阪府立中之島図書館所蔵）によると、秀吉によって義昭のために料所一一六二石余りが確保されていたことがわかる。(16)

秀吉は、天正十一年九月から大坂城の築城に着手していたのであるが、翌春には、大坂城下町に内裏をはじめ五山以下の諸宗派寺院の移転をおこないたいと、朝廷に遷都を要請した。ことの本質は、秀吉が大坂を首都とすることで信雄の京都支配の意味を無にすることにあった。

大坂築城については、信雄が天下人としての権限を継承していたとみなければ、その意義を正確に理解することができない。織田家の家督となった信雄は、前田玄以を京都奉行に任ずるなど、京都支配つまり天下の支配に乗り出していた。これに対して秀吉は、大坂に遷都することで、再興されつつあった「安土幕府」を否定しようと画策したのである。(17)

ここで秀吉は、これまでの織田家第一の重臣の立場を捨て、自らが天下人になるべく行動を活発化する。これが将軍任官・「大坂幕府」構想だった。しかし小牧・長久手の戦いに実質的に勝利したため、構想は撤回された。秀吉は、近衛前久の猶子となることで、天正十三年七月十一日に関白に任官して京都を本拠とすることによって、名実ともに天下人となったのである。

この年に、秀吉は一挙に周辺諸国を侵略した。中国（二月）、和泉・紀伊（四月）、四国（八月）、北国（閏八月）と一連の国分を矢継ぎ早に断行した。北国国分を終えて二七カ国に及ぶ広大な領域国家が誕生した直後の閏八月に、全領規模の国替を一挙に強制して、それまで同輩的な関係にあった諸大名を命令一つで転封可能な鉢植大名にすることで、彼らに対する絶対的な主従関係を確立した。

秀吉を中心とする集権国家は、これによって樹立されたのである。この時点で、豊臣政権がかつての織田政権を凌駕するほどの専制国家となったことは、きわめて重要である。山崎の戦いから小牧・長久手の戦いまでは、信長一族を推戴した旧信長軍団の第一人者（プリムス・インテル・パーレス）たる秀吉を中心とする連合政権的な公権力だった。

繰り返し言えば、天正十年六月二日の本能寺の変から天正十三年三月までは、厳密には織田政権だったのである。秀吉の政権は、三法師を利用し、信雄を臣従させ、関白に任官し、さらに諸大名を鉢植大名化してようやく盤石となったのであった。

天下人による近世国家が誕生し、その膨張過程すなわち天下統一戦を通じて織豊大名が誕生する。ただし、政権が織豊大名化を一方的に強制するのではなく、戦国大名からも強いアプローチがあったことを忘れてはならない。

戦国大名は、分権化を進めつつ、自らの支配の正統性を確保する権威として、不可避的に公儀権力を必要とした。戦国末期に至って、分権化を進め所領を拡大する程に国郡境目相論が深刻化したから、大名サイドからも権威のみならず、強力な軍事力をもつ中央政権の誕生を希求するようになる。長らく足利義昭を奉じた島津氏が、天正九年以降は停戦令を受け入れて信長を「上様」と呼んで好を通じたのが好例である。

戦国大名とは、発展途上のきわめて不安定な地方公権（高権）であり、彼らの領国制は信長や秀吉のもと吸収・変質する運命にあった。織豊大名とは、天下人の国替命令を受け入れ官僚化を強制された存在であり、中世以来の本領の安堵は、もはや意味をもたなくなってしまう。

信長では天正八年以降、秀吉では天正十三年以降、服属大名・領主に対する人質徴発・城割・検地などの仕置（国置目）や国替が本格化して、[18]本領の否定と兵農分離へと方向性が明確化する。したがって、戦国大名領国制は過度期の封建制と理解するべきであり、天下人という新たな強力な権力基盤をもつ公儀権力のもと、大名たちに領土・領民・城郭を預けるという預治思想[19]にもとづく国家体制が誕生したのである。

ただし、織豊大名と江戸期の藩主とは質的に異なっている。光成論文は、豊臣末期の毛利氏領国において、当主の信任と自己の能力にもとづき選任される出頭人的官僚制機構が形成され、あわせて身分上の兵農分離によって常備軍的軍事組織が形成されることを指摘する。

光成氏は、その最終的な軍事指揮権が大名当主に一元化している点や、蔵入地の増加による財政基盤の強化が図られ、直轄化した地域当地の核となる都市や流通の拠点となる城番主・代官に出頭人や行政官僚を任命して機能させるとともに、商工業者を直接統制しようとしている点などから、絶対主義的指向性が顕著であると結論づけ、政権の指向性も含めると二重の絶対主義であるという。

幕藩体制は、幕府が幕閣を中核としながら、徳川一門と譜代大名・旗本で政治の独占をおこない、諸藩は織豊期に進められていた兵農分離を緩和し、郷士制を採用して緊急時の軍事力として、日常では農政リーダーとして中間層の活用を進めた。[20]

預治思想を中核とする石高制は変わらぬものの、「二重の絶対主義」の矛盾解消のために、戦争経済に依存する重商主義から、天下泰平を前提とする農本主義へと大きく変化していった。要するに、「初期絶対主義」の流産によって幕藩国家が成立したのである。[21]

二　東アジアのなかの織豊政権

1　国郡制的支配原理の系譜

・藤田達生「天下統一論」

天下統一とは、天下人の構築した畿内政権による遠国の戦国大名に対する停戦令発令→侵略戦争→国分→仕置の強制の結果、誕生した新国家による国土領有権の掌握という意味である。そこには、伝統的な天皇支配権の武家政権による包摂という課題が内包された。

かかる集権化への動きは、遠隔地の戦国大名が国郡境目相論を有利に進めるべく、中央の公儀権力に近づき、その保護を期待したことによって促進された。信長政権が、大坂本願寺を降した直後の天正八年(一五八〇)から天下統一事業は本格化し、服属地における城割・検地を中核政策とする仕置が進められ、一部大名の国替も執行された。

天正十三年閏八月に秀吉が執行した大規模国替によって、織田旧臣でそれまで本領を安堵され与力的な関係にあった大名でさえ本領を失った。あわせて国替に関わる百姓の移動も禁止した。これによって中世的領有権の否定がなされ、畿内を中心とする集権国家が誕生した。その後、秀吉は遠国の戦国大名間の国郡境相論に停戦令を発することで強制介入した結果、天正十九年の奥羽再仕置の完了をもって天下統一が完成した。

・平井上総「豊臣期検地論」

平井論文は、本多報告や光成報告を受けて、またかつての注目度からもはずせないテーマとして、検地研究の現状についてまとめたものである。まず「太閤検地」と表現していた検地については曖昧さが伴うために、「豊臣期の検地」と表現することを前提とし、豊臣奉行の派遣、大名の実施などの形態的相違は、国制的なものではなく、個別政治的事情であると判断した。

検地の目的は、全大名の領地高を把握し、軍役賦課の基準にすることにあった。これは、時には机上操作さえ伴ったが、全大名を統一基準で軍事動員することを優先課題としていた。これが貫高でなかったのは、銭より米が価値基準としては相対的に問題が少なかったからだとする。

太閤検地論で注目された加地子などの中間得分の否定や検地帳名請人が百姓身分と認定されたとすることの誤りを確認しながらも、それでも検地を通じての全国的規模の知行制の構築など、画期として評価するべき点は、なお少なからず存在することを強調する。

拙論では、天下統一とは、天下人が仕置を通じて「日本六十余州」の収公を完了し、国土領有権を掌握することを意味したことを強調した。決して、大規模な侵略戦争を通じて反抗する戦国大名がいなくなることを意味するものではないのである。(22) 戦国・織豊期を専攻する研究者においてさえ、この点の理解が欠如している。

また、戦国大名が分権化を強めるほど周辺大名との国郡境目相論が拡大・激化し、紛争解決のために中央の公儀権力への依存が深まることに着目した。分権化の動きが、信長・秀吉の停戦令による戦国大名相互の国郡境目相論への強制介入をもたらし、その結果、集権化すなわち天下統一が実現したとみたのである。在地領主制の強化が、結果的にその自己否定をもたらしたのであった。

平井論文は、現在の検地論の水準をコンパクトにまとめたものである。信長や秀吉の指出・検地については、理念的には古代・中世以来の国制史的な観点が必要と思われる。なぜならば、指出や検地の集大成として天正十九年に豊

臣政権が天皇に対する御前帳の提出と国絵図の調進を命じたからである。(23)

天下統一戦の過程で、検地は強制されていく。その淵源は正確には伝統的な国郡制的支配原理にもとづくものであった。ここで、同時代史料として豊臣政権が検地について言及した唯一といってよい史料を抜粋する。

〔史料1〕

此先数十箇国、遂検地、昔之所務超一倍、当年亦踏分田地、土民百姓不接私、又如不及飢寒弁之、以五畿七道図帳、作一枚鏡、照覧之、忝人王十三代成務天皇六年、始分国堺、其後人王四十五代聖武朝、行基菩薩以三十余年之労、定田地之方境、爾来雖有増減、無改之者、今也殿下所作碁盤如盛目、自他無入組、限縄打之、故国無境目之相論、民無甲乙訴訟、於諸国之寺社領者、尋仏法之由緒、可用者用之、可捨者捨之、然五山十刹・会　下・叢林其外霊地名山者、修理伽藍、遺旧規者也、

これは、天正十三年十月に成立した『天正記』からの抜粋である。同時代史料である同書において、検地に関する記事はこれのみであるが、きわめて重要な認識が記されている。同年閏八月に近江坂本城で命じた全所領規模の国替を受けての、寺社・天皇・公家への所領配分に言及しているのである。検地と知行割の密接な関係が記されているのだが、検地の歴史的由来に関する説明部分に着目したい。

この年に「五畿七道図帳」を作成したとするのであるが、その由来はを「十三代成務天皇」による「分国堺」や、「四十五代聖武朝」による「定田地之方境」に求め、その後、国境や田地境に「増減」があったにもかかわらず改めなかった。このたび関白秀吉がそれらの入り組をなくすべく検地を執行したため、国境相論や民衆の訴訟がなくなったとするのである。

第十三代成務天皇は、記紀神話上の天皇で実存が疑わしいが、諸国に行政区画として国郡・県邑を定めるなど、地

方行政機構の整備を図ったとされている。聖武天皇による田地境の確定については、おそらく天平十五年（七四三）の墾田永年私財法と関係するだろう。

検地帳を古代の土地台帳である民部省図帳の系譜に置き、秀吉が天正十三年に全所領規模の国替をおこない、その直後から仕置として検地を執行するが、政権側はそれによって土地をめぐる相論が消滅すること、そこに国家的な土地制度復活の理念的正統性を位置づけたのである。これは、あくまでも理念上の問題ではあるが、主従制原理では説明できない国制的な側面からの説明としてきわめて貴重である。

秀吉が、天正十三年に信長の遺領をこえる二七カ国からなる本領を獲得し、全所領規模の国替とそれにもとづく仕置の執行によって近世国家が誕生すると、ただちに境界を接しない遠国の戦国大名間の境目相論に介入するべく停戦令を命じたことは看過できない。それを次に掲げよう。

〔史料２〕（『島津家文書』三四四）

就　勅諚染筆候、仍関東不残奥州果迄被任　倫（綸）命、天下静謐処、九州事于今鉾楯儀、不可然候条、国郡境目相論互存分之儀被聞召届、追而可被　仰出候、先敵味方共双方可相止弓箭旨　叡慮候、可被得其意儀、尤候、自然不被専此旨候者、急度可被成御成敗候之間、此返答、各為ニ者一大事之儀候、有分別可有言上候也

（天正十三年）拾月二日　　（秀吉花押）

島津（義久）修理大夫殿

ここで注目するべきは、伝統的な天皇の国土領有権を前提にして、九州における「国郡境目相論」を裁定する前提として、島津・大友双方が停戦するように命じたことである。結局、島津氏によって停戦令は無視されたから、天正十四年から秀吉の九州出兵が断行され、同十五年に島津氏が降伏し、九州国分が執行された。薩摩川内の泰平寺（薩

摩川内市）に本陣を置いた秀吉は、同年五月八日に島津氏当主義久に謁見し、次の判物で赦免と薩摩一国の宛行を認めた。

〔史料3〕（『島津家文書』三四五）

日本六十余州之儀、改可進止之旨、被　仰出之条、不残申付候、然而九州国分儀、去年相計処、背御下知、依猥所行、為御誅罰、今度関白殿至薩州被成御動座、既可被討果剋、義久捨一命走入間、御赦免候、然上、薩摩一国被先宛行訖、全令領知、自今以後、相守　叡慮、可抽忠功事専一候也、

天正十五年五月九日　（秀吉花押）

嶋津修理大夫とのへ

冒頭の「日本六十余州之儀、改可進止之旨、被　仰出之条」という秀吉の主張からは、天皇に由来する「日本六十余州」の進止権すなわち国土領有権が、関白秀吉に委任されたとする論理が看取され、史料2における主張を、あらためて正当化したことが判明する。

秀吉による九州・関東・奥羽で戦われた天下統一戦は、当該地域の大名・領主から中世以来の本主権を奪って収公し、あらためて有能な人物を国主大名以下の領主として任命して、領土・領民・城郭を預けるものだった。これによって、理念的に領地は公領、領民は天下の民、城郭は天下の城と位置づけられたから、以後において隣接大名同士の戦争などありえなくなった。

そのうえで政治状況に応じて転封が繰り返し実施されるようになると、兵農分離が進んで全大名が鉢植大名となり、実質的に官僚的な封建領主へと変質するだろう。しかも、領地を子孫に伝えられるかどうかは、当事者大名の能力次第ということになる。

奥羽再仕置に伴う九戸政実の反乱を鎮圧して天下統一を実現した天正十九年、秀吉は御前帳を徴収した。これは、郡ごとに石高を調査し、これを国ごとに集計して、あわせて同時に国絵図を調進させたものである。

三鬼清一郎氏は、このような調査が、全国一斉に、様々な領有関係を無視し、関白の権能にもとづいておこなわれたことを重視し、これらが個別領主権を超えるものであり、その権限は、かつて律令体制下における天皇・貴族階級の保持していたものであると指摘した。(24)封建国家における国郡制的支配原理の一端を象徴するものとして注目するのである。

このように、天正十三年を画期として本格化した太閤検地は、継続する天下統一戦に伴う仕置によって全国規模に拡大し、「日本六十余州」の収公の完了、すなわち天下統一の完成とともに発令された同十九年の御前帳の提出は、豊臣政権による国土領有権の掌握を端的に示すものとなった。

ここで、検地の思想についてふれたい。前節では、近世的知行原理が打ち出された画期としての天正八年に注目したが、その背景には信長の改革思想があった。彼が到達したのは、家臣団に本領を安堵したり新恩を給与したりする伝統的な主従制のありかたを否定し、大名クラスの家臣個人の実力を査定し、能力に応じて領地・領民・城郭を預けるという預治思想だった。これこそが、織田政権を起点とする新たな政治思想である。

当時の信長は、支配理念としての「天下」観を明確化させ、それへの絶対服従を子息・一門も含む全家臣団に対して強制するようになっていた。一例をあげよう。織田（北畠）信雄は、天正七年九月に伊賀惣国一揆攻略のために軍隊を進めたが、惣国一揆側のゲリラ戦が奏功して重臣柘植三郎左衛門尉が討ち取られるなどの惨敗に終わった。

その直後に認めた九月二十二日付信長意見状（『信長公記』）で注目したいのは、上方への出勢が「第一天下のため」であって、「父への奉公」よりも上位に位置するとの論理である。信長は、自らを「天下」を一身に預かっている存在と規定する。

たとえば、天正八年八月日付佐久間信盛・信栄折檻状（『信長公記』）では、「天下を申し付くる信長」と記している。また同年八月十二日付で島津氏に対して停戦令を発令するが、これを受け入れ毛利氏攻撃に参陣することを、「天下に対する大忠」と位置づけている。

既に信長は、天皇権威を背景として「公方」としてふさわしくない義昭の追放（放伐）を正当化していたのであるが、この段階にあっては、主従制の中核に位置した君臣関係さらには父子関係を超越する「公」概念としての「天下」を定立し、天下人として自らそれと限りなく一体化した。

後に関白になった秀吉は、自らの支配権の正統性については、前述の如く天皇から日本六十余州の進止権を委任されたとする論理を展開している。信長の場合は、天皇を介さずに、天から日本六十余州の支配権を預かっていると主張したのである。

2　都市問題としての兵農分離

・藤井譲治「身分としての奉公人―その創出と消滅―」

藤井論文は、豊臣期に創出され江戸期に消滅する「奉公人」身分の実態について追究するものである。約七千点の秀吉文書から豊臣期を以下の五段階すなわち、第一期、本能寺の変以前、第二期、本能寺の変から関白就任以前、第三期、秀吉関白期、第四期、秀次関白期、第五期、秀次事件後、に分けて、「奉公人」の用例を博捜する。

第一期には、奉公人（若党・小者）が百姓と明確に区別されていたことを指摘する。第二期は、奉公人の不法行為禁止規定が多くみられることから、社会的存在として定着していたと評価する。第三期では、田畠を耕作する奉公人の存在とその武器所持を認めている。第四期においては、朝鮮出兵にあたって奉公人確保がめざされている。第五期には、国替にあたって奉公人も新領地に移ることが指示されている。

さらに奉公人に関わる研究史を整理し、奉公人の役割を戦闘補助員と主人の供回りと規定する。すなわち、「兵」ではあるが武士一般には属さないとみるのである。そのうえで、無断の主人替えが禁止されていること、百姓と異なり日常的に武器を所持していたこと、聚楽第や諸城下に広範に家族とともに居住していたこと、朝鮮出兵時には大量に欠落し深刻な問題となったこと、などの諸特徴を析出した。しかし、江戸初期になると必ずしも国替に付いていく必要はなくなり、その兵としての役割も失われていくことを展望した。

天正十三年（一五八五）閏八月の大規模国替に関連して、秀吉は身分法令を発する。ここで注目するのは、堀秀政の近江佐和山から越前北庄への国替に伴い出された秀吉朱印状である。

〔史料４〕（「堀氏代々家伝記」『伊那史料叢書』１、『大日本史料』十一編十九、一七〇頁）

御朱印　定条々

一、当国《（越前国）》当国諸百姓等給人相替と見付、たかひの在所へ相越候はゞ、其者之事は不及申、令許容在所一郷可成敗事、

（第二条・第三条省略）

一、めしつかひの者もろくの知行所に可置之、若よの知行に在之者、一わう其給人に相届出、無同心者可為成敗事、

一、侍・中間・小者に至まで、其主暇をこいしものは可相抱、縦主人にいとまをこひしと云ふ共、前之主に一往届、其上可抱置之事、

右条数之旨堅可相守者也、

天正十三年閏八月　日

第一条で、越前の百姓が国替の混乱に紛れて他所に越すことを禁止したものである。これからは、政権による百姓に対する土地緊縛方針がわかる。これは、同時期の大和において、羽柴秀長の入国によって国衆が牢人となって国外に払われ、百姓のみ在国が許されたことに通じる。第四条と第五条は、奉公人に関する規程である。注目するべきは五条で、「侍・中間・小者」は主人に付属しており、その許可があるときに限り新たな主人に仕えてよいとするものである。

これは、天正十四年正月十九日付秀吉朱印状の「一、諸奉公人・侍之事ハ不及申、中間・小者・あらしこに至まて其主にいとまを不乞出候儀、曲事に候之間、相抱へからす、但前の主に相届、聢合点在之ハ、是非に不及候事」と、内容的に重なるものである。おそらく、前年閏八月の大規模国替に伴い奉公人の所属をめぐるトラブルが予想されたため、秀吉の方針として諸国に向けて広く表明されたのであろう。

豊臣期の奉公人とは、具体的に「侍・中間・小者」のことであり、戦闘には不可欠な存在であった。言うまでもないが、戦場に臨んで武士は一人で戦うことはできなかった。「侍」として主人を助けて共に戦う者、「中間・小者」とよばれて主人の馬を引き槍をもつ准戦闘員が不可欠だった。極端に言えば、彼らなしに主人は戦場に到着することさえできなかった。主人の石高に応じて編成規模の差違はあったが、奉公人の存在を前提とした戦争だったのである。

藤井論文が指摘するように、奉公人は京都や地方城下町にかなりの規模の居住地を形成していた。天下統一戦が進捗し、さらに朝鮮出兵が開始されると、奉公人はますます必要とされたから、食い詰めた百姓たちが新たに奉公人となって居村を離れて近隣の城下町や京都などの上方都市、さらには肥前名護屋や朝鮮の戦場へと流れていった。

天正年間から慶長年間にかけて、築城や寺社造営に関わる賃労働が拡大し、なによりも戦争自体が土木工事化して賃労働化が進むことで、農村下層民の上方都市や地方城下町への移動と滞留が顕著となった。

この時期、京都をはじめとする上方都市においては、急速な人口膨張により「辻切・すり・盗賊」が横行したが、農村部は人口が減少して広く荒廃していった。このような人口の流動化は、国内に留まらず海外にも向かい、アユタヤ日本人町の拡大にみるように、アジア世界への日本人の進出となって顕現した(25)。

兵農分離というテーマは、従来、戦国時代に増加する兵農未分離な中間層を対象に、身分政策を通じて彼らの、武士＝兵と、百姓＝農への、分化の動向を追究するものだった。これに対して、藤井論文は戦争の拡大に伴い百姓の奉公人化＝兵身分化が進むこと、天下統一、関ヶ原の戦い、大坂の陣が終結すると、兵身分としての奉公人が必要なくなって消滅し、被支配身分としての奉公人が立ち現れたことに着目した。

これは、中世から近世への連続、あるいは断絶という従来のとらえ方では、織豊期の独自の実態がとらえきれないという立場からの問題提起なのである。それに加えて、中間層の動向のみでは兵農分離がとらえきれないという点も、きわめて重い提言であった。要するに、兵農分離とは農村問題というよりも都市問題として、その本質をみるのである。

ここで、あらためて都市問題として兵農分離について検討したい。既に検地の全国的な実施や御前帳・国絵図の調進の理由については、同時代史料において古代以来の伝統的な天皇支配権との関わりから正統性が説明されたことを確認した。

安土・大坂・京都・伏見という政権都市の建設は、天下人のもと大名以下の武士身分の者の集住をめざすもので、兵農分離を促進した。日本史上、これは紛れもなく古代における国家統一に伴う都城建設にも匹敵する計画的な大都市普請だった。

倭から日本へと国号が変わった時期に、我が国初の条坊都市・藤原京が造営された。大宝元年（七〇一）に、大宝律令が制定され、翌年には三十三年ぶりに遣唐使も派遣された。当時の政権担当者たちは、東アジアの文明国家への仲間入りを、国の威信をかけて進めていたのである。慶雲元年（七〇四）に戻ってきた遣唐使から情報を得た結果、長安城と比較して多大な欠陥に気づき、わざわざ藤原京を捨てて平城京への遷都がおこなわれた(26)。

北に大極殿を置き真南に朱雀大路を通すタイプの都城は、以後、日本の都の基本プランとなった。中国周代の理想的な王朝制度を記した儒教の古典『周礼』は、首都の位置は天が地上の中心点として指定した場所であり、天命によって諸侯に君臨する天子の居住地であるとされる(27)。

長安城では、宮城（大極殿を中心とする大内裏）の真南に軸を伸ばしてメインストリートにし、そのラインに皇城（官衙）と三つの門（三門）を配置するプランを採用している。これは、平城京や平安京ばかりか安土城にも影響を与えている。

近年の発掘によって、安土城にも大手門に三門があり、その前面に堀ではなく広場が存在することが明らかになった。さらに、大手門から北に延びる大手道は南北軸になっており、その延長上に天主が位置する。これらによって、安土城の縄張が中国の伝統思想の影響を色濃く受けていたとする指摘がある(28)。

安土城本丸が宮城に相当するならば、その中枢に位置する天主は天子（皇帝・天皇）の執務空間すなわち大極殿にあたる。そもそも「天主」＝神という呼称そのものが、天命の源であることを物語っている。天下を預かる信長の執務空間たる天主は、安土城の中心軸に配置された。

また藤原京を経て平城京の段階から、礎石建の建物が本格的に採用されてゆく。これに関連して、近年の安土城の発掘成果に注目したい。戦国城郭は、戦時の要塞だったから建造物は掘立式で十分だった。ところが、安土城からは礎石建となり瓦葺きとなった。あわせて、信長によって尾張などを本国とする家臣団も、安土城下町への移住を強制されている。

これからは、信長が安土城を恒久的な政庁と位置づけたことが判明する。また、与えられた城下町の居住区に遠国から移住した家臣団は、官僚的な性格を付加されたとみるべきである。つまり、信長の安土築城は新国家建設のための起点となる事業だった。この安土城と城下町の普請にみる兵農分離政策を考える時、実は古代における都城制度の導入が参考になる。

藤原京内の土地は、官人たちに宅地として班給された。位階に応じて、場所や面積が定められていた。これによって有力氏族はその本拠地から切り離され、官人として京内に居住することになった。そこには、豪族から官僚へという身分転化があったことを見落としてはならない。そのほかには、兵士や商工業者といった、前代にはない都市民の成立があった[29]。

秀吉による聚楽第普請と御土居築造による京都の改造も、信長以来の首都構想として評価するべきである。天正十四年二月から、秀吉は平安京大内裏跡の内野に聚楽第の建設を開始する。その周辺には、絢爛豪華な大名屋敷が軒を連ねることになる。さらに北条氏攻撃をひかえた天正十七年九月に、秀吉は全豊臣大名に対して夫人とともに在京することを命令した。これは、豊臣政権の専制化と深く関わっている。

在京令は、ただちに各大名に通達された。たとえば、翌月には大友氏のもとにも「取次」である毛利氏から「豊臣秀長御内様まで在聚楽候」との情報が寄せられ、「義統様御父子中」の在京が要求されている[30]。したがって大名屋敷の設置と参勤制度の成立を考えるうえでも、この天正十七年令を一大画期として評価せねばなるまい。

秀吉は、天正十九年正月に大規模な町屋の移転を命令し、長者町・聚楽町・禁裏六丁町などが存在した聚楽第から禁裏にかけての土地を諸大名に下賜し、豪華な大名屋敷を建設させた。それまでに分散的に存在していた大名屋敷を、秀吉の首都構想に沿って、一定地域に集中させようとしたものであった。これは、寺町の形成とも併行して進められ、同時に洛中を囲む御土居の普請も開始された。

天下統一の進捗に伴って、聚楽第周辺には豊臣直臣ばかりか服属大名の屋敷が軒を連ねた。大名の参勤に従って、諸国からは大量の武士が京都に集まってきた。また聚楽第の建設や天正十六年から再開された方広寺大仏殿造営などのために、商工業者をはじめ日用層などの労働人口の爆発的な増加がみられた。

イエズス会宣教師ルイス・フロイスは、天正十九年における京都の変貌についてふれ、公家・武家を除いた町人の人口の増加を「当初この町(の人口)は八千ないし一万ほどであったが、今では戸数三万を超えると言われ、ますます拡大しつつある」と記している(『日本史』)。秀吉は、このような大規模な人口流入に対応すべく、京都の大改造を断行したのである。

安土から大坂・京都・伏見さらには江戸へと、天下人の交代によって巨大政権都市が次々に出現し、官僚化した直臣団や服属大名、兵士すなわち武士と商工業者の身分序列が明瞭化し、それぞれの居住区が整備されていった。

かつて藤原京から平城京へと遷都しながら、古代国家は中国を模倣した文明国家へと脱皮しようとした。それから、八百五十年も後の信長や秀吉そして家康による天下統一の時代にも、東アジアの都城制度を意識した巨大政権都市が構想されたとみることができるのである。

おわりに

この二十年間の織豊期研究をふり返ると、一九八五年に体系化された藤木久志氏の「豊臣平和令」[31]にもとづく豊臣政権像の継承あるいは批判という側面から、政権や個別大名を対象とした研究が格段に進展したと判断される。「豊臣平和令」を構成する「惣無事令」「喧嘩停止令」「海賊禁止令」については、実証的研究が積み重ねられ、いずれについても疑義が呈されている。[32]その一方で、近年の戦国大名研究のなかには「惣無事の論理」などと表現して藤木説を支持するものも少なくない。藤木氏が、「惣無事令」を一揆契状や戦国大名家法といった在地法の発展上に位置づけたことから、「豊臣平和令」の枠組においては、地域社会からの変革・統一論が基調となっており、戦国大名論ときわめて親和性が高いからであろう。

私見によれば、戦国大名領国制はきわめて不安定で、早晩、天下人の国分によって変質・解体するものであった。戦国大名たちが分権化を進めれば進めるほど、国郡境目周辺の国人・土豪や寺社勢力を巻き込んだ大規模相論が深刻化し、その解決のために、より強力な中央の公権力を必要としたからである。近年の戦国・織豊期を対象とした幕府論の深化は、この側面を鋭く衝くものだった。[33]

ところが、戦国大名領国制が在地領主制の到達点であり、公儀権力を必要としない地方独立国家へと成長したと評価する研究さえある。それならば、秀吉政権から近世権力へと転換したとみるのであろうが、これに関連して分権から集権への急転換の理由を説得的に説明した論考は、管見の限りではあるが皆無である。

なおこの点については、戦国大名領国制を在地領主制の最高の発展段階と規定した永原慶二氏にあっても、織豊政権は戦国大名領国制の同一線上の発展というべきものではなく、明確な質的転換が存在したとみていたことはきわめて重要である(34)。

近年は、織田政権を戦国大名領国制との関係からとらえる見解が目につくが、初期においては戦国大名だったから当然であろう。問題なのは、秀吉が選択・継承した近世化の思想と施策、さらには藩が成立する江戸前期までの地域支配構造の変容を見据えようとしない研究状況である。

換言するならば、中世と近世との懸隔に関する意識があまりに低いともいえよう。地域史の立場は重要であるが、天下人との戦争や外交交渉を経て藩が誕生する厳しい道程を顧慮することなく、いくら戦国大名の達成を高く評価したところで、議論としては不十分というほかない(35)。

確かに、戦国期における地域社会の分権化の動向が天下人を登場させ、畿内近国に新国家を建設して天下統一へと歴史が大きく転換していった。ただし、全国規模で戦国大名たちが天下をめざしたのではないことを強調したい。

わずかに幕府の所在地京都に近い畿内周縁地域にのみ、その必然性と可能性が秘められていたのである。それが、阿波の三好長慶(36)であり、尾張の織田信長だった。彼らはいずれも将軍権力を利用した後、それと正面から抗争しながら、新たな武家政権へと成長していった。

天下人たちは、地方の戦国大名領国制を否定し地域社会に統一のための変革を促し、厳しい軍事動員を強制したから、中央と地方の間に厳しい緊張関係が発生した。この段階が、織豊期とみるべきである。朝鮮出兵も、この矛盾のエネルギーを海外遠征に振り向けたものだった。

慶長年間から寛永年間にかけて、緊張関係の解消が進み、中央＝幕府と、地方＝藩との相互補完にもとづく幕藩体制が誕生したのである。織豊期にみられた政権と諸大名との鋭い矛盾・対立関係は、幕府が藩の誕生を援助すること

で徐々に克服されていった。(37)

織豊期を独自の歴史段階とみる本書所収の各論考においては、特にこの点に関するオリジナルな見解が、様々な分野から提示されている。どうか、ご熟読のうえ忌憚のないご意見を頂戴したい。今後、会誌『織豊期研究』誌上で議論が深まることを切に願い擱筆する。

註

（1）地域性については、織豊期研究会が主催した一九九九年三月十四日開催のシンポジウム「織田・豊臣政権と尾張」（於名古屋大学文学部）を収録した『織豊期研究』創刊号（一九九九年）の諸論稿を参照されたい。

（2）共同研究については、藤田達生編『小牧・長久手の戦いの構造　戦場論（上）』・『近世成立期の大規模戦争　戦場論（下）』（岩田書院、二〇〇六年）を参照されたい。

（3）今堀商人については、仲村研『中世惣村史の研究—近江国得珍保今堀郷—』（法政大学出版局、一九八四年）参照。

（4）戦国大名と同盟関係にある国人領主とのかかる性格については、これまでも重厚な研究蓄積がある。畿内周辺における国人領主の自立化については、拙稿「室町末・戦国初期にみる在地領主制の達成」（拙著『日本中・近世移行期の地域構造』校倉書房、二〇〇〇年、初出一九九二年）を参照されたい。

（5）「饅頭屋町々誌」、「京都上京文書」（『中世法制史料集』第五巻）。

（6）中嶋隆・小野友記子「小牧山の石垣について」（『織豊城郭』一一、二〇〇七年）など参照。

（7）拙稿「織田政権と尾張—環伊勢海政権の成立—」（『織豊期研究』創刊号、一九九九年）。

（8）綿貫友子『中世東国の太平洋海運』（東京大学出版会、一九九八年）。

（9）尾下繁敏「御内書・内書・書状論」（『古文書研究』四九、一九九九年）・「織田信長発給文書の基礎的研究―織田信長「御内書」の年次比定を中心に―」（『富山史壇』一三〇、一九九九年）・「織田信長発給文書の基礎的研究　その二」（『富山史壇』一三二、二〇〇一年）。
（10）拙著『信長革命―「安土幕府」の衝撃―』（角川選書、二〇一〇年）。
（11）（天正九年）六月十一日付出野左衛門佐・片山兵内宛明智光秀書状（「御霊神社文書」）。
（12）（天正八年）八月二十一日付長岡藤孝宛信長黒印状（「細川家文書」）。
（13）『信長公記』天正八年四月二十四日条。
（14）小林基伸「播磨の破城令について」（『播磨置塩城発掘調査報告書』兵庫県飾磨郡夢前町教育委員会、二〇〇六年）。
（15）この点については、拙稿「織豊期の北畠氏」（藤田編『伊勢国司北畠氏の研究』吉川弘文館、二〇〇四年）・「小牧・長久手の戦いと羽柴政権」（『愛知県史研究』一三、二〇〇九年）を参照されたい。
（16）註（15）と同じ。
（17）この点において、大坂遷都論を否定する中村博司氏の議論には与しえない（同「「大坂遷都論」再考」『史学雑誌』一二五―一一、二〇一六年）。
（18）信長が大坂本願寺と講和した天正八年以降、天下統一事業はそれまでの紛争当事者としての平定戦から大名間の所領紛争への積極的な介入へと変化した。戦国時代の将軍が諸大名に停戦令を発していたことからも、これこそ実質的に将軍権力を簒奪した証左といってよいだろう（拙稿「織田停戦令と派閥抗争」、藤田・福島克彦編『明智光秀』八木書店、二〇一五年）。秀吉にとってこれにあたるのが、後述するように天正十三年のことである。
（19）預治思想（論）については、深谷克己「近世における誓詞慣行と神君創造」・「預治支配と明君の自恃」（いずれも『深

谷克己近世史論集　第二巻　偃武の預治文化』校倉書房、二〇〇九年、所収）などを参照。
(20) たとえば藤堂藩の場合は、拙稿「郷士制度と郷士防衛」（藤田編『藤堂藩の研究』清文堂出版、二〇〇九年）や「近世前期藤堂藩伊賀領の支配構造」（藤田編『地域社会における「藩」の刻印』清文堂出版、二〇一四年）を参照されたい。
(21) 「初期絶対主義」については、服部之総『日本史的世界と世界史的日本―本格的絶対主義と初期絶対主義についてのスケッチ―』（『服部之総全集10　絶対主義の史的展開』福村出版、一九七四年）参照。
(22) この点については、拙著『天下統一』（中公新書、二〇一四年）を参照されたい。
(23) この点については、秋澤繁「天正十九年豊臣政権による御前帳徴収について」（『論集中世の窓』一九七七年、吉川弘文館）・「太閤検地」（『岩波講座日本通史』一一、一九九三年）参照。
(24) 三鬼清一郎「戦国・近世初期における国家と天皇」（同『織豊期の国家と秩序』青史出版、二〇一二年、初出一九七六年）。
(25) 藤木久志『雑兵たちの戦場』（朝日新聞社、一九九五年）。
(26) 小澤毅『日本古代宮都構造の研究』（青木書店、二〇〇三年）・「古代都市」（『社会集団と政治組織　列島の古代史　三』岩波書店、二〇〇五年）。
(27) 妹尾達彦『長安の都市計画』（講談社、二〇〇一年）参照。
(28) 滋賀県安土城郭調査研究所編『図説　安土城を掘る』（サンライズ出版、二〇〇四年）参照。
(29) 註(26)と同じ。
(30) 『増補改訂編年大友史料』二八―一三七。
(31) 藤木久志『豊臣平和令と戦国社会』（東京大学出版会、一九八五年）。

（32）拙著『日本近世国家成立史の研究』（校倉書房、二〇〇一年）・『秀吉神話をくつがえす』（講談社現代新書、二〇〇七年）、藤井讓治「「惣無事」はあれど「惣無事令」はなし」（『史林』九三―三、二〇一〇年）、尾下成敏「九州停戦命令をめぐる政治過程―豊臣「惣無事令」の再検討―」（『史林』九三―一、二〇一〇年）・「豊臣政権の九州平定策をめぐって―天正一五年七月から天正一九年一二月までの時期を中心に―」（『日本史研究』五八五、二〇一一年）、竹井英文『豊臣政権と東国社会』（吉川弘文館、二〇一二年）、拙著『秀吉と海賊大名』（中公新書、二〇一二年）・前掲拙著『天下統一』、谷　徹「豊臣政権の「喧嘩停止」と畿内・近国社会」（『歴史学研究』九四二、二〇一六年）などがある。

（33）山田康弘『戦国時代の足利将軍』（吉川弘文館、二〇一一年）・『足利義稙―戦国に生きた不屈の大将軍―』（戎光祥出版、二〇一六年）など参照。

（34）永原慶二「大名領国制の史的位置」（『歴史評論』三〇〇、一九七五年）。

（35）藩政史まで見通した研究蓄積のある戦国大名研究者は、残念ながらいまだに少ない。村落研究においても、中・近世連続論ばかりが目につく。これに関する見解としては、拙著『城郭と由緒の戦争論』（校倉書房、二〇一七年）がある。また伊勢・伊賀地域における戦国期から藩の成立・展開・廃止に至る時期に関する研究としては、拙著『江戸時代の設計者―異能の武将・藤堂高虎―』（講談社現代新書、二〇〇六年）や、共同研究の成果である前掲藤田編『伊勢国司北畠氏の研究』・『藤堂藩の研究』・『地域社会における「藩」の刻印』がある。

（36）天野忠幸『三好一族と織田信長』（戎光祥出版、二〇一六年）など参照。

（37）福田千鶴『幕藩制的秩序と御家騒動』（校倉書房、一九九九年）など参照。

■基調講演

身分としての奉公人
―その創出と消滅―

藤井讓治

はじめに

これまでの中世から近世への移行期研究では、両者の連続あるいは断絶という相異なる捉え方のいずれの立場に立っても、近世的要素が時とともに、徐々に、また時には一気に、しかもそれが一定の方向性をもって進み深化していくと理解してきた。しかし、江戸期には必ずしも繋がらない、また中世とも異なる豊臣期固有の権力編成や社会編成を想定することができるのではと考えてみた。

この視点に立って、豊臣期の「奉公人」を、「百姓」「町人」「商人」「職人」と並ぶ「身分」として取り上げ検討することにした。この時期の奉公人をめぐっては、平井上総氏の「兵農分離政策論の現在」をはじめとする一連の平井氏の論考が(1)、研究の現状をよく把握し、多くの成果とともにさまざまな論点を提示している。

この期の「奉公人」についての位置づけや理解が、後述するように研究者によってさまざまであることに鑑み、最初に、現在の到達点といっていい平井氏の見解と私との違いを示すことで、本論理解の一助としたい。

まず第一は、平井氏は、「豊臣政権の国替令をめぐって」において「「身分法令」の示す奉公人と百姓・町人の区別が、豊臣政権による画期的な身分変革ではなく、奉公人問題という現実に展開する矛盾への対処として位置づけられた」（2）とされるように、朝尾直弘氏・藤木久志氏以来の「奉公人問題」と捉えることで、「奉公人」を「身分」とは捉えないとの立場をとっているが、本稿では、「画期的な身分変革」か否かは別として、豊臣期に「奉公人」は一つの身分と捉えられていたとの立場をとる。

第二に、平井氏は、どちらかといえば「奉公人」を、「侍」ではなく「中間・小者」に焦点をあて、豊臣期から江戸前期へと連続して捉えるが、本稿では、「奉公人」の内容は、戦国・織田期と豊臣期では違い、また豊臣期と江戸初期とも異なる、いいかえれば身分としての「奉公人」は、豊臣期に創出され、江戸初期には消滅すると考えている。

第三は、相違とはいえないが、平井氏が「奉公人」を「兵」身分とは区別されようとしている点に関わり、本稿では、「奉公人」は一種の軍事的職能を持つが、百姓・町人と同様、被支配身分であると考えている。

江戸期には、「奉公人」が「一季居奉公人」や「譜代奉公人」として姿を見せるが、「百姓」「町人」等と並ぶ「身分」として捉えられることはなくなるのではとの視点から分析を進める。

豊臣期の「奉公人」を捉える視角として、まず、「奉公人」を「百姓」「町人」と並ぶ身分としての社会的存在として把握すること、第二に、「奉公人」の内実、性格等は、同じ「奉公人」と呼ばれても時期によって変化あるいは変遷するとの視点をもつこと、第三に、身分が特定の法令によって定められるという立場ではなく、それなりの実態や、社会的存在を踏まえて、法令がそれを捉えていくという理解に立つことが必要となろう。

また、豊臣期の定や条々を時限立法か一般法・基本法かという問題の立て方ではなく、豊臣期の定や条々等は、それらが出された時には特定の案件に応える形で出されるのであって、それが恒久的なものとなることもあるが、そうでなく新たな状況への対応のなかで、改廃されていくこともあるという理解を前提とすべきであろう（3）。

具体的検討を進めるにあたって、これまでのこの期の身分に関する諸史料のさまざまな位置づけについて、以下のような理解・立場で議論を進めることにしたい。

一つ目は、いわゆる「身分法令」とよばれてきた天正十九年（一五九一）八月二十一日秀吉定[4]の第一条にある「奉公人、侍・中間・小者・あらし子に至る迄」は、高木昭作氏の「奉公人」＝「侍・中間・小者・あらし子」、「侍」＝「若党」という理解[5]、また同条にみえる「去七月」の「去」は天正一九年とする三鬼清一郎説[6]を採ることである。

二つ目は、いわゆる「人掃令」、天正十九年三月六日安国寺・佐世元嘉連署状[7]の年代比定は、三鬼清一郎氏の説に従い天正二十年のものとし[8]、そこに見える「五ケ条之御置目　御朱印」は、山本博文氏が論じたように[9]天正二十年正月付の豊臣秀次朱印状であるという立場に立つことである。付け加えれば、五箇条の秀次朱印状は、第一条は、「人掃い」に関するものだが[10]、第二条以下は、人足の飯米、遠国よりの供の十月交代、陣に召し連れた百姓の田畠耕作、陣に召し連れた若党・小者の取り替えを定めたもので、この秀次朱印状を一括して「人掃い令」と呼ばないほうがよいと考え、以下の叙述では天正二十年正月宛名有秀次条々とする。

以下、「奉公人」に関わる定・条々については、必要に応じて従来の法令呼称を援用するが、天正十四年正月十九日秀吉定、天正十八年八月十日宛名有秀吉定、天正十八年十二月五日宛名有豊臣氏奉行人連署状、天正十八年八月宛名有秀吉条々、天正十九年八月二十一日秀吉定、（天正二十年）三月六日安国寺・佐世元嘉連署状、天正二十年正月宛名有秀次条々、などと呼ぶことにする。

一　身分としての「奉公人」

まず、「奉公人」が豊臣期に身分として存在していたと考える根拠とする史料を三つあげる。これらの史料は、従来から利用されてきたものであり、目新しいものではない。

一つ目は、天正十九年（または天正二十年）（一五九一［九二］）三月六日付のいわゆる「人掃い令」と称されてきた安国寺恵瓊・佐世元嘉連署状で、その第二条に、

一家数人数男女老若共ニ、一村切ニ可被書付事、

付、奉公人ハ奉公人、町人ハ町人、百性者百性、一所ニ可書出事、但書立案文別帋遣候事、

とあり、そこでは、村ごとに、「奉公人」は「奉公人」、「町人」は「町人」、「百姓」は「百姓」と、三者が明確に区分されている。この点とともに、この史料から在村の奉公人・町人が存在したことを知り得るが、この点は後述する。

もう一つは、慶長三年（一五九八）に越後の上杉景勝が会津に国替えになった折、秀吉が景勝に与えた朱印状には、「今度会津江国替ニ付而、其方家中侍之事者不及申、中間小者ニ至る迄、奉公人たるもの一人も不残可召連候」と、また「当時田畠を相拘、年貢令沙汰検地帳面之百姓ニ相究ものハ、一切召連間敷候」(11)とあり、「奉公人」と百姓が、転封先へ行くか行かないかで、明確に区別され、「奉公人」は新領地会津へ行くよう命じられている。

さらに、秀吉の奥羽仕置のなかで発せられた天正十八年八月十日秀吉定の第四条に(12)、

一諸奉公人ハ面々以給恩其役をつとむへし、百姓ハ田畠開作を専ニ可仕事、

とあり、「奉公人」は、田畠開作をもっぱらにする百姓とは区別され、給恩をもってその役を務むべしと、「百姓」と

明確に区別されている。

　これらの「百姓」や「町人」が身分表示とみなしえるのであれば、「奉公人」も同じレベルでの身分と捉えることができよう。

二　秀吉文書にみえる「奉公人」

　つぎに、豊臣期、秀吉の活動がみえる織田期を含めて、「奉公人」という語がどのくらいあり、どのような用法で用いられ、時期的にはどのような変遷をするのかを、秀吉発給文書に限ってではあるが、一覧しよう。

　表1には、秀吉文書約七〇〇〇通を五期に分けて、「奉公人」またその身分内身分ともいえる「侍」「中間」「小者」「荒子」の事例数を示した。点数を数える場合には、天正十九年（一五九一）八月二十一日秀吉定のようにほぼ同文で多数残されているものは、一点とした。また、慶長三年（一五九八）五月の奉公人の欠落防止を命じた朱印状[13]など宛名が異なっても本文が同様のものも、同じ扱いとした。

　表1に示したように、秀吉文書中に「奉公人」という言葉はそれほど多くみえるわけではない。まずこの点を押さえた上で、「奉公人」の事

表1　秀吉文書にみえる「奉公人」等の出現頻度

時期	期間	奉公人	侍	中間	小者	荒子	若党	足軽
一期	～天正10.6	5(4)[1]	5(3)[0]〈1〉	1(1)[1]	4(2)[1]	2(2)	1	1
二期	～天正13.7	8(2)[1]	9(1)[5]〈0〉	1(1)[0]	2(0)			5
三期	～天正19.12	13(10)[3]	16(2)[8]〈5〉	6(6)[6]	7(7)[6]			3
四期	～文禄4.7	5(0)[0]	9(4)[3]〈2〉	1(1)[0]	3(2)[0]		1	
五期	～慶長3.8	4(2)[2]	6(0)[1]〈4〉	2(2)[2]	3(2)[2]			
	年未詳	1(0)[0]						
合計		36(18)[7]	45(10)[31]〈12〉	11(11)[10]	19(12)[8]	2(2)	2	9

注. 奉公人の(　)内は、奉公人と「百姓」「町人」などとの他身分、[　]内は「侍・中間・小者」の身分内

侍の(　)内は「百姓」「町人」等と並記、[　]内は「武士」の意と考えられるもの、〈　〉内は奉公人あるいは中間・小者等と並記のもの

中間の(　)内は、奉公人、侍、小者等と並記、[　]内は「中間・小者」として

小者の(　)内は、奉公人、侍、中間等と並記、[　]内は「中間・小者」として

例三六件をみると、その半数が百姓・町人・商人・職人・出家などと並記あるいは区別されており、前に示した「奉公人」が「百姓」等の諸身分と区別された存在であることがここからも知りえる。しかし、「奉公人」の内実が、天正十九年八月二十一日秀吉定に示されたように「侍・中間・小者・あらし子」であることを明示する史料は意外に少ないこともわかる。

天正十九年八月二十一日秀吉定では、「侍」は「奉公人」の一形態とされるが、秀吉文書の用例を検討すると、四五例中三一例が、天正十五年十月二十一日相良長毎宛秀吉朱印状「於肥後国陸奥守(佐々成政)不相届所行ニ付而被仰出条々」(14)の第二条に、「無程陸奥守背御下知、彼国(肥後国)之侍ニ以御朱印被仰付候領知をも不相渡、及迷惑之由候事」(傍点は引用者、以下同じ)とあるように、「武士」の意で使用されている。残る一四例の大半は「百姓」「町人」あるいは「中間」「小者」と並記されている。

「中間」一一例の大半は「小者」と並記されている。「小者」一九例は「中間」と並記されることが多いが、「侍・小者」と並記されることもある。

なお「若党」については、秀吉文書では三例と少ないが(15)、秀次文書には「若党」(16)が奉公人の「侍」の意で数例みられる。また「足軽」については、天正十八年四月十九日井伊直政宛秀吉朱印状に「付井ヨリ敵出候処、遣足軽、首二討捕之到来、尤之働候」のような用例はあるが、他の身分との並記ではみられず、さらに、「奉公人」の身分内身分としての使用例も全くみられない。

三　秀吉文書からみた各時期の「奉公人」

本節では、表1で区分した五つの時期ごと（本能寺の変以前、本能寺の変から関白任官以前、秀吉関白期、秀次関白期、秀次事件以降）に、秀吉以外の事例も多少触れながら「奉公人」に関する記事を取り上げ、その特徴についても言及する。

1　第一期、本能寺の変以前

次の二つの史料は、いずれも天正二年（一五七四）に秀吉が、新たな拠点に選んだ近江今浜城の普請にあたって領地の村々に普請役を課したときのものである。

当郷家並ニ明後日八日ニ、今はまふしんニ、すき・くわ并もつこう持候て、諸奉公人・出家・商人たりといふ共、
一人も不残可罷出候、若於油断者、急与可申付者也、

（天正二年）
六月六日　藤吉郎
秀吉（花押）

平方
名主百性中

＊

尚々、時分柄ニ候之間、一日之やといたるへし、無油断可罷出候、

就今浜普請之儀、当郷人足之事、すき・くわ・もつこ以下持之、出家・侍・奉公人ニよらす、明日九日未明ニ、

家なミ可罷出候、於油断者、急与可成敗者也、

（天正二年）六月八日　　藤吉郎

秀吉（花押）

下八木

地下人中

前者[17]では「奉公人」が「出家」「商人」と、後者[18]では「奉公人」が「出家」「侍」と並記されており、「出家」「商人」「侍」と並んで「奉公人」という階層が社会的に存在したことが確認できる。また、この今浜の普請では、これらの人々も一般の百姓同様に普請役が課せられたことがわかる。

また、後者には、後には「奉公人」の身分内身分とされる「侍」がみえるが、「奉公人」と並記されていることから、後年の「奉公人」「侍」とは異なり、この段階の「奉公人」「侍」と後の段階の「奉公人」「侍」とを同じものとみなしえない[19]。

こうした状況が、他の地域でも一定度展開していたことを、後北条氏の例からもみておこう。永禄三年（一五六〇）三月十六日付の武蔵国網代の百姓中に出された「御領所方諸百姓御侘言申上ニ付而、御赦免之条々」の事書のある北条家朱印状[20]には、「百姓」と区別して「出家・奉公人・商人・諸職人以下田畠出作之者」とみえ、近江の事例と同様、一定の広がりを持つ身分階層として「奉公人」の存在を見出せる。

また、同じ第一期の事例としては、天正五年六月の安土山下町中宛定[21]の第一二条に「於町並居住之輩者、雖為奉公人并諸職人、家並役免除之事」とあり、町に居住する「奉公人」の存在とともに、町人と区別された奉公人・職人の存在が確認できる。

秀吉が「奉公人」を「百姓」と明確に区分した最初の条目は、天正十年四月の五箇条の定(22)である。その第一条で、「家中におゐて奉公人不寄上下、いとま不出に、かなたこなたへ罷出輩在之ハ、可加成敗条可申上事」と、奉公人が主人への暇乞いなく他に奉公すること（無断の主人替え）を禁じ、第二条で、「知行遣候已前之領中つきの若党・小者いつかたに奉公仕候共、当給人違乱有間敷候、但田地事ハ給人次第可取上事」と、知行を得る以前から領内にいた若党・小者についてはいずれに奉公するも自由であり、新たに給人となったものは「違乱」に及んではならないと、若党・小者の裁量が尊重されている。しかし、奉公人の所持する田地については給人に属するとし、給人の田地へ裁量権が担保されていることがわかるとともに、村内において田地を所持する「奉公人」の存在が確認できる。これに対応し第三条では、「知行遣候以後、其在所之百姓他所へ相越ニおゐてハ曲事たるへし、いかやうニも給人任覚悟、其ものからめ取上可申事」と、知行を与えられた後は、その領地の百姓が他所へ行くことを禁止し、「奉公人」（「若党・小者」）と「百姓」とを明確に区別している。

2　第二期、本能寺の変から関白任官以前

第二期の、天正十年六月以降、秀吉が関白に任官する天正十三年七月までの期間の「奉公人」に関する史料には、「奉公人」の不法行為禁止を定めた条目が多くみらる。

天正十年七月二十五日付の「へちい中」（摂津）宛の秀吉条々(23)では、第一条で「奉公人下々地下中へ立入、田畑をあらし、不謂やから於有之者、一銭きりたるへき事(24)」と、「奉公人」が地下中へ立ち入り田畑を荒らすなどの不法行為を禁じ、天正十一年五月付の摂津兵庫津宛の禁制の第二条の付けたりで、「奉公人戸立具売買事」と、「奉公人」による戸立具の売買を禁じている。同年六月の洛中洛外宛の掟(25)の第四条では、「諸奉公人対町人非分狼藉族於在之□（者）、不

寄仁不肖、無用捨奉行可申事」と、「諸奉公人」の「町人」に対する非分・狼藉を禁止し、同じ月に所司代前田玄以に対して、「於洛中洛外、諸奉公人非分狼籍(藉)之族申懸者、雖為誰々、其主不及届、糺明次第可有成敗、若知音縁類難去なと、て、用捨之儀於有之者、其方可為越度事」、また「京中在々諸奉公輩、被官、家来、或者無等閑とて、公事懸候儀ニ令方入事、甚以可為曲事、若左様之者於在之者、無用捨可被申聞事」(26)と、洛中洛外における「諸奉公人」の非分狼藉の究明と処罰を命じている。

同年十一月十三日には、美濃に領地を持った稲葉一鉄に対し、池田恒興との争論を裁許した定(27)の第三条で、「諸奉公人、或緩怠・盗人・喧嘩・口論、或主・寄親へ号不足、暇不乞ニ権家へ立入候事可為停止」と、「奉公人」の無断の主人替えを禁止している。

さらに天正十三年三月には、禁裏六丁町に宛てた禁制(28)の第三条で「諸奉公人不寄上下居住事、付於為奉公人者、在京之時之号宿、構居所事」と、「諸奉公人上下」の当町居住を禁じ、また「奉公人」が在京時に宿構と号して居住することも禁じている。

こうした条目・定・禁制の存在は、「奉公人」身分を直接定めるものではないが、「奉公人」が社会的存在として定着していたことを示すものと評価できよう。

3　第三期、秀吉関白期

第三期は、天正十三年七月から秀次に関白職を譲る天正十九年十二月までの期間である。まず注目されるのは、天正十四年正月十九日秀吉定(29)の第一条で、「諸奉公人、侍事ハ申に不及、中間・小者・あらし子に至るまて、其主に暇を不乞出候儀、曲事候之間、相拘へからす、但まへの主に相届、慥合点有之ハ、不及是非事」と、「奉公人」の範囲を「侍」「中間・小者・あらし子」と明確に示している。後の天正十九年八月二十一日秀吉定に先行するものである。また、ここでは、天正十九年八月二十一日秀吉定で「奉公人、侍・中間・小者・あらし子」と列記しているのに対し、「侍事ハ申に不及」と「侍」と「中間・小者・あらし子」を「奉公人」という範疇で一体化を図っている。そしてそこでの内容は、奉公人の無断の主人替えの禁止であり、その点では従来と大きな変化はみられない。

他方、第二条で「百姓その在所に在之田畠あらすへからす」と百姓の職務を明示し、「奉公人」と「百姓」とを区分する。第八条から第一一条では、

一小袖・御服之外ハ、絹うらたるへし、但俄には不可成之条、ともうらの事、四月一日わたぬきたる間、其よりのち絹うらたるへき事、
一諸侍し〔り脱カ〕きれはく事、一切停止也、御供之時は足なかたるへし、中間・こものハ不断可為足半事、
一はかま・たひにうら付へからさる事、
一中間・小者革たひはくへからさる事、

と、「侍」「中間・小者」の履物・衣服を規定し、「侍」の履物は日常は尻切れ、供の時は足半、「中間・小者」は足半と定め、袴・足袋に裏を付けること、「中間・小者」の革足袋を禁じ、同じ奉公人身分のなかでも「侍」と「中間・小者」の間に格差が設けられている。

天正十四年九月二十一日には、美濃に領地を持っていた稲葉良通・稲葉典通・稲葉貞通等に宛てた秀吉覚(30)において、「如御法度、諸奉公人・被官・家来・百姓等ニ至る迄、可為知行付候、若失人等隠置在所於有之者、領主ニ相届之上、万一至相紛者、其領主・在所共ニ可為成敗事」と、「奉公人」は「被官・家来・百姓」とともに「知行付」であるとしている。この点は、後に奉公人は領主に属するものとする位置づけとは異なる。

天正十五年正月十一日の陣定の第五条でも、「奉公人先主に暇をも不乞主取仕候者有之処、先主見付候而、理不尽ニ成敗仕候ハヽ、還而可為越度、見付次第当主人ニ相訴、其上ニおゐて急度可申付、又届有之奉公人を逃し候ハヽ、其主人可為越度事」と、「奉公人」の無断の主替えを禁じている。[31]

天正十五年四月二十日の肥後八代攻めにあたってその方策を述べた毛利輝元宛の朱印状の第二条では、「奉公人・町人其外百姓男女にて五万も可有候ものを、ころさせられへき儀不便に被思召」と、「奉公人」と「町人」「百姓」を区別して捉えている。[32]

天正十八年の小田原攻めに関しては、尾張の星崎・清洲などの諸城の留守居中に対し、「奉公人妻子在之家共陣取可相除旨、堅被仰付候」と、奉公人妻子が住まう家への陣取を禁じており、一種の奉公人保護策が講じられている。[33]

小田原攻めを終え会津に侵攻した秀吉は、天正十八年八月十日、会津において奥羽国置目を出す。その第一条で、今度の検地によって定めた年貢等以外に百姓に非分を申し懸けることを禁じ、第二条で盗人の成敗、第三条で人身売買を禁じ、第五条で奥羽での刀狩り実施を、第六条で百姓の召し替えしを命じ、第七条で永楽銭の交換比率を定めるが、第四条で「諸奉公人ハ面々以給恩其役をつとむへし、百姓ハ田畠開作を専ニ可仕事」と「奉公人」と「百姓」をその役をもって区別し、「奉公人」は給恩をもって役を勤めるものと明示する。[34]

また同じ八月、宇都宮国綱に宛てた条々の第一条で、[35]

一諸奉公人事、侍儀者不及申中間・小者・下男ニ至る迄其主人ニ暇を不乞他所へ罷出族有之者、慥使者を以三度迄可相届、其上扶持を不放付てハ、則可成敗事、

付、相抱候者、他領ニ不可置、面々知行之者を召使、其領内ニ可置候、但、知行不召置以前ニ相抱候者ハ、不可及召返事、

と、奉公人が無断で主替えすることを禁じ、それに違犯したときには成敗するとし、さらに召し抱えた奉公人を他領に置くことを禁じ、領地のものを召し抱えるよう命じ、加えて領知以前に抱えたものは召し返してはならないとする。旧来の奉公関係の維持と新たな奉公は領地内という原則がそこには示される。第二条では、「奉公人」とは区別して他郷へ逃げた「百姓」の召し替えしが規定されている。

秀吉が奥羽から戻った後の天正十八年十二月五日、長束正家ら豊臣氏の奉行衆が近江の太田又介等に宛てた連署状(36)の第一条では、「主をも不持、田畠つくらさる侍、可被相払事」と、主を持たず田畠を耕作しない「侍」を村から払うことを命じ、第二条で、「諸職人并商売人、此以前仕来候ハヽ、可為其分、此触之後、彼主をもたす、田畠不作侍共、職人・商売仕候と申候共、地下可被相払事」と、従来よりの諸職人・商売人の存村を認めるとともに、この触が出された以後に主を持たず、田畠を耕作しない「侍」が「職人・商売仕候」と申しても地下を払うよう命じている。これは、主を持ち、また田畠を耕作する奉公人の存在とそれを許容したことを示すとともに、それ以外の「奉公人」の在村を禁じたものといえよう。

さらに第三条では、「奉公人の外、百姓之中ハ被改、武具類可被取上事」と「奉公人」を除き、百姓からの武具類取り上げを命じるが、「奉公人」の側に立てば、「奉公人」の武具類所持は認められていたことになる。

翌十九年八月二十一日、奥羽の一揆がほぼ収まり、朝鮮出兵への準備が進められるなか出された定、いわゆる「身分法令」の第一条で、

一奉公人、侍・中間・小者・あらし（荒）子に至る迄、去七月奥州江御出勢より以後、新義ニ町人百姓ニ成候者在之者、
其町中地下人として相改、一切をくへからす、若かくし置ニ付てハ、其一町一在所可被加御成敗事、

と、「奉公人」の階層を「侍・中間・小者・あらし（荒）子に至る迄」とした上で、天正十九年七月の秀吉の奥羽出勢以後、

新儀に町人や百姓になったものを、その町中・地下人が改め、それらのものを置くことを禁じ、違犯したときは、「一町一在所」を成敗すると規定する。そこでは、「奉公人」を町・村に置くことを一般的に禁じているのではなく、「新儀」に町人や百姓になったものを払い、それを通して奉公人の身分移動を禁じている。その主たる目的は、「奉公人」確保にあったと推測される。

一方、第二条では、

一在々百姓等、田畠を打捨、或あきない、或賃仕事ニ罷出輩有之者、そのもの、事ハ不及申、地下中可為御成敗、并奉公をも不仕、田畠もつくらさるもの、代官給人としてかたく相改、をくへからす、若於無其沙汰者、給人過怠にハ、其在所めしあけらるへし、為町人・百姓かくし置ニおゐてハ、其一郷同一町可為曲言事、

と、「在々百姓等」が田畠を打ち捨て、「あきない」や「賃仕事」に出ることを禁じ、また奉公もせず、田畠を耕作していないものについては、代官・給人が改め、村に居住することを禁じている。さらに、第三条では、

一侍・小者ニよらす、其主に暇を不乞罷出輩、一切不可拘、能々相改、請人をたて可置事、但右者主人有之而、於相届者、互事之条、からめ取、前之主の所へ可相渡、若此御法度を相背、自然其ものにがし候ニ付てハ、其一人の代ニ三人首をきらせ、彼相手之所へわたさせらるへし、三人の人代不申付ニをいてハ、不被及是非候条、其主人を可被加御成敗事、

と、侍・小者の無断の主人替えを禁じ、その違犯者への罰則を強化している。

4　第四期、秀次関白期

この期で注目すべきは、前の時期に秀吉が出した天正十九年八月二十一日秀吉定を、秀次がその線上で具体化、進

展させたことにある。天正二十年正月、秀次は朱印状で五箇条の条々を個々の大名に宛てて出す。

その第一条で、

一唐入に就て御在陣中、侍・中間・小者・あらし子・人夫以下に至る迄、かけおち仕輩於有之者、其身の事ハ不及中、一類并相拘置在所、可被加御成敗、但類身たりといふ共、つけしら《告知》するにおひては、其者一人可被成御赦免、
　縦使として罷帰候とも、其主人慥なる墨付無之におひてハ、可為罪科事、

と、唐入にあたって在陣中に「侍・中間・小者・あらし子・人夫以下に至る迄」の欠け落ち禁止と、それに関係した一類・在所の成敗を命じ、それとともに第四条で、「御陣へ召連候百姓の田畠事、為其郷中作毛仕可遣之」と、「御陣」へ召し連れた百姓の田畠の作付けを郷中に命じ、それとは区別して第五条で、「御陣へめしつれ候若党・小者等とりかへの事、去年之配当半分之通、かし可遣之」と、「御陣」に召し連れた「若党・小者」の取り替えについて指示する。

この時点での政権の「奉公人」に関する課題は、秀吉の出陣が三月であるものの、先陣はすでに出陣しており、この秀次条々が出された時点の課題は、中野等氏がいうように[37]、既に発生しつつあった「奉公人」の欠落への対策であったとするのが妥当であろう。

そしてこの秀次の五箇条の朱印状を受けて、（天正二十年）三月六日安国寺・佐世元嘉連署状が、吉川広家領に対して出される。その第二条で、

一家数人数男女老若共ニ一村切ニ可被書付事、
　付、奉公人ハ奉公人、町人ハ町人、百姓者百姓、一所ニ可書出事、但書立案文別紙遣之候、

と、家数人数男女老若ともに一村切に、奉公人は奉公人、町人は町人、百姓は百姓と区別して書き出すよう求め、その但し書きに別紙の「書立案文」を渡すことが記されている。

その「書立案文」の一例として「厳島領家数人数付立之事」[38]が知られており、そこには、出家・社家・職人・商人とともに「奉公人廿人内五人渡唐 十五人留守居」とみえる。この「奉公人」に付された注記は、この時の指示書とされる「口上之覚」[39]の第一条に「在々村々より、奉公人、侍・小者いか程相立、残人数いか程」とあるのに対応する。

こうした改めは、形式は不明ながら、他でも確認できる。天正二十年五月二十一日伊達政宗の代官である石田宗朝の起請文前書[40]の第一条に、「御朱印五箇条之御置目、并百姓三箇条誓詞之趣、慥ニ御請乞(取)申上候事」とあり、第二条には「羽柴伊達侍従分国之内、奥州名取南方岩沼之城、石田豊前守居城持(拝)領分、在々所々村々家数、奉公人・侍・中間・百姓・舟人、何程是有書付、有様ニ其従村々、帳ヲ一帖充作立、村々所々百姓之起請文相添、使者、来六月十五日ニ此方ヲ出シ可申候」とあり、「在々所々村々家数、奉公人・侍・中間・百姓・舟人」を書き付けた帳面が作成されている。

ついで文禄二年(一五九三)正月、秀次は、各国領主の留守居に宛てて次のような朱印状を出す[41]。

来三月大閤御方高麗御渡海付而、国々諸奉公人之儀、去年正月以五箇条守被仰出旨、高麗并名護屋在陣之面々ニ奉公たるもの、くつろきとして罷帰於有之者、侍・中間・小者・あらし子ニ至迄、当月中に名護屋へ可参陣、若背法度、諸国在々所々ニ於隠居者、其者之事者不及沙汰、類身其所之代官・給人、別而地下人越度可為曲事者也、

文禄二年正月日　(朱印)

越前ニ而

木村常陸介

留主居中

この朱印状で、秀吉の三月の渡海にあたり、「国々諸奉公人」については、昨年正月の五箇条の条目の旨を守り、

高麗、また名護屋に在陣の面々に奉公するもので寛ぎとして帰国しているものは、「侍・中間・小者・あらし子」にいたるまで、正月中に名護屋に参陣するよう求め、もし法度に違反するものは本人はもちろん、「其所之代官・給人、別而地下人」までも越度と命じている。

この朱印状を受けて、所司代の前田玄以に宛てて出された起請文[42]の第一条に、「去年唐入御陣ニ付而、五ケ条之御置目御朱印之通、聊相違申間敷候旨、起請ヲ書上申上候といへ共」とあることから、前年、五箇条の条目が出された際にも、起請文が求められたことが確認できる。

第二条では、「侍・中間・小者・あらし子ニ至るまて、在所ニ年来居住之者之外、新儀参候者居住させ申間敷候、親子兄弟たりといふ共、武士奉公ニ出申者ニハ、一夜ノ宿をもかし申間敷候事」と、「侍・中間・小者・あらし子ニ至るまて」在所に年来居住のもの以外、新儀に来村するものの居住を禁止し、さらに親子兄弟であっても武士奉公に出ているものには一夜の宿を貸してはいけないとし、新儀の奉公人の村への居留を排除する。

第三条も、「武士奉公人、商売人・諸職人ニ相紛来事可在之、其段念ヲ入可相改申、惣而、慥なる商売人・諸職人たりといふ共、新儀ニ来候者、置申間敷きの事」と、「武士奉公人」が「商売人・諸職人」にまぎれて居住することを排除するよう改め、また「慥なる商売人・諸職人」であっても、新儀に来るものを居住させることを禁じている。この両条とも、出兵にあたっての奉公人確保を目指したものといえよう。

また、この間の天正二十年五月十八日に秀吉は秀次に朝鮮出陣を命じるが、その二五箇条の覚[43]の第一五条に、「小者・若党以下、下々迄も可召置候、此方へ小者とも被為雇候之間、俄には不可有之候条、前廉其用意肝要候事」とみえるように、秀吉による「小者」雇い上げによって、京都での「小者」雇用の逼迫が予測されており、そのなかで「小者」が特記されていることは、注意したい。

秀吉は、翌文禄二年八月一日に長束正家・山中長俊に宛てた「肥前国松浦郡波多三河守知行分検地条々」の第五条の付りで、「奉公人妻子其在々に可置之事」と、「奉公人」の妻子をその在所に置くことを定めている。(44)

また、朝鮮出兵の中断した時期の文禄二年十二月、秀吉は秀次領であった尾張の仕置の様子を見聞に出かけ、その荒廃ぶりに対し、その措置を命じた「御掟覚」(45)の第六条で、「清須之町江在々ゟ越候而、居住百姓共相改、前々在所江還住可仕事」と、清須の町へ在々から来住している百姓の帰村を命じるとともに、第七条で「尾州之百姓小者ニ成候而、方々ニ有之分相改、本之在所へ可召返事」と、尾張の百姓で小者となっているものは改め元の在所に返すよう命じている。さらに、この時の「清須町中之儀」(46)には、「清須町中ニ尾州在々所々ゟ罷出、町人ニ成有之分、帳面之内七百六拾余人御座候、右之者共前々在々江被返遣、其郷々ニ而田畠荒地以下令耕作、其郷之役相勤候様ニ、何茂被仰付候様ニと上意候事」とあるように、ここでの対象は、尾張の在々から出て町人となった百姓と「小者」であり、とくに後者は、「奉公人」全体ではなく「小者」に限られている点は注意すべきであるが、この時の一連の仕置は農村荒廃に対処するものであったといえよう。

5　第五期、秀次事件後

秀次事件後しばらくは、慶長二年（一五九七）の秀頼居城の条目を除くと、奉公人に関するものはみられない。

慶長三年正月十日、秀吉が上杉景勝宛に越後から会津へ国替えに際して出した朱印状には、「今度会津江国替ニ付而、其方家中侍之事者不及申、中間小者ニ至る迄、奉公人たるもの一人も不残可召連候」と、「侍」はいうに及ばず「中間・小者」まで、すべての「奉公人」を会津へ召し連れるよう命じている。ただ、慶長三年二月十六日付の石田三成・直江兼続連署状(47)の第三条で、蒲生領からの百姓の召し連れを禁じるとともに、「奉公人」については、「シヨ（所セン《詮）》前前ヨリノホウコウ《（奉公）》人ノ外、相上事、可為曲事者也」とあるように、この時の「奉公人」の実態は「前前ヨリ」の奉公人であったことは注意される。一方で、蒲生氏の場合は、会津四二万石から宇都宮一八万石への減封だった点も考慮に入れる必要があろう。

なお、池上裕子氏は「其方家中侍之事者不及申、中間小者ニ至る迄、奉公人たるもの一人も不残可召連候」を、「家中の者は、侍は申すに及ばず、中間・小者に至るまで、奉公人を一人ものこさず連れて行くこと」と読み、「兵である武士・奉公人のすべてを会津に移すことが求められた[48]」と解釈するが、この史料には「家中」とはあるが「家中の者」とはなく、池上氏の読みは不正確であり、その解釈も、「侍」を「武士」と解釈しているようにも読める。

また、平井上総氏は「家中の侍」を「実際に給人が国替についてこなかった事例」と併せて記するように、「家中侍」＝「給人」と理解しておられるとも思われる[49]。

また同年四月二日に上杉氏の去った越後に転封を命じられた堀秀治・溝口秀勝宛の秀吉朱印状[50]には、「其方家中侍之事者不及申、中間・小者・下男其外奉公人たるもの、一人も不残召連、越後へ可罷越候」と同様に指示されている。このように命じた背景には、平井上総氏が指摘するように、「奉公人」をめぐる領主側・百姓側、両者の要因を考慮した評価が必要であるが、ともかくこの時点では、百姓とは区別された「奉公人」、「侍」はいうまでもなく「中間・小者」も、領主とともに新領地に移ることになったことがわかる。

同年五月には、秀吉は、在朝鮮の諸将に対し「各在高麗奉公人之上下共、走日本へ於相越者、聞付次第成敗可仕候、自然拘置、何角違乱之輩有之者、可致言上候、急度可被加御成敗候[51]」と、朝鮮在陣の奉公人の欠落防止を指示する。

四　豊臣期「奉公人」の歴史的位置

ここでは、豊臣期の「奉公人」の歴史的位置を考えるにあたって、まず従来の研究状況について触れ、そこから取り上げ得る論点を拾い出し、検討していく。なお、ここで取り上げ得たのは、ごく一部の問題であり、今後も多様な視点から検討していく必要があろう。

1　奉公人理解の混乱

まず、これまで「奉公人」をどようなものとして捉えてきたかという視点から、諸研究をみると、「奉公人」という語を使用しても、特にその内容を明示したものは多くなく、それぞれの研究者がその論考のなかで、その内容を語っているものがある程度である。ここでは、それらすべてに触れることはできないが、いくつかを紹介しよう。

一九九三年、勝俣鎮夫氏は、天正十八年（一五九〇）八月二十一日秀吉定の第三条を、「主人替えの禁止条項で、戦国大名の家法に一般的にみられる被官＝家臣が他の主取りをすることを禁じた法の対象を武家奉公人にまで拡大したものといえます」としているように、そこでは「被官」と「武家奉公人」とが区別され、「被官」は「武家奉公人」と別で、その上位に置かれている。(52)

同じ年、菊池浩幸氏は、中世後期、戦国期において「領主権力に個別従属する直属家臣（「被官・中間・下人」）」を「奉公人」と一括して捉え、「この時期（中世後期）の直属家臣は、①名字を有する「被官（若党）」、②名字を持たない「中間（小者）」、③名前を記さない「下人」の三階層に区分できる」とし、「被官」を「若党」とし、「奉公人」の一階層としている。ただ注意しておきたいのは、菊池氏は被官・中間・小者など「直属家臣を「奉公人」身分に属する者と定義したい」としているが[53]、この時期にこれらの階層を「奉公人」と一括して捉える明確な事例は示されていず、菊池氏の「奉公人」身分は、高木昭作氏の「奉公人」理解を援用されたのかと思われる。

一九九六年、中野等氏は、天正十九年八月二十一日秀吉定について、「ここで整理の主対象となったのは「主をも不持、田畠つくらさる侍」であった。この階層を排除することで、統一政権下の村は一般の百姓と奉公人とを主な構成要素とする被支配身分のみの空間となった」とする[54]。主を持つか、または田畠を耕作している侍の在村はみとめられると解釈しているのかは、確認する必要があるが、この点はともかく、中野氏は「奉公人」を被支配身分としている点は注意しておきたい。

二〇〇九年、山本博文氏は、奉公人の出奔禁令と百姓の移動の禁令について述べたところで、「百姓を陣夫として動員すること、すなわち「奉公人」にすること」また「戦争に動員された百姓身分の者（「諸奉公人」）[55]」と記しているが、「奉公人」は百姓役としての陣夫ではなかろう。

こうしたさまざまな捉え方に対し、根岸茂夫氏は、武家奉公人は「士分に付属しなければ合戦に参加できなかった」としたうえで、「武家奉公人」は、

騎馬の武士に付属する又者すなわち陪臣層であり、（中略）第一の戦闘補助員と第二の主人の供回り、第三の輸送要員に分けることができる。第一の階層としては又若党が挙げられる。彼らは馬上の主人の戦闘を援ける役割を担い、又者の中で唯一両刀・具足を備えるが、姓はなく、一人前の武士としては認められていない。第二の階層は又草履取・又鑓担・並中間・又馬取などがこれである。一般に中間・小者といわれる武家奉公人に相当する。彼らは具足はなく、原則として脇差のみであるが、『雑兵物語』では主人を守って合戦に参加し、持鑓担ぎが主

人の鑓で騎馬武者を討ち取ったり、又草履取が主人の鉄炮で敵の首を取っている。とする。(56)

また、藤木久志氏は、

戦国大名の軍隊は、かりに百人の兵士がいても、騎馬姿の武士はせいぜい十人足らずであった。あとの九十人余りは次の三種類の人々からなっていた。①その武士に奉公して、悴者とか若党・足軽などと呼ばれる、主人と共に戦う「侍」。②その下で、中間・小者・あらしこなどと呼ばれる、戦場で主人を補《たす》けて馬を引き、槍を持つ「下人」。③夫・夫丸などと呼ばれる、村々から駆り出されて物を運ぶ「百姓」たちである。

とし、「①の若党や足軽は戦うことを許された戦闘要員であり、②の中間や小者や③の人夫は、戦闘からは排除されるのが建前（侍と下人の差）であったが、激戦の現場でそのような区別が通用したわけではないとする。(57)

根岸氏と藤木氏では、少しニュアンスを異にするところもあるが、根岸氏の第一・第二の階層、藤木氏の①②としたものを、本稿ではこの期の「奉公人」の姿としたい。この姿は、後述するように、もはや戦闘に参加しなくなった江戸時代前期の「武家奉公人」の姿とは異なる。

2　奉公人と武士・兵

ここでの論点は、前述の「奉公人」理解とも関わるが、「奉公人」を支配身分としての武士に属するものと捉えるのか、また兵農分離というときの「兵」と捉えるのか、という点である。ここでも、従来の研究では、必ずしも共通の理解が得られていないように思われる。

本稿の立場を先に示しておくと、豊臣期の「奉公人」は、「百姓」「町人」「職人」同様の被支配身分ではあるが、「兵」

であると考えている。言い換えれば、「奉公人」は「軍隊の構成要素」であるが支配身分としての「士」ではない。ただ、譜代奉公人の位置づけについては、今問題にしている「奉公人」のなかで論じられるものかどうかは、十分な検討ができておらず、今後の課題としたい(58)。

一九七五年、三鬼清一郎氏は、「人掃令をめぐって」において、天正十九年八月二十一日秀吉定によって「武士身分と百姓・町人身分との分離の確定がみられた(59)」とするが、これは、高木昭作氏のこの法令の「奉公人」「侍」理解が出される以前で、それまでの大方の理解だったと思う。

一九八四年、高木昭作氏は、天正十九年八月二十一日秀吉定の第一条について、「「奉公人」が総称であり、「侍」「中間」「小者」「あらしこ」などが、その内容を個別に挙げたものであることは明らかであろう」と述べたうえで、「「侍」は若党であって武士一般ではない」とし(60)、「武士一般」と「奉公人」を区別する。

一九九〇年、勝俣鎮夫氏は、「(天正一九年八月二一日秀吉定は)武家奉公人＝兵、町人・百姓の身分を確定し、奉公人と百姓と町人を区分した家数・人数帳の作成を実現しようとした基本法である」とし(61)、「奉公人」は「兵」とする。

一九九三年、朝尾直弘氏は、「この(豊臣期)体制のもとでは、奉公人の身分は家臣団に属した」と(62)、「奉公人」を身分として捉え、かつ武士身分に属するものと理解しているように思える。

一九九五年、藤木久志氏は、天正十八年十二月五日宛名有豊臣氏奉行人連署状を検討し、「侍の浪人といえば、ふつう主家を失った武士を思い浮かべる。だがここでいう侍は、武士のことではない。彼らは「武士の面々」とは峻別して、「奉公人、侍・中間・小者・あらしこに至るまで」などと一括された、武家の社会ではごく身分の低い奉公人のことであった」とする(63)。ここでは、「奉公人」が武士とは峻別されるが、身分が低いとはいえ「武家社会」に属するものと捉えられているように思われる。

高木昭作氏の「奉公人」理解が示されて以降、「奉公人」「侍」を「兵」と捉える立場と、「奉公人」を「兵」とはしない立場・見解とがあるが、それを「武士」あるいは「武士身分」とすることを積極的に述べたものは多くはない。この点を意識的に捉えたのは、兵農分離ではなく「士農分離」だとする塚本学氏であり、またそれを受けた平井上総氏である。平井氏は、「士分ではない武家奉公人を武士と同一視すべきでない」[64]、また「中世から豊臣期における奉公人も武士と異なる身分層として位置づけるべきであろう」と述べる。この点は賛成であるが、後述するように、平井氏の「侍」の捉え方と私の「侍」の捉え方にはズレがある。さらに「稲葉説・池上説ともに武家奉公人を「兵」の側に組み込んで分離・未分離を論じているが、武家奉公人と士分をともに「兵」身分と位置づけることには再検討が必要である。たとえば、吉田伸之氏は、「「年季奉公人」は「百姓」と区別された一「身分」ではなく、「百姓身分」に属する農民が、一時的にとる地位・状態」であると述べた安良城盛昭氏の指摘に注目し、近世都市における武家奉公人の存在形態は「日用」層と捉えるべきであると指摘している」[65]とし、少なくとも「奉公人」は「兵」身分ではないとしているように思われる。

3　無断の主人替え禁止

以下、豊臣期の「奉公人」の姿を、史料に則しながら描いていく[66]。まず、「奉公人」の無断の主人替え禁止は、豊臣期特有のものではない。永禄二年三月二日今川家戦場定書の第五条に、「奉公人先主江暇を不乞主取仕候者見付次第当主人江相届、其上を以而急度可申付、又届有之而奉公人を逃候者、当主人可為越度事」とみえるのをはじめとして、無断主人替え禁止は、戦国以来の規定である。

本能寺の変以前では、前にあげたように天正十年四月の定の第一条に、「一家中におゐて奉公人不寄上下、いとま不出にかなたこなたへ罷出輩在之ハ、可加成敗条可申上事」とある。

豊臣期での無断主替え禁止についても確認しておく。先にあげた天正十四年の秀吉定の第一条に、

一諸奉公人、侍事ハ申に不及、中間・小者・あらし子に至るまて、其主に暇を不乞出候儀、曲事候之間、相拘へからす、但まへの主に相届、慥合点有之ハ、不及是非事、

とあり、また、天正十六年五月二十五日に秀吉が、小早川隆景・吉川広家に与えた書状(67)でも「侍・中間・小者・百姓等ニ至迄、如御法度其主ニ不乞暇輩、不可相拘、若不存、於抱置之者、慥其主人江相届、可召返、其時違乱仕候者、相拘者共ニ可為曲事也」と命じている。

さらに、天正十八年八月八日、秀吉が宇都宮国綱に与えた条々の第一条においても、

一諸奉公人事、侍儀者不及申中間・小者・下男ニ至る迄其主人ニ暇を不乞他所へ罷出族有之者、慥使者を以三度迄可相届、其上扶持を不放付てハ、則可成敗事、

としているように、無断主人替え禁止は、「奉公人」にたいする基本的な政策だったといえる。

4　奉公人の武器所持

次に、「奉公人」の武器の所持について取り上げる。戦闘補助員としての「奉公人」は、戦場では一定の武器を所持していたことは疑いないが、日常的にも武器所持が認められていたのかを確認しておこう。

天正十八年十二月五日の近江の太田又介等に宛てた豊臣氏奉行衆連署状写に、

一奉公人之外、百姓之中ハ被改武具類可被取上事、

とあるように、百姓の武具類取り上げを指示しているが、奉公人は例外としている。言い換えれば、奉公人は武器を

所持したことになる。

この前年四月十五日の肥前の松浦道嘉宛の秀吉朱印状(68)に「当国中武具改之儀被仰付候、刑部卿法印領内奉公人相除之、其外町人百姓以下駈之集可上候」と、「奉公人」の武器所持が認められている。

武器所持とは異なるが、「奉公人」と他の身分とを区別するために定められた、「奉公人」のいでたちについて触れておこう。史料は少ないが、天正十四年正月十七日秀吉定に、

一諸侍しきれ〔り脱カ〕はく事、一切停止也、御供之時は足なかたるへし、中間・こものハ不断可為足半事、
一はかま・たひにうら付へからさる事、
一中間・小者革たひはくへからさる事、

と、「奉公人」身分の中で区別されつつも、奉公人の衣裳・履物が定められている。

5　奉公人の居住地（村と町）と家

ここでの問題は、「奉公人」の居住地とその家であり、この点は、これまで多くの研究が「奉公人」の供給先を村であるとしてきたことの再検討でもある。「奉公人」の居住地については、村が奉公人の供給源であるとの理解から、在村「奉公人」が注目されてきたが、まずこの点を、「奉公人」の町、都市居住という視点から検討しよう。

一つ目は、天正十一年閏正月二十九日に、秀吉が脇坂安治等に宛てて出したつぎのような書状(69)である。

尚以右之趣三色ニ付わけ可申候、聊不可有由断候、已上、
態申遣候、
一まへ（前）村井所に奉公し候つるとんさい家之事、町人ニ売候之処、只今相改由候、此儀者曲事ニも無之者之事候条、

其まゝ置可申候事、

一前曲事なる者之家をハ、町人ニ売候者、堅遂糺明可取上事、

一前曲事ニも無之奉公人之家、町人買候をハ、今更改候儀無用候、右能々念をやり可申付候、恐々謹言、

筑前守

（天正十一年）閏正月廿九日　　秀吉（花押）

脇坂甚内殿（安治）

森兵吉殿（重政）

か藤虎介殿（清正）

この第一条で、信長時代の所司代村井貞勝に奉公していた「とんさい」が、町人に家を売り払った件について、秀吉は、それを脇坂らが改めたのに対し、「前曲事」なきものであるので、その売却を認めるとし、第二条で、「前曲事」のものの家を町人に売ることを禁止し、第三条で、「前曲事」なき奉公人の家を町人に売ることを許容している。この一件から、奉公人が町に家を所持、居住していたことがわかる。

二つ目は、天正十三年三月に禁裏六丁町に与えた秀吉の禁制の第三条で、「諸奉公人不寄上下居住事」そしてその付けたりに、「於為奉公人者、在京之時之号宿、構居所事」と「奉公人」の居住禁止や在京時の宿構えが制限されているが、この条文に続いて「右当町中者　禁裏様依為御近辺、従先々任免許旨、永不可有相違者也」とあり、禁裏六丁町が「禁裏様」「御近辺」であることを理由に、奉公人の居住が禁止され制限されたことがわかる。これを逆にみれば、禁裏六丁町以外の町での奉公人居住は許されていたことになる。

三つ目、秀吉は、天正十七年十二月十日に実相院・曼殊院・吉田社に対し「聚楽廻奉公人屋敷」の替え地を与えて

いる。替地の石高をみると、実相院の替地は六・六石、(70)竹内門跡の替地は五一・九一石、(71)吉田の替地は三石、(72)この三者の替地の合計は、六一・五一石となり、屋敷の斗代を一・二石とすると、五一・二六反、坪に直すと一万五三七七坪となる。替地を与えられたのはこの三件に限られないと思われるので、聚楽廻に奉公人の居住する巨大な規模の「聚楽廻奉公人屋敷」「奉公人」の町がこの時に形成されたことを推測できよう。

少し局面は異なるが、天正十八年の秀吉の小田原攻めに際し、尾張の諸城には小早川隆景等が入ることになる。そのことを諸城の留守居に知らせた二月二十四日の秀吉の朱印状には、「直奉公人共妻子有之家、不可有陣取旨堅被仰付間、可有其心得候也」と、奉公人の妻子が住む家に陣取ることを禁じている。これも城下に家族を持つ奉公人が居住していたことを示していよう。

奉公人の家という点についていては、在村の事例であるが、文禄二年八月一日長束正家・山中長俊宛の秀吉朱印状の第五条の付けたりに、「奉公人妻子其在々に可置之事」という規定もみえる。

また、天正二十年三月のいわゆる人掃いに際しての「厳島領家数人数付立之事」と題する雛形には、家数一〇〇軒の内に、社家・出家・職人・町人とともに「奉公人廿人内五人渡唐十五人留守居」とみえ、そこには、百姓はみえず、社家・出家・職人・町人と並んで「奉公人」があげられているが、これも町居住を想定させるものかもしれない。

文禄三年(一五九四)、秀吉は尾張に鷹狩りに出掛けるが、その折、秀次の領地の様子を見て回り、清須の町に「尾州在々所々より罷出」者の調査を命じる。その時に作成された文禄三年四月三日の「清須町中之儀」に、「三輪五右衛門請取分之町」一一一軒の内に四九軒の「奉公人」、「日比野下野分」七七五軒のうちに一四軒の「奉公人」がみえ、ここにも、城下居住の奉公人が確認できる。

最後に慶長二年(一五九七)三月七日の上坂八郎右衛門尉宛豊臣氏奉行連署の「京都御法度書之案文」(73)をみておこう。

この「御掟」は京都を対象としたものと思われるが、その第一条「辻切・すり・盗賊之儀付而、侍ハ五人組、下人は十人組ニ連判を続、右悪逆不可仕旨請乞可申事」、第二条「侍五人、下々十人より内之者ハ、有次第、組たるへき事」と、侍は五人組、下人は十人組に登録することを命じており、ここからも町居住の奉公人がかなり広範に存在したことを想定できよう。

このように、町場に「奉公人」が居住し、また十分には論証しきれていないが、そこには「奉公人」家族がいて、単身の「奉公人」ではなく「家」を持った「奉公人」の存在を推測しえる。

在村の「奉公人」についても、述べておこう。天正十六年五月二十五日石田三成・増田長盛連署で出された「高嶋郡百姓目安上候付書出条之事」(74)の第五条に、「在々所々内前よりの奉公人之儀ハ不及是非候、作来候田畠を捨、奉公ニ罷出候儀有之者、其給人代官江相届可召返事」とあるように、在村の「奉公人」を認めている。

この条目は、文禄元年十二月二十六日にも、ほぼ同文で「駒井中務少輔・益庵高嶋在々置目」(75)として出されており、奉公人の在村許可は継続している。

また天正十八年十一月五日の豊臣氏奉行人連署状では、「主をも不持、田畠つくらさる侍、可被相払事」と、主を持たず、田畠を耕作しない「侍」は村を払うこと、さらに第三条で、「諸職人并商売人、此心得仕来候ハヽ、可為其分、此触之後、彼主をもたす、田畠不作侍共、職人・商売仕候と申候共、地下可被相払事」と、主を持たず田畠を耕作しない侍は、職人・商人であると申しても村を払うようにとしている。これは、言い換えれば主を持つ侍、あるいは田畠を耕作する「侍」の居住は許されていたことになる。

天正二十年三月十八日の「近江今堀家数之事」(76)に書き上げられた「宮木長次へほうかう人亀千代」ら五人は、主人を持つ奉公人として在村を認められたと考えられる。

こうした在村の奉公人の存在は、文禄二年正月の起請文土代に「侍・中間・小者・あらし子ニ至るまて、在所ニ年来居住之者之外、新儀参候者居住させ申間敷候」とあることからも確認できよう。なお、文禄五年三月一日付の給人領の近江浅井郡落村に宛てて出された石田三成村掟条々に、「一拾間　奉公人　物つくらず」とある「奉公人」は、在村で主を持つ奉公人とみておきたい。

奉公人の在村について池上裕子氏は、「武士自身が非常時に大勢必要となる奉公人を、扶持を与えて常時抱えておくことを嫌った」状況に「対応できるのが在村の奉公人である。戦争があると大量に必要となるが、戦争が終わると要らなくなる奉公人のもっとも安定した供給地が村なのである」とし、「兵農分離した武士を中心とする家中（最少限の奉公人は含む）と兵農未分離の在村奉公人という構造は必要で好ましいものだった」とする。しかし、在村の「奉公人」と、大量に必要な時に村から徴発・雇用される人々とは、同じであろうか。

(77) (78) (79)

6　奉公人需要と欠落

天正十九年八月十三日、加藤清正が、秀吉の「至大唐可被成御動座」の命を受けて国元の家臣に出した三五箇条の第四条に「侍・下人ニよらす、よハものをハ可残置候、国者・隣国者たりといふ共、奉公望之者有之者可被相拘事」と、奉公人がこの段階で逼迫していたことが確認できる。

また、天正二十年五月十八日に秀吉が秀次に送った二五箇条の覚の第一五条に「小者・若党以下、下々迄も可召置候、此方へ小者とも被為雇候之間、俄には不可有之候条、前廉其用意肝要候事」と、小者・若党の確保を指示しているが、「此方へ小者とも被為雇候之間」とあるように、「小者とも」は雇われるものであることがわかるとともに、「俄には不可有之候条」とあることから、「小者」雇用が逼迫していたことを窺わせる。

表２　本能寺の変以降の秀吉の出陣から帰陣まで

年	出陣・帰陣月日
天正10年（1582）	６月９日出陣、７月９日帰陣。12月７日出陣、28日帰陣。
天正11年（1583）	２月３日出陣、３月27日帰陣。４月初め出陣、５月５日帰陣。
天正12年（1584）	３月11日出陣、６月27日帰陣。７月８日出陣、７月29日帰陣。 ８月15日出陣、９月晦日帰陣。10月22日出陣、11月17日帰陣。
天正13年（1585）	３月21日出陣、４月26日帰陣。８月８日出陣、閏８月27日帰陣。
天正15年（1587）	３月１日出陣、６月14日帰陣。
天正18年（1590）	３月１日出陣、９月１日帰陣。
天正20年（1592）	２月26日出陣、７月29日帰陣。 10月１日出陣、翌文禄２年（1593）８月25日帰陣。

さらに文禄二年四月十四日にも清正は、国元への書状で鉄砲の増産を命じるとともに、「国中昔之奉公人悉かりいたし、てつほう五百丁・千丁ニても早々可差渡候」と報じており、ここにも「奉公人」需要の逼迫した様子を窺うことができる。(82)

欠落する奉公人については、天正二十年正月の秀次条々をはじめ、これまで挙げてきた多くの事例から、特に朝鮮出兵期には深刻な問題となっていたことは、十分窺えよう。

もう一つ、軍事行動の変化という視点から「奉公人」をみておこう。表２は、本能寺の変以降の秀吉の出陣から帰陣までを概観したものである。

天正十年は六月九日出陣、七月九日帰陣、同年十二月七日出陣、二十八日帰陣と、軍陣にあるのは一ヶ月前後である。天正十一年は二月三日出陣、三月二十七日帰陣、四月初め出陣、五月五日帰陣。天正十二年は三月十一日出陣、六月二十七日帰陣、七月八日出陣、七月二十九日帰陣、八月十五日出陣、九月晦日帰陣、十月二十二日出陣、十一月十七日帰陣と、出陣期間は三ヶ月余りのものもあるが、一ヶ月前後である。天正十三年は三月二十一日出陣、四月二十六日帰陣。八月八日出陣、閏八月二十七日帰陣。天正十四年は軍事行動はみられない。

天正十五年は三月一日出陣、六月十四日帰陣で三ヶ月余。天正十六・十七年はなし。天正十八年は三月一日出陣、九月一日帰陣と半年に及ぶ。天正十九年はなし。天正二十年は二月二十六日出陣、七月二十九日帰陣、十月一日出陣、翌年八月二十五日帰陣する。

こうしてみていくと秀吉の軍事行動は、年を追って長期化していることが窺える。領国外への軍事行動に加え在陣期間の長期化は、それに応えられる奉公人を求めることになったはずであり、「奉公人」の性格にも少なからぬ影響を与えたと思われる。

奉公人需要の大きさ、欠落する奉公人への対処、他国への軍事行動、そしてその長期化が、奉公人が村や町に逃げ込むことを防ぐための「払い」や「改め」を実施させたといえよう。

朝尾直弘氏は、

天下統合がいったん成ったとき、奉公人は浪人となった。近世最初の浪人問題である。九〇年一二月豊臣氏奉行衆が近江の代官衆にあてた浪人停止令には「主を持たず、田畠つくらざる侍、あい払うべきこと」（第一条）、（中略）「奉公人のほか、百姓の中は改められ、武具類取り上げらるべきこと」（第三条）の条々がある（「平野荘郷記」）。戦争が停止されると、奉公人は行き場を失い、村に帰るほかなかったが、その村はかつての村ではなく、刀狩り令によって武装解除を義務づけられた村であり、農耕に専念するべき村であった。

とされるが、(83)「天下統合がいったん成ったとき」すなわち天正十八年段階を「戦争が停止されると、奉公人は行き場を失」う状況とみることはできるであろうか。この時には、朝鮮出兵が眼前に迫っており、それへの対応からすれば、「戦争は停止」されてはいず、「奉公人は行き場を失」ってはいない。状況はまったく反対で、戦争継続のためにいかに「奉公人」を確保するかが課題であり、この法令の趣旨もそこにあったと言わねばなるまい。

また、藤木氏も天正十九年八月二十一日秀吉定を「この法は、何よりも国内の戦場の閉鎖に伴う深刻な社会問題に立ち向かう、戦後処理策であったのではないか」(84)とするが、行き場を失った「奉公人問題」でも、「国内の戦場の閉鎖に伴う深刻な社会問題」でもなく、続いて予定された朝鮮出兵における大量の「奉公人」需要を担保するための施策であったと、考えるべきではなかろうか。

稲葉継陽氏は、「兵農分離と侵略動員」のなかで、「村からの奉公人大量徴発」を前提に、政権の軍事体制と「農の成熟」にとって共通の問題として激化する村の疲弊への、矛盾に満ちた対応策であった。奉公人と百姓を区分するという兵農分離政策を掲げながら、その奉公人を村から供給せねばならないという問題の根源に、豊臣政権は抜本的な対策を講じられないまま、朝鮮侵略に突入せざるをえなかったのである。と、[85]朝尾氏・藤木氏とは異なり、「奉公人と百姓を区分するという兵農分離政策を掲げながら」、それを実現しえなかったとしている。

五　「奉公人」身分の消滅

朝尾氏は、一九九六年、「農村から中間として下層家臣団が供給されてきます。戦時はそれで終わりですが、平時になるとそれがまた村へ帰ってくるという循環構造が成り立ちます[86]」とし、下層家臣団と村との循環構造を提起することで、豊臣期から江戸時代への展開を説明する。

こうした捉え方は、平井氏が、

右にみた先行研究によって、まず兵農分離という言葉で想起される武士と百姓の関係の間に、中間的身分としての武家奉公人の存在が強く意識されるようになった。村や町から供給されるという幕藩体制下の武家奉公人の存在形態と、豊臣政権期の法令を連続して捉えることが可能になったといえよう。さらに、「身分法令」の示す奉公人と百姓・町人の区別が、豊臣政権による画期的な身分変革ではなく、奉公人問題という現実に展開する矛盾への対処として位置づけられたことが重要である[87]。

と、豊臣期には「奉公人」身分が存在しないとする理解に近似し、そこには近世への連続的理解が示されている。

こうした主張や考え方のあることを前提に、豊臣期に「奉公人」身分はあった、少なくとも「奉公人」を身分として捉えようとする政策があったと考えるとき、それがどのように江戸期に向けて展開していくかを提示しなければならないだろう。

先に触れたように、江戸時代の奉公人と豊臣期の奉公人とでは、共通する部分はあるが、軍事的職能という点では、違いは大きく、その内容・実態は大きく変化する。

慶長三年（一五七八）八月、秀吉は没する。その翌年五月、中村一氏の領国、駿河で出された横田村詮の法度に[88]、

一御給人衆、小者之可仕役義ニ百性ヲ遣候ハんと被申候共、一切同心申間敷候、勿論所之地頭と申候共、御帳面ニ付候百性等奉公人ニ出候事、其村肝煎儀ハ不及申、隣家之者迄可有御成敗候、

と、給人衆が、小者の勤める役儀に百姓を使うことを禁じている。これは、秀吉が文禄三年（一五九四）に、尾張巡検後に尾張国内から清須に流入していた小者を村に返させた施策とほぼ軌を一にしている。

また慶長六年十月に、この法度とほぼ同様の内容を持つ福島正則領の備後国深津郡惣百姓中宛に出された「条々之事」[89]の第三条に、

一所々給人と申候共、御帳面ニ付候百性之族奉公人ニ出候者、其村之肝煎・名主・庄屋之儀ハ不及申、隣家之者迄可有御成敗候、并代官・給人衆にても小者ハ可仕役儀、百性遣候ハんと申候共、一切同心申間舗不可差出事、

と、「御帳面ニ付候百姓」が「奉公人」に出ることを禁じ、さらに代官・給人が「小者がする役儀」に百姓を使うこ

とを禁じている。

この二つの事例は、豊臣期に「奉公人」と一括されていた「小者」が百姓を使うことで賄われていたことを示しており、この段階で奉公人としての「小者」の性格が変化しはじめたといえよう。

慶長十三年九月二十五日に常陸笠間城主松平康重の丹波八上城への転封に際し出された「就今度御国替御法度之条々」[90]の第一条では、「侍共之儀ハ、壱人も不残可令供事」と「侍共」を残らず召し連れることを命じており、少なくとも「侍」については慶長三年の上杉景勝の会津転封時と同じである。しかし、第二条には「新参之中間小者ハ、落付之所迄令供、其上ハ其身可任存分事」と、「新参」という限定付で「中間・小者」は供を命じられているが、その後の去就は「中間・小者」の意志にまかされている。そこでは「侍」と「中間・小者」とのあいだが分断され、「奉公人」としての一体性が失われはじめている。

元和三年（一六一七）七月二十一日、上野高崎の酒井家次の越後高田、常陸土浦の松平信吉の上野高崎、信濃松本の小笠原忠真の播磨明石、伊予大洲の脇坂安元の信濃飯田への転封に際して、将軍秀忠が黒印状として出した「国替之条々」[91]の第七条には、「家僕之儀、主従相対次第之事」とある。

この「家僕」が「奉公人」を指すかについては、同日付の老中書き立て[92]に、「奉公人之儀不寄上下御国替之所迄致供、主人ニ相対之上可令帰国」とあることから、「奉公人」であることがわかる。

すなわち、遅くとも元和三年段階には、国替えにあたっての奉公人の去就については、相対とされていたことが確認でき、そこでは最早、豊臣期の奉公人召し連れの原則は放棄されている。そしてこの主従相対の規範は、その後の「国替条々」等においても継承されていく。

この時期の国替えに従い、国替えの地に止まった奉公人の行方について触れておく。次の史料は、享保十年（一七

二五）正月五日の小浜藩足軽組の一つ関東組の願書[93]の一部である。そこには、

奉願口上書

（中略）

私共義者、空印様（酒井忠勝）御国御拝領ニ而関東ゟ御供仕罷越、首尾相調、扨関東江罷帰申度旨御暇申上候処、其節被仰付候者、当所ニ居留り御奉公相勤申候ハヽ、御代々悪敷者被成間敷候、尤御普請・旅役等之義不及申、御代々被懸御目、幼少之悴ニ而も無相違跡式被仰付可被下御約束之御意ニ而難有奉存、無是非妻子を捨御国ニ居留り申義先々ゟ申伝候、（下略）

正月五日　　関東両組中

和田嘉右衛門様

経嶋茂左衛門様

とあり、寛永十一年（一六三四）、老中であった酒井忠勝が武蔵川越から若狭小浜に転封となった際、川越から「御供」し、事が終わり、川越へ帰ろうとした「私共」に、忠勝から好条件が示され居留りを求められた結果、妻子をも捨て、若狭に留まることになったと書かれている。

この結果、川越から来た奉公人たちは、その後、特権を持つ足軽として、武士の最下層に編成されることになる。

この頃の奉公人の性格を窺うことのできるものとして、高札として掲げられた元和五年（一六一九）二月十日の条々[94]がある。この条々の第八条に、「暇を不乞して欠落仕候者ハ、当主人え相届、可召返之、但御陣御上洛御普請之時は令堪忍、罷帰候上可返之」と、また第十条に「御陣御上洛御普請之砌、令欠落者、別て曲事也、然上は請人より尋出し、主人方へ可相渡之」と、御陣・御上洛・御普請を逃れようとする奉公人の姿、またそれを限定付ながら認める領

主の姿をそこにみることができる。

豊臣期には戦闘補助員としての職能を持った「奉公人」は、江戸初期には、もはやその機能を喪失し、新たな性格を持つ「奉公人」として立ち現れたと捉えられるであろう。

一季居の問題もこうした動向のなかで捉えられるかと考える。

註

（1）平井上総a「兵農分離政策論の現在」（『歴史評論』七五五、二〇一三年）。同b「中近世移行期の地域権力と兵農分離」（『歴史学研究』九一一、二〇一三年）。

（2）平井上総c「豊臣政権の国替令をめぐって」（『日本歴史』七七五、二〇一二年）五八頁。

（3）たとえば一般に海賊禁止令と称されている天正十六年七月八日定（『小早川家文書』一、五〇二号）も、その第一条に「諸国於海上賊船之儀、堅被成御停止之処、今度備後伊与両国之間いつきしま《（伊都岐島）》にて、盗船仕之族有之由、被聞食、曲事ニ思食事」と、備後・伊予間での賊船事件を契機として出されたものである。

（4）『小早川家文書』一、五〇四号、『毛利家文書』三、九三五号など。

（5）高木昭作「所謂「身分法令」と「一季居」禁令」（尾藤正英先生還暦記念会編『日本近世史論叢』下、吉川弘文館、一九八四年。『日本近世国家史の研究』岩波書店、一九九〇年に再録）。

（6）三鬼清一郎「人掃令をめぐって」（『名古屋大学日本史論集』下、一九七五年。『豊臣政権の法と朝鮮出兵』青史出版、二〇一二年に再録）。「去」を天正十九年とする説は、勝俣鎮夫『戦国法成立史論』（東京大学出版会、一九七九年）、久留島典子「『人掃令』ノート―勝俣鎮夫氏の所論によせて―」（永原慶二編『大名領国を歩く』吉川弘文館、一九九三年）。

ただ、文禄五年の領内に出した石田三成の掟条々（「池野文書」宮川満『太閤検地論』Ⅲ、御茶の水書房、一九六三年）の「当村之百姓の内、さんぬる小田原御陣の後、奉公人・町人・職人になり」云々の文言からすれば、天正十八年の可能性を残すが、秀吉発給文書の用例を検討する限りでは、「去」はその時点の直前とせざるをえない。

（7）『吉川家文書』二、九七五号。「巻数本厳島文書」にほぼ同文で付年号のない三月十七日付安国寺恵瓊・佐世元嘉連署状写がある。

（8）三鬼註（6）論文。なお、この文書の年代比定については、金子拓「人掃令を読みなおす」（山本博文等編『消された秀吉の真実』柏書房、二〇一一年）、谷徹也「朝鮮出兵時の国内政策―次舟・人留・人掃―」（『ヒストリア』二五一、二〇一五年）がある。

（9）山本博文「「人掃令」と「身分法令」」（『天下人の一級史料』柏書房、二〇〇九年）。

（10）『浅野家文書』二六〇号、他。

（11）『上杉家文書』二―八六三号。

（12）この秀吉定は、石田三成宛（個人蔵、大阪城天守閣特別展図録『秀吉家臣団』）、石川貞清宛（「大阪市立博物館文書」）、青木紀伊神宛（「大東記念文庫所蔵文書」）、宛名切断（吉田萬寿吉郎氏蔵、『図説福島県の歴史』）のものなどがある。

（13）この朱印状は、宗義智宛、島津義弘宛、島津忠豊宛、伊東祐兵宛、鍋島直茂・勝茂宛、立花宗茂宛、松浦鎮信宛のものが知られているが、その年代比定は従来さまざまであった。この点については、津野倫明氏が「「在高麗奉公人」に関する豊臣秀吉朱印状の年代比定」（『高知大学人文学部人間文化学科　人文科学研究』二二、二〇一五年）で明らかにしたように、いずれも慶長三年のものとした。

（14）『相良家文書』二、六九六号。他に多数あり。

(15) 天正十年四月秀吉定（京都市歴史資料館所蔵「永運院文書」）、天正二十年五月十八日秀吉覚（「前田家文書」、『増補訂正編年大友史料』、「辛島文書」）。
(16) 彦根城博物館蔵「三浦十左衛門家文書」。
(17) 「川合文書」『豊臣秀吉文書集』一、八八号。
(18) 「大阪城天守閣蔵文書」『豊臣秀吉文書集』一、八九号
(19) ここでの「侍」は、稲葉継陽氏が「中世後期村落の侍身分と兵農分離」（『歴史評論』五二三、一九九三年）で明らかにした村落内での百姓の上層部に属する「侍衆」とみておく。
(20) 「網代文書」『戦国遺文』後北条氏編一、二二二頁。
(21) 「近江八幡市所蔵文書」『織田信長文書の研究』下、七二二号。
(22) 「永運院文書」『豊臣秀吉文書集』一、四一二号。
(23) 「長沢隅四郎氏所蔵文書」『豊臣秀吉文書集』一、四六七号。
(24) 「難波創業録」『豊臣秀吉文書集』一、七一一号。
(25) 「今井具雄氏所蔵文書」『豊臣秀吉文書集』一、七三一号。
(26) 前田玄以宛羽柴秀吉判物「本圀寺宝蔵目録」上『豊臣秀吉文書集』一、七三〇号。
(27) 「豊後臼杵稲葉文書」『豊臣秀吉文書集』一、八三八号。
(28) 「川端道喜文書」『豊臣秀吉文書集』二、一三七六号。
(29) 「諸家単一文書」『早稲田大学所蔵荻野研究室収集文書』下、一〇八五号。
(30) 「豊後臼杵稲葉文書」『岐阜県史』史料編古代中世四、一一七九頁。

(31)「豊陽志」『碩田叢史』二四。
(32)『増補訂正編年大友史料』二七—二九八頁。
(33)『吉川家文書』一、一一五号。この他、同日付の尾州清須城留主衆中宛の秀吉朱印状写(『萩藩閥閲録』四、四六〇頁)にも「直奉公人共妻子有之家不可有陣取旨堅被仰付間」とみえる。
(34)註(12)。なお、稲葉継陽「兵農分離と侵略動員」(池享編『天下統一と朝鮮出兵』吉川弘文館、二〇〇三年、一八〇頁)で稲葉氏は、藤木久志氏は「奥羽刀狩令における「諸奉公人は面々給恩を以て其の役をつとめむべし、百姓は田畠開作を専らに仕るべき事」という規定などから、百姓＝農具、武士＝武具、僧侶＝仏事という社会的職能の分化を前提に豊臣がめざした職能別身分編成を読み取り」とし、藤木氏が「諸奉公人」を「武士」と理解しているかのような総括をしているが、これは、稲葉氏の総括にすぎず、藤木氏は「奉公人＝給恩役身分」と捉え、「豊臣政権は刀狩令を通じて僧徒・奉公人・百姓の三つの身分について、それぞれの職能の区分を一貫して積極的に打ち出すにいたっている」(『豊臣平和令と戦国社会』東京大学出版会、一九八五年、一九二頁)としているのである。
(35)「宇都宮氏家蔵文書」下『栃木県史』史料編中世二。
(36)「平埜荘郷記」東京大学史料編纂所謄写本。
(37)中野等「「唐入り」と「人掃」令」(『新しい近世史2　国家と対外関係』新人物往来社、一九九六年)一二〇頁。なお、久留島典子氏も、註(6)論文で「天正十九年の朱印状も、天正二十年の秀次朱印状や、その再令である文禄二年の秀次朱印状と同様に、陣夫確保のための欠落禁令という、非常事態に応じて発せられた法令という性格を強く持っていたと推測できるのである」(二九二頁)としている。
(38)『広島県史』古代中世史料編Ⅲ「野坂文書」五七号。

(39)『広島県史』古代中世史料編Ⅲ「巻数本厳島文書」八八号。
(40)『貞山公治家記録』一八上（『伊達治家記録』一）。
(41)「竹内文平氏所蔵文書」東京大学史料編纂所影写本。『福井県史』資料編中世にこの文書は秀吉朱印状として収録されているが、秀次のものである。他に同文で「羽柴富田侍従分領出雲国中其外所々留守居中」宛の秀次朱印状（『吉川家文書』一、一一二六号）がある。
(42)『東寺百合文書』イ一二五号。
(43)「尊経閣古文書纂」三四。
(44)『広島大学所蔵　猪熊文書』二、四四頁。
(45)『増補駒井日記』文禄二年十二月十四日条、六七頁。
(46)『増補駒井日記』文禄三年四月三日、一五七頁。
(47)「新編会津風土記」『会津若松史』史料編一。
(48)池上裕子『日本中世移行期論』（校倉書房、二〇一二年）二五頁。
(49)註（1）平井b論文、五六頁。
(50)堀秀治宛「大阪城天守閣所蔵文書」、溝口秀勝宛「溝口文書」東京大学史料編纂所影写本。
(51)島津義弘宛秀吉朱印状『島津家文書』一、四〇六号。なお、『島津家文書』は、この朱印状を文禄三年のものとするが、注（13）津野論文が論証したように慶長三年のものである。また『島津家文書』では、「各在高麗奉行人之上下共」を「各在高麗奉行人之上下共」としているが、原本で確認したところ「奉公人」である。
(52)勝俣鎮夫「「身分統制令」と「人掃令」」（『歴史と地理』四六〇、一九九三年）一六頁。

(53) 菊池浩幸「戦国期人返法の一性格」(『歴史評論』五二三、一九九三年)四二・四四頁。
(54) 中野註(37)論文、一三四頁。
(55) 山本註(9)論文、一二六頁。
(56) 根岸茂夫「『雑兵物語』に見る近世の軍制と武家奉公人」(『國學院雑誌』九四―一〇、一九九三年。『近世武家社会の形成と構造』吉川弘文館、二〇〇〇年に再録)
(57) 藤木久志『雑兵たちの戦場』(朝日新聞社、一九九五年)五頁。
(58) 菊池註(53)論文参照。
(59) 三鬼註(6)論文、一〇七頁。
(60) 高木註(5)論文、一一八・一三八頁。
(61) 勝俣鎮夫「人掃令について」(東京大学教養学部『歴史と文化』九二、一九九〇年)一四四頁。
(62) 朝尾直弘「十六世紀後半の日本」(岩波講座『日本通史』近世1、一九九三年、『朝尾直弘著作集第八巻　近世とはなにか』岩波書店、二〇〇四年に再録)四五頁。
(63) 藤木註(57)著書、二〇四頁。
(64) 註(2)平井c論文、六四頁。
(65) 註(1)平井a論文、五〇頁。
(66) 「松林寺文書」東京大学史料編纂所影写本。
(67) 『小早川家文書』一、四九六号。
(68) 「松浦文書」『平戸松浦家資料』。

（69）龍野歴史資料館『脇坂淡路守』『豊臣秀吉文書集』一、五七八号。
（70）「実相院文書」五、東京大学史料編纂所影写本。
（71）『京都府寺志稿』。
（72）「吉田文書」三、東京大学史料編纂所影写本。
（73）「上坂文書」一、東京大学史料編纂所写真帳。他にほぼ同文のものが、『毛利家文書』三　一一一五号等にある。藤木註（57）著書、二六〇頁参照。
（74）『増補駒井日記』文禄二年閏九月二五日条。
（75）『増補駒井日記』文禄二年閏九月二五日条。
（76）『今堀日吉神社文書集成』八号。
（77）註（42）。
（78）「池野文書」『太閤検地論』Ⅲ、三六五頁。
（79）池上裕子「日本における近世社会の形成」（『歴史学研究』八二一、一九〇〇年。註（48）著書に再録）一一頁。
（80）「渋沢栄一氏蔵文書」『新熊本市史』史料編三、二五頁。
（81）註（43）。
（82）「原富太郎氏蔵文書」『新熊本市史』史料編三、三七頁。
（83）朝尾註（62）論文、四三頁。
（84）藤木註（57）著書、二一〇頁。
（85）稲葉継陽「兵農分離と侵略動員」（池享編『天下統一と朝鮮出兵』吉川弘文館、二〇〇三年）一八六頁。

(86)　朝尾直弘「兵農分離と戦後の近世史研究」(『歴史科学』一四五、一九九六年。『朝尾直弘著作集第七巻　身分制社会論』岩波書店、二〇〇四年に再録)七頁。
(87)　註(2)平井c論文、五八頁。
(88)　「佐藤武文氏所蔵文書」『静岡県史』資料編九、二七号。
(89)　「福山藩行政史」『広島県史』近世資料編Ⅲ、三頁。
(90)　『教令類纂』初集二。
(91)　『教令類纂』初集二。
(92)　『教令類纂』初集二。
(93)　「関東組格式諸事覚書」「高石昭五文書」『小浜市史』藩政史料編一、六九五頁。
(94)　『御当家令条』三七五。

第一部　論考編

織豊期経済論

本多　博之

はじめに

池上裕子氏は、織田信長が政策上、「三つの海」の支配を重視していたことを指摘した(1)。「三つの海」とは、太平洋海運につながる伊勢湾、日本海海運につながる琵琶湖、そして瀬戸内海のことである。また、織田権力・豊臣政権の諸政策の特徴については重商（主義）政策、すなわち流通や貿易を促進し、商人の活動の場を拡大するというものであった。

このうち、瀬戸内海の海運についてはすでに多くの研究成果があるが(2)、日本海海運については井上寛司氏が西日本海（山陰沿岸地域）水運(3)、そして太平洋海運については綿貫友子氏が伊勢大湊〜品川の物流を明らかにするなど(4)、徐々にではあるが新しい成果も蓄積されてきている。

さて、十六世紀における日本国内の政治経済状況について述べると、政治状況は権力の分散により戦国大名が競合し、地域「国家」が並立する状態から統一政権が誕生する途上であり、一方、経済状況は荘園制市場構造が解体して幕藩制市場構造が成立する過渡期に当たる。そして重要なのは、当時の日本が東アジアの経済変動と密接に関係しながら歴史的展開を遂げた点である。

そこで本稿では、ここ約二十年の間にめざましい発展を見せた織豊期研究の、特に経済面についての成果を改めて整理するとともに、これからの研究の方向性について展望したい。具体的には、十六世紀の東アジアと日本について概観した上で、①貨幣、②市場構造、③商人という三つの観点で、戦国時代から織豊政権期を経て徳川政権初期までの流通経済や物流の実態と公権力の政策的対応について確認し、それをふまえて織豊期の特徴を明らかにすることにより、当時の日本を東アジア世界の中に位置づけたい。

一　十六世紀の東アジアと日本

石見銀山は、貿易品や交易品として必要な銅や鉄を入手するため出雲との間を往復していた博多商人神屋寿禎によって大永七年（一五二七）に発見され、出雲鷺浦銅山の三島清右衛門とともに開発されたとされる[5]が、天文二年（一五三三）に銀製錬技術の「灰吹法」が現地に導入されて銀の大量生産が可能になったことから、アジア商人はもとより東アジア海域での交易を望むヨーロッパ商人が、国際通貨である銀を求めて日本に向かうようになった。

一五四〇年代、朝鮮王朝に大量の銀を持ち込む日本人使節の活動記事が『朝鮮王朝実録』にしばしば登場するようになるが、当時の日本国内ではまだ銀が通貨として通用せず、もっぱら海外に大量流出し、それに伴って外国産品の日本国内への大量流入という事態を引き起こす。この日本使節による銀の大量持ち込みは、朝鮮国内で通貨でもある綿布の大量流出につながり、国家財政に深刻な打撃を与えるため、朝鮮王朝は銀の受け取りにしだいに慎重になっていく。

民間人の海外渡航を禁止する「海禁」を国策として掲げ、周辺国家の「国王」による朝貢のみを認めた明王朝だが、十四世紀半ばの建国からしばらく経った十六世紀になると、中南部沿岸から「海禁」を犯して国外に脱出し、貿易活動を広く展開する密貿易集団が誕生する。それは、中国商人を中心に周辺諸国の人々を配下に組み込み国際貿易集団を形成した。いわゆる後期倭寇である。当初、その本拠は寧波近く舟山列島の双嶼《そうしょ》であったが、周辺の諸国・諸地域に現れ、国籍に関係なく人々を誘引して仲間を増やし、貿易活動を展開した。

この後期倭寇の首領として有名な王直も、日本の大内氏や松浦氏など中国・九州地方の大名と親しく交流している。しかし、明政府にとって彼らはあくまで密貿易をおこなう犯罪者集団であり、その本拠である双嶼には軍が派遣され、一五四八年陥落した。こうして当時の首領許東と根拠地を失った倭寇だが、王直は生き延び五島列島の福江や平戸を新たな拠点として活動し、それ以外の者は福建・広東地方など大陸南部沿岸に新たな拠点を置いて活動し、なかには暴徒化するものもあった。

こうして集団の構成を変えた後期倭寇だが、実は、早い段階からヨーロッパ人の参加が見られる。

黒胡椒など東南アジアのモルッカ諸島原産の香辛料を直接入手するため海外に進出したヨーロッパ商人のうち、スペイン商人が西に向かったのに対し、ポルトガル商人は東に向かい、アフリカ南端（喜望峰）を回ってインドのゴアに到着（一五一〇年）、さらに東に向かってマラッカに到達する（一五一一年）。当時のマラッカは、モルッカ諸島の香辛料をはじめ、アジア諸地域の商品が集まり取引される巨大市場であり、ポルトガル商人は東アジアのさまざまな国や地域の商品を目にすることになる。そして生糸・絹織物・陶磁器といった中国産品を目の当たりにしたポルトガル商人は、早速北上して明に向かい、商取引の許可を得ようとしたものの、「海禁」を掲げて朝貢外交を求める明朝を説得することは困難で、結局公的な貿易を断念し、密貿易集団の貿易活動に参入する形で商取引を展開することになる。

また、十六世紀前半にヨーロッパで起こった宗教改革により、プロテスタントと呼ばれる新教徒の勢力拡大に危機感を感じたカトリック（旧教徒）は、深い反省のもとに自己改革をおこなうとともに、勢力拡大（挽回）のため布教地の開拓をはかり、東アジアを新たな布教地として注目し、それをめざした。こうしてポルトガルの冒険商人と、キリスト教宣教師を乗せた黒船ナウ（ヨーロッパ大型帆船）が東アジア海域に到来したが、すでに当地域では後期倭寇が活動の主導権を握っており、ヨーロッパ人はアジア商人の活動に参入する形でそこに加わった。

一五四〇年代の日本への鉄砲やキリスト教伝来の歴史的背景は以上の通りであり、後期倭寇が操縦する中国船ジャンク（外洋帆船）に便乗し、商売と布教という異なる目的を持ったヨーロッパの商人と宣教師が、新たな市場と布教地を求めて日本をめざした。

さて、一五五七年には後期倭寇にとって重要な二つの出来事が起こった。一つは、ポルトガル人が明の広東当局にマカオ居住を認められたことであり、これによって中国国内にポルトガル商人の貿易拠点ができ、中国船ジャンクに便乗する形ではなく、自前の黒船に乗船して商人と宣教師が日本をめざすことになった。そしてもう一つは、双嶼陥落後、新たに五島列島の福江や平戸に拠点を設け、大内氏や松浦氏ら日本の大名権力と緊密な関係を築いていた王直が、明の使節による説得を受け、明軍に投降したことである。彼は、「海禁」の緩和や種々の待遇改善の提案を受けて投降したのだが、結局二年後に処刑された。

ただ、「海禁」政策はすでに理想と現実が大きく乖離しており、明朝としては現状をふまえて一五六七年に海禁令を一部緩和する一方、倭寇の本拠地漳州を制圧する。その結果、明の東南沿岸部が銭遣い圏から銀遣い圏に変化したため、日本への銭供給が止まり、日本国内において銭の希少化が進んだことが、西日本で銭遣いから米遣いに変化させ、それが結果として石高制の成立につながったという説が、東洋史研究者の黒田明伸氏によって提唱された[6]が、これについては後述したい。

さて、一五七〇年は東アジアの貿易構造にとって重要な転換点となった年である。すなわちこの年、ポルトガル商人が新たにマカオ―長崎間に定期航路を開設して、それまで以上に日本に渡航するようになる一方、スペインがフィリピンを植民地化してマニラ市を建設してメキシコ―フィリピン航路を開設したため、南アメリカ大陸のポトシ銀山で生産された銀が太平洋を越えて東アジア（東南アジア）に流入し始めた結果、日本と南米の二方向から銀が東アジア海域に供給されることになった。

日本人はすでに一五六〇年代から、商人もしくは海賊としてフィリピンなど東南アジアに進出していたが、一五八〇年代になるとさらに日本から渡航する商業勢力が増加する。特に、海禁令緩和後に中国商人が大勢押し寄せるようになったルソン（フィリピン）への進出はめざましく、原田喜右衛門をはじめ多くの日本人が渡航した。一方、この時期日本に渡航したのは、主として中国商人（福建商人）とポルトガル商人であった。

信長は天下統一という政権構想の中でまず流通や都市の掌握をめざした。また秀吉は、この信長の政策を継承するとともに、統一政権を樹立することで、それまで分裂・分散状態にあった外交権や貿易権をまとめて掌握し、秀吉の死後は家康がそれを継承（奪取）したのである。

二　貨幣

戦国・織豊期は、異なる価値の多様な銭貨が流通する社会であった。また、銭貨以外にも金や銀が通貨として機能し始める。そして古くから通貨として機能していた米が銭貨信用の低下に伴い、その動きを再び活発化させる。こうした状況について、以下具体的に述べたい。

まず、当時通貨として流通していた金・銀・米・銭それぞれの特徴について整理する。

金は、国内で通用する高額貨幣であり、主に東日本で生産されたが、その量は少なく、多くが輸入に依存していた。

また銀は、やはり国内で通用する高額貨幣であるが、同時に東アジアの国際通貨として貿易の決済に利用された。

しかも、高額貨幣ではあるものの金よりも価値が低く、比較的使いやすかった。

そして米は、食糧として高い商品性を持ち、通貨として社会的に通用する一方、銭貨信用の低下に伴って需要が高まるなど、銭の動向と相関関係を持っていた。


さて、織田信長が足利義昭を奉じて上洛した翌年の永禄十二年（一五六九）二月末から三月中旬にかけて二度にわたって発令した通貨法令は、当時の金・銀・銭の流通状況に対し、公権力の立場からその対応について法令化したものと理解される。このうち二月二十八日もしくは三月一日付で発令された法令は、当時銭貨取引の現場から排除される傾向にあったものも含む一〇種の銭貨を三つに区分し、「精銭」（善銭）を基準に、多くの低品位銭貨の換算基準（二分の一、五分の一、一〇分の一）を公定したものである。それは市場から排除されていた銭貨を呼び戻し、停滞していた銭貨による商取引の回復をはかるものであった。[7]

また、三月十六日付で発令された追加法令は、米の通貨としての使用を認めない代わりに、金銀の通貨としての使用を中央政権として初めて認めたものである。とりわけ、生糸・絹織物・薬・陶磁器など唐物を中心とする高額商品の取引に、金銀を使用することを公認した点が注目される。[8]

この二度にわたる信長の通貨法令については、現状の「追認」という見方のもとあまり積極的に評価しない向きもあるが、銭や金・銀の実際の流通状況をふまえて公権力（中央政権）が発令した意義は、やはり大きいと考える。

しかし、銭貨流通は安定せず、銭の信用が低下するほど米に対する信用が高まり、はからずも米での取引が活発化した。したがって、永禄に続く元亀年間（一五七〇～七三）における信長の政策には、当時の銭や米の現状を勘案したものが含まれていると思われる。

たとえば、信長が元亀二年に「禁中」（朝廷）の経済的支援のために実施した政策が注目される。(9)

禁裏様為御賄八木、京中江被預置候、但、一町ニ可為五石充条、此方案内次第罷出、八木可請取之、利平可為三和利、然而来年正月ヨリ毎月一町ヨリ壱斗弐舛五合充可進納之、仍本米為町中、永代可預置之状如件、

十月十五日

明智十兵衛尉
光秀
嶋田但馬守
秀満
塙九郎左衛門尉
直政
松田主計大夫
秀雄

立売組中

これは、洛外の田・畠に反別一升の割合で賦課して得られた米を、改めて町（上京・下京）に貸し付けて利潤を得ようとするもので、具体的には右に見えるように、個々の町に五石の米を預け、それを運用させて三割の「利米」を禁裏御倉に納入させるという仕組みである。

そこで重要なのは、町ごとに貸し付けて運用・納入させるものがなぜ銭ではなく米なのかという点である。これは、異なる価値の多様な銭貨が流通する京都では、一定額の銭を町に預けて運用させ、利子分を納入するという一連の作業を正確におこなうことは容易でなく、一定量の米を預けて運用・納入させる方が適正かつ容易におこなうことが可能であったからと思われる。しかも、こうした政策の実施に伴い、京都全域で米の正確な計量の必要性が生じ、結果として量制の整備が進むことになったと推測される。

当社御結鎮銭代米之儀、京中御定如斗米之、可被請取之由、被仰出候、則郷中へ茂申触候、可被得其意事肝要候、
不可有異儀候、恐々謹言、

明智十兵衛尉
光秀（花押）
村井民部少輔
貞勝（花押）

五月廿三日

賀茂社中

右の史料(10)は、賀茂別雷神社への「結鎮銭」納入を銭ではなく米で代納することについて、「京中御定如斗米」での収納を信長の意志として伝え、郷村にも通達したことを京都「代官」の明智光秀と村井貞勝が神社側に通達しているものである。この文書は、明智光秀の「明智」という姓や両者の連署などから、天正二年（一五七四）もしくは三年のものと推定される(11)が、当時京都で広く使用されていた十合升が計量基準となり、政権公認の「判舛」（公定桝）が誕生した様子がうかがえる。

そして、米を公定枡で計量して納入する作業が継続的におこなわれることで、結果として米（量）の価値尺度化が進

むことになる。そして米による見積もり、つまり石高が価値尺度化した基準値として、さまざまな場面に登場し始める。

そこで元来米の量を意味する石高がしだいに権力編成の基準値となっていく状況について確認したい。まず天正三年十一月、信長は公家や寺社に「天下布武」の朱印で一斉に「新地」給与をおこなうが、それは山城国内での石高による知行給与である。

また、天正五年に越前で実施された柴田検地では、畠銭が石高換算されている。[12]さらに天正八年の大和での指出徴収は「銭地子米ニナシテ可書出」、つまり銭地子を石高換算して報告させている。[13]また、同年秀吉は播磨で検地を実施するが、そこでも石高で知行宛行が実施されている。[14]そして同九年六月二日、丹波を支配する明智光秀の軍法が登場する。そのうち第七〜九条が特に重要なので、次に挙げる。

一陣夫荷物之軽重、京都法度之器物三斗、但、遼遠之夫役にをいてハ、可為弐斗五舛、其糧一人付て一日ニ八合宛、従領主可下行事、

一軍役人数百石ニ六人、多少可准之事、

一百石与百五拾石之内、甲一羽、馬一疋、指物一本、鑓一本事、

すなわち、陣夫荷物や兵粮の量基準が「京都法度之器物」（「判舛」「京舛」）であることが注目され、これは石高を権力編成の基本原理とする仕組みが成立したことを示すものである。

このように、信長配下の複数の重臣が、知行給与や畠銭の換算、あるいは軍役基準として石高を採用していたことがわかる。そして、「京都法度之器物」（「判舛」「京舛」）によると思われる知行高を基準とする軍役規定の登場は、権力

編成の基本原理としての石高制の成立を示すものと言える。

ここで改めて、石高制の成立を貨幣流通との関係で理解する黒田明伸氏の見解(15)について検討したい。氏は、明の東南部沿岸が銀遣い圏になることで日本への銭供給が途絶し、その結果、日本国内で銭の希少化が進み、やがて石高制の成立を迎えるとした。

しかし筆者としては、異なる価値の多様な銭貨が流通する社会では、貫高が普遍的な価値尺度になりにくく、むしろ量制が整備された環境のもとでの石高の方が、権力編成の基本数値として有効であったと考える。この場合、米の「質」は関係ない。貫高は銭貨の「質」が影響するが、石高は米の「量」である。銭貨の場合、その「質」によって多様な貫高（同じ数値であっても内容が異なる）が成立するのに対し、たとえ異なる品種であっても米（籾）の大きさ・形に大差なければ米の「量」はほぼ一定である。量制が整備された領域において、石高は普遍的な価値尺度となるのであり、統一政権の価値尺度としては最適と言える。

近世石高制は、年貢米納、幕藩制市場構造、知行給与や軍役の賦課基準、さらには大名や家臣の格付けの指標になるなど、近世社会を支える基本制度の一つとして一般的に理解されているが、当初からこうしたさまざまな要素をあわせ持っていたわけではない。戦国期、「貫高」と「石高」が並存するなかで、統一政権に向かう広域公権力が「石高」を選択・採用した理由は、何よりもまず、権力編成（知行制・軍役賦課）の基本原理としての有効性であったと考えられるのであり、異なる価値の多様な銭貨が流通する貨幣環境のもとでの「貫高」数値に対する信頼度の低さが、その要因の一つであったと理解される。

したがって、近世石高制の成立は基本的に豊臣政権期であったと思われるが、その起源を探るならば、それは信長の諸政策のなかから誕生し、信長の死後、秀吉により継承・発展させられたものと理解される。ただ、豊臣政権期であっても、たとえば天正十四年の織田信雄による尾張検地は貫高制で実施されている。もともと信長の基幹領国であった尾張・美濃・伊勢では貫高制が社会に深く浸透しており、信長没後の信雄による尾張検地も従来の貫高制が採用されたものと思われる。後北条領国をはじめ東国では同様の状況であった地域もあろう。

しかし、秀吉が信長後継候補を打ち破り、関白となり大坂・京都に権力基盤をもつ政権として安定していくなかで、土地評価の基準としては「貫高」よりも「石高」の方が優勢となった。そして、石高制の持つさまざまな側面（原理）も、検地（いわゆる太閤検地）の実施や次に見る新たな市場構造の成立などを通して、段階的に形成されていったものと思われる。

では最後に、貨幣に関する未解明の問題について述べておきたい。

織豊政権期における銭貨の階層性の収束とビタの基準銭化については、今や研究者間の共通認識となりつつあるが、その具体的な過程については依然未解明の状況にある。そもそも「びた」（「ひた」）とは何なのか。単一の銭貨なのか、精銭以外すべてといったような多種銭貨の集合体なのか、その実体を具体的に示す史料はまだ確認できない。

また、豊臣政権期には「びた」がかつての精銭に代わって基準銭となることが指摘されているが、一方で天正二十年に肥前名護屋に出陣した秀吉が、京・大坂の秀次や北政所との間で、通信・輸送システムである次夫・次飛脚・次馬・次舟の制を構築した際、「一文遣いの精銭」を基準とした料金体系を設定し、実際、精銭での支払いを実施した事例がある。(16) このように、「びた」の基準銭化の過程については、まだ明瞭になっていない部分が多く、さらなる検討が求められる。

三　市場構造

東南アジアも含む東アジア世界を考えた場合、通商面で活発なのは、南シナ海を舞台に展開した地域である。それがいわば本流であり、それと比べた場合、東シナ海における通商は支流と言える。そして南シナ海を起点に周辺に広がる経済的な波を想定した場合、日本はその外縁部に当たる。さらにこのことは、畿内・西国と東国とでは東アジアの経済的影響が異なることを意味している。

すなわち、戦国期の諸大名にとって畿内を含む西国と東国とでは、諸外国との関係性においてもともと差異が存在した。そこで本稿では以下、近年の研究成果も多い前者（畿内を含む西国）について見ていくことにしたい。

戦国期西国の諸大名は、諸外国に船を直接派遣して外交・通商をおこなったり、外国船が渡来する貿易港や都市に代官を派遣、またはその地の商業勢力をつかみ、軍需品や奢侈品など外国産品を入手していた。

たとえば、豊後の大友宗麟は、天正年間（一五七三〜九二）にカンボジア交易を手がける明の貿易商人と取引関係を結ぶ特権商人の仲屋宗越を通して、東南アジア方面の物資を入手していたことが知られるが、この仲屋氏は、外国商人がもたらす荷物を受動的に買い取るのみでなく、自身も九州―カンボジア間を往復する大友船の商人頭的存在として、交易物資を統括する立場であったという(17)。

また、肥前の龍造寺氏（鍋島氏）は、やはり天正年間、貿易商人である平吉氏を通して「塩硝」（鉄砲火薬の原料の一つ、硝石）の調達をおこなっているが、この平吉氏は、マカオに出向く「山本はるたさる入道」なる人物に多額の銀子を預けて「黄金」の購入を求めたり、佐賀城下の一一人の有力商人を統率し、やはり多額の銀で大量の「焔硝」（硝石）

の調達をはかっている[18]。

こうした事例は九州大名に多いが、国際貿易港である長門国赤間関を領国内に持つ毛利氏も同様であった。すなわち、毛利輝元は赤間関に代官として派遣した高須元兼を通して、生糸・絹織物や硝石を入手している。高須元兼の子孫宅に伝来する「日明貿易船旗」には、大きく描いた高須家の家紋の下方に、明泉州出身の福建商人らが翌年再び来航して交易をおこなうことを約束した文言が記されている。そして実際、高須元兼に「塩硝」や中国産絹織物や生糸などの調達を命じた輝元書状が残されている[19]。

このように、戦国期には九州を中心に西国の諸大名が個別に、かつ主体的に貿易活動を展開して軍事物資や奢侈品の獲得をおこなっていた。そして各地に存在する大名権力の本拠が、流通経済上の求心的な拠点として存在し、それが物流の核にもなっていた。

しかし、統一政権である豊臣政権が誕生したことにより、新たに政権主導の物流が出現する。すなわち、大坂城下町の建設や京都の都市改造に伴って人口が急増し、それに向かって建築資材や生活物資の輸送が活発化する。そこに、東国・西国の違いはない。日本各地の平野部に城郭が築かれ、次にそれを取り巻く城下町が建設され、さらにそれを核とする領国市場が形成され、中央市場に結びつく。すなわち、大坂・京都(のち伏見が加わる)を二つの核とする中央市場に諸大名の領国市場が結びつく求心的流通構造が成立する。

また、四国出兵や九州出兵など豊臣秀吉による国内統一戦争の実施に伴い、戦場に向けて軍需物資の輸送が活発化する。そして、天正十八年の北条攻めと奥州平定により、豊臣政権は名実ともに統一政権となるが、それまで軍事行動に沿った物流が展開した。なお、同年は徳川氏が関東に移封された年であるが、京・大坂と江戸を結ぶ陸・海のルートが交通・運輸上重要となり、これ以降しだいに整備され、江戸開幕後はそれがさらに進展する。

加えて貿易面では、天正十六年四月に、かつて大村純忠の寄進によりキリスト教会領であった長崎を直轄地とし、肥前の鍋島直茂を代官に任じることにより、豊臣政権の貿易統制・独占、正確には先買権の行使がおこなわれる。もちろんこの段階で諸大名の貿易活動が否定されたわけではないが、統制強化が始まる起点になったことは間違いなかろう。[20]

そして天正二十年に朝鮮出兵が開始される。これは、秀吉が「唐入り」と述べているように、本来明への侵攻を目的としたものであり、明を中心とする東アジアの国際秩序や貿易秩序の再編をもくろむものであった。そしてこれが、中近世移行期における海運の構造的変化をもたらす契機となった。全国から多くの将兵が肥前名護屋に集結し、兵粮米や材木などの軍需物資も輸送されるなど、それまで列島各地で独自の展開を見せていた交通・輸送体系が、臨戦態勢下で一元化することになった。

大坂と京都（のち伏見が加わる）を二つの核とする中央市場では、金と銀の両方が活発な動きを見せていたが、統一政権の誕生後、金・銀の中央集中がより顕著になった。諸大名が豊臣政権関係の武家のほか、朝廷関係の公家、そして有力寺院・神社に献上・奉納（寄進）した金・銀は、その後、贈答に使われたものを除くと、その多くが高額商品の購入を通して市場に投下されたものと思われる。

その際、購入された高額商品は、武具や工芸品、そして装束などさまざまであった。そこには、統一政権である豊臣政権の誕生を背景に、武家・公家・寺社など異なる社会集団（諸権門）が、政権と緊密な関係を保ちながら自身の存続をはかるため、それぞれが固有の社会的役割を主張する必要があったことがうかがえる。

したがって、武家・公家・寺社勢力は、それぞれ「儀礼」（年中行事・祭祀・法会など）を通して自身の「権威」を示し、それを高めようとする動きを見せた。その際、「儀礼」を主催、あるいは「儀礼」に参加するため、その場にふさわしい装束や装飾品、部屋飾りのための調度品、時宜にかなった進物などを用意する必要が生まれる。たとえば、正月儀礼をはじめとする年中行事に参加する際や、自邸に招いた賓客をもてなす際など、それ相応の格式を守ることが求められた。

また当時は、社会的地位や身分を越えて集う場として「茶会」が頻繁に開催されたが、そうした交流を続けるためにも、それ相応の道具類をそろえる必要があった、したがって、武家・公家・寺社勢力などは、それぞれが「権威」を保ち、「儀礼」の場を演出する上で必要な品々を取りそろえるために、高額貨幣である金・銀を使用したと思われる。

こうして中央市場には、多様な高額商品の購入に伴って大量の金・銀が供給された。しかも豊臣政権期の大坂や京都には、城下町建設や都市改造のため、大名家臣や商人・職人、そして普請人足などの流入により人口が大幅に増え、米などの食糧需要が急速に高まっていた。その結果、大坂・京都などの上方市場は、中央市場として国内各地から運び込まれた年貢米が売却されて金・銀に替えられる、まさに貢租換金市場として、この時期急速に発展した。このことは、江戸時代の諸藩が年貢米を大坂に輸送して金・銀に換金する経済構造である幕藩制市場構造の原型がこの頃生まれたことを示すもので、それはすなわち、近世石高制を構成する要素の一つがまたここに成立したことを意味する。

さて、朝鮮での戦闘も膠着状態となり、明軍・日本軍双方に講和を模索する動きが生まれた。朝鮮半島南部沿岸には、いわゆる「倭城」が多数築かれ、在番将兵も置かれるなど依然臨戦態勢にはあったものの、多数の将兵が日本に帰還した。以後、慶長二年（一五九七）の再出兵まで、すなわち文禄二〜五年（一五九三〜九六）が講和・休戦期となるが、それは豊臣政権の権力構造や国内の経済構造が大きく変化する時期でもあった。

政治状況としては文禄二年八月に、後に豊臣秀頼となる男児が誕生して、「拾《ひろい》」と名付けられたが、この秀吉実子の誕生は関白秀次の立場を危ういものとし、政権内部に亀裂を生じさせ、二年後にいわゆる「秀次事件」（高野山での秀次自害、関係者多数処分）が起こり、太閤独裁体制が成立して、中央集権化がいっそう進んだ。

そして朝鮮への軍事動員はなかったものの、大坂城の拡張、伏見城の築城、淀川の堤防工事など、大規模な普請が次々に、軍役として諸大名に課せられることになった。

また、この講和休戦期には、国内の金・銀鉱山から諸大名を通じて金や銀が秀吉のもとに上納される体制が築かれた。

其方分領中、石見国先銀山之外、所々有之分銀子事、其方被申付林肥前守・柳沢監物両人ニ取集可有運上候、猶浅野弾正少弼可申候也、

正月十八日（秀吉朱印）

羽柴安芸宰相とのへ

たとえば右の史料のように、秀吉は毛利輝元に、石見銀山以外の領国内銀山で生産された銀を取り集めて上納することを命じており、その業務を、毛利氏の家臣であり秀吉とも旧知の間柄であった林就長と柳沢元政におこなわせた。すなわち林就長は、天正十六年の毛利輝元の初上洛の際に供奉し秀吉から「諸大夫成」の栄誉を賜っており、また柳沢は、足利義昭の家臣から毛利氏家臣に転身した経歴を持ち、当時伏見にあって豊臣政権に対する毛利氏の窓口的業務を担当していた人物である。したがって、豊臣政権が毛利氏領国の銀山収入の一部を毛利氏の責任で秀吉がよく知る毛利氏の家臣を通して上納させる体制を築いていたことがわかる。

当時の秀吉は、但馬生野銀山をかつての信長と同様に直轄領として支配するとともに、国内の他の主要金銀鉱山も、生産された金銀の一部を諸大名から上納させていた。

また次にみられるように、同年十二月には越後・佐渡両国での銀や鉛の産出情報に接した浅野長吉（のち長政）が、上杉景勝の重臣直江兼続に対し銀山開発の可否を判断するため奉行の派遣を要請している。(22)

以上

態申入候、越後・佐渡両国之内、銀子・鉛出可申由此者申、見立ニ相越候間、其方よりも、奉行被仰付可有御覧候、銀子出申ニおゐてハ其上可致言上候、恐々謹言、

十二月廿三日　　浅弾少

長吉（花押）

直江山城守殿

御宿所

さらに翌四年正月には石田三成に対し、越後・佐渡両国の金山を上杉景勝に預けて金（鉱石）を採掘させていることがわかる。(23)

態令啓候、越後・佐渡両国金山之儀、中納言殿へ被仰付、如此被成　御朱印候、時分柄にて候間、急金子御掘らせ被成候へく候、中納言殿へ可被仰達候、恐々謹言、

正月十七日　　長吉（花押）

浅弾少

石治少殿　　長吉

□御□□

このように、豊臣政権の重要な財政基盤の一つである諸国金銀鉱山が、実は文禄年間、つまり講和・休戦期に諸大

名の責任のもとに、生産金銀の一部を上納させる体制のもとに置かれたと言える。諸大名は、鉱山町に居住する有力商人らに鉱山経営（採鉱・製錬）や商業活動を権利として認める代わりに、一定の金・銀を納めさせていたのであり、豊臣政権は、諸大名の鉱山領有権を認める代わりに、一定の金や銀を上納させていた。

一為鉛・塩消御調、長崎江銀子被遣ニ付、御蔵米石州へ被遣候間、銀子早速相調候様ニ可在御馳走候、為御奉行近真吉兵衛尉被差遣候、様子可被遂直談候、恐々謹言、

三月廿四日　　益庵
　　　　　　　駒井

林肥前守殿
　御宿所

石見江被遣候御蔵米之覚

一壱万三千石也

三月廿四日　　益庵
　　　　　　　駒井

石見山奉行
　参

これは、豊臣政権が石見国内で生産された石見銀を長崎での貿易に利用したことを示す史料(24)である。すなわち、御蔵米一万三〇〇〇石を石見に送り、そこで調達した銀をさらに長崎に届けて、軍需物資である鉛や硝石を入手しようとしていた様子がわかるものである。このことから、当時石見銀山が一万三〇〇〇石もの米を消費するだけの人口を

抱える鉱山都市であったことがうかがえる。

そしてこの頃、豊臣政権は大坂・堺・京都・伏見の相場を把握し、国内の直轄領年貢（「蔵米」）と金銀鉱山を結びつけることで、必要なものを必要な場所に確保する体制を構築した。そしてこの頃、（船舶での）輸送と売りさばきを担う御用商人（いわゆる「初期豪商」）が活躍する。

しかも、この時期、中央政権の様々な「公役」に対処するため、諸大名の領国支配・経営も強化される。たとえば、石見銀山を領有する毛利輝元は銀山の支配強化をはかり、文禄三年に「銀山御改め」、すなわち銀山の実態調査をおこなっているほか、銀山奉行を務めた毛利輝元の側近佐世元嘉の後年の回想録[25]によれば、当初年間五〇〇〇枚程度の銀上納であったものが、朝鮮出兵開始の頃には年一万枚、さらにその後には年二万〜三万枚と、段階的に増加している。

一方、銀山を領有しない九州大名、たとえば加藤清正の場合、支配体制（年貢収奪）の見直し・強化をはかったほか、軍事のための船の確保、具体的には造船だけでなく領内廻船の悉皆調査などを実施し、領主主導の輸送体制を築いたほか、ルソンに唐船を派遣して、領内の小麦など穀物を売却して鉛の購入を計画するなど、貿易を積極的に推進して金や鉛など必要なものを入手した[26]。そこで「ルソン」にちなむ史料を見ることにしたい。

次に掲げるのは、文禄三年に石田三成が当時、京都伏見にいたと思われる（毛利氏家臣の）柳沢元政に与えたルソン壺代金の受取状である[27]。

請取金子銀子之事

一弐拾六枚弐両　　金子也

一五枚　　しろかね也

以上但るすんつほの分也、
右、すわうの国山口のよこや弥三《（二）》郎手前より上、追而さんよう可有也、
文禄三年
極月二日　　　石田治部少輔　判
柳沢殿

ルソン壺といっても、必ずしもフィリピン産に限定されるものではなく、東南アジア一帯で一般に使用されていた日常生活雑器であり、それが日本国内では主に茶壺として高値で取引されていた。秀吉は、このルソン壺を独占的に確保し、組屋など御用商人を通じて売りさばき、金・銀を入手した。

そこで注目されるのが、金・銀で代金を支払ったのが周防山口の商人横屋氏であったことである。この横屋氏はもともと堺商人の系譜を引き、この受取状に見える「よこや弥三郎（正確には弥二郎）」は、かつて毛利氏家臣でありながら横屋家に養子に入った者で、周防山口に店を構える一方、毛利氏の御用商人として度々上京し、秀吉の居城である伏見城やその付近にある毛利屋敷を訪ね、中央政権や大名権力と密接に関わりながら経済活動をおこなっていた者と思われる。

このように、中央政権と地方諸大名、そして御用商人との間で、金・銀・米が循環する社会が成立した。それでは最後に、残された課題について述べたい。

中央市場の二つの核である大坂と京都（のち伏見が加わる）は、同じような政治経済都市でありながら、その性格はやはり異なると思われる。大坂城の築城に伴い城下町として誕生した大坂は、長い歴史と伝統を持ち朝廷が存在する京都とは異なる役割を果たしていたと思われる。その具体的な差異が重要である。また当時は、この中央市場に諸大

名の領国市場が結びつく市場構造であったが、その結びつきの状況とその後の展開が注目される。とりわけ天正十八年に関東に入った家康の根拠地である江戸と、大坂・京都の結びつきの状況とその後の変化について、解明が求められる。

四　商人

最後に、織豊期の商人について述べたい。

信長と親しい堺商人としては今井宗久がその代表格であり、彼が鉄砲生産や堺五カ庄の代官、さらには但馬生野銀山の経営にあたっていたことはよく知られているが、実は博多商人の中にも信長の時代、すでに上方で活動している者がいた。すなわち、秀吉の九州平定後の博多再興で神屋宗湛とともに活躍する島井宗室は、博多商人の中では比較的早い段階から上方に登場していた。

たとえば、堺の津田（天王寺屋）宗及の茶会記である「天王寺屋会記」（自会記）[28]天正八年八月二十五日条によると、「はかた島井宗叱（室）」が津田宗及主催の茶会に津田道叱とともに出席している。そしてその後も、天正九年・十年とたびたび堺商人をはじめとする上方茶会に出席、この頃上方に進出している様子がうかがえる。

そして注目されるのは、織田信長がこの島井宗室の存在を意識していたことである。たとえば、堺代官の松井友閑が堺商人らに宛てた天正十年と推定される正月十九日付けの書状[29]によれば、来る二十八日に「上様」、つまり信長が上洛するので京都で茶会が開催されるが、それを「博多之宗叱」に見せたいという信長の意向を昨日（十八日）うかがったので、宗室本人に伝えるよう申し渡している。

　宗訥へ申候、平野道是へ此通申遣度候、便宜ニ可承候、

来廿八日　上様被成御上洛候、仍茶之湯之御道具被持、於京都被成御茶之湯、博多之宗叱ニ見せさせらるへき由、昨日十八日ニ被　仰出候、於御望者、各同道候て御上尤候、自然宗叱其元ニ被居候者、此由申度候、為其一筆進之候、恐々謹言、

正月十九日　　宮法印（松井友閑）（花押）

しほや

宗悦

宗訥

宗及（津田）

宗也

床下

実際、この堺商人宛の友閑書状は「島井家文書」として伝来しており、堺商人から宗室のもとに届けられたものと思われ、信長の意向は宗室本人にも伝わっていたと推測される。興味深いのは、信長が堺商人を通して博多商人である島井宗室に茶会への出席をうながしていることであり、当時の信長の博多商人に対する関心の高さがうかがえる。そして、博多商人に対する関心は、貿易都市博多に対する関心とも言えるのであり、毛利氏との戦争が終盤を迎えていた頃の信長の意識、すなわち筑前博多に寄せる思いを知ることができ、興味深い。

豊臣秀吉と関係の深い商人といえば、堺の小西隆左《りゅうさ》・行長父子がよく知られている。そのほか若狭小浜の組屋氏

（いわゆる「初期豪商」）や摂津兵庫の正直屋などがいる。そして、大坂城下町の発展とともにやがて大坂の商人がそこに加わってくる。

さらに秀吉は、国内統一の過程で各地の主要都市を直轄地とするが、その際、その地の有力商人も掌握する。天正十五年（一五八七）十月一日に開催された北野大茶会には、堺の有力商人三名（津田宗及・千利休・今井宗久）が揃って参加しているが、九州平定後には筑前博多の神屋宗湛と島井宗室をつかみ、町割りをはじめとする博多再興政策を彼らに委ねる。かつて島井宗室は豊後大友氏の保護のもと経済活動を広範囲に展開していたが、九州平定後は秀吉や石田三成と密接な関係を持ち、領国主小早川隆景のもと政権の博多政策を神屋宗湛とともに推し進めた。

さて、畿内・西国の商人と東国の商人を比べた場合、いずれにも広域活動商人がいるが、貿易商人は主に九州など西国を本拠とする者が多い。九州各地や長門赤間関、石見温泉津などが貿易都市（港）であり、西国大名は銀を元手に外国商人から舶来品を直接入手したが、東国大名はそれらを京や堺など畿内商人を通して入手したと思われる。したがって、東西の大名権力の経済活動や財政基盤には自ずと差異があり、その点を明らかにする必要がある。

以下、筆者の主な分析対象である西国、特に毛利領国の史料を使って述べたい。

東国大名の場合、後北条氏を事例にしばしば語られるように、領国内の交通路を整備し、いわゆる「領国経済圏」を構築したとされるが、西国大名の場合は、領国内の経済拠点や特産物の産地をつかみ、領国を越えて経済活動を展開する商業勢力と緊密な関係を築いて必要な品物を入手するとともに、彼らを含む有徳人《うとくにん》の一部を「倉本《くらもと》（蔵本）」に任じて財政運営を委ねていた点[30]がよく知られている。それは流通経済が、本来、政治支配領域（大名領国や国人領主領）を越えて展開するものであることによる。したがって、広域的に活動する多様な性格を持った商人の事例を数多く集めて検討する必要がある。

そもそも、政治権力にとって商人の存在意義を考えた場合、①外国産品（軍需物資・奢侈品）など必要物資の調達や、②財政の運営、そして③町立て（城下町建設）などさまざまな役割を考慮する必要がある。

また戦国・織豊期には、多様な「商人」が登場する。一般に商人といえば、物品の販売者という印象が強く、近世以降に見られる、「町」に居住して商売をおこなう、いわゆる商人（あきんど）のイメージが強いが、中世までは商いを専業とする者は決して多くなく、一人の人間がさまざまな生業をもち、その一つが商いである場合が少なくなかったと推測される。農業生産、あるいは軍事行動に参加する一方で経済活動をおこなう者は多く、ここでは近世以降の商人と区別する意味合いも込めて「商人」と表現する。経済活動もおこなうが、商いを専業としない人々を指す表現としたい。

さて、「商人」には、経済活動の範囲・規模によって地域商人と広域活動商人に区分できるほか、扱う商品が外国産品か国産品かによって貿易商人とそうでない商人にも区分できる。また貿易商人には、海外に出かける者もあれば、日本に来航した外国商人と取引をする者もあろう。地域的にみれば、京・堺商人のほかは多くが九州地方出身と思われる。

中世「商人」の特徴は、多様な性格を持っていた点であり、兵商未分離の時代、身分的にも多様であった。その中には、先述したようにさまざまな生業をもち、その一つが商いであった者もいる。

（黒印）
此馬壱疋石州罷通候、如御法度、米・酒・塩・噌・鉄被作留候、其外肴・絹布已下者、不苦候、自然寄事左右、
押妨之族、堅可有停止者也、為其被成袖　御判候、恐々謹言、
真鍋

二月五日　　豊信（花押）

立原

幸隆（花押）

助次郎殿

これ[31]は戦国期、尼子氏の家臣が、荷馬を率いて国境を越え石見国に入って商業活動をする出雲国の坪内氏（配下の者）に対し、販売して良い品と悪い品を指定しているものである。この坪内氏は、杵築《きつき》大社国造千家氏の被官であり、御師として参詣宿を営むほか、富田《とだ》城に籠城するなど、多様な活動をおこなう一族である。[32]また「商人」としては、米・酒・塩・（味）噌・鉄・肴・絹布などを扱っていることがわかる。彼らは、中国山地を越えて備後国衆とも関係するなど、広い商圏を持つ広域活動商人であり、兵商未分離社会における武士的商人であった。

また、次に掲げる史料[33]は毛利輝元の重臣が輝元の意を受けて、数年間の警固活動で活躍した石見の領主である石田主税助に対し、分国中での勘過（関役免除）を温泉津を除き、認めたものである。

其方事、数年御警固、遂馳走候条、乗船壱艘、御分国中勘過之事、年中ニ弐艘宛、被成御免許候、然間諸関不可有其煩候、但吹挙付之儀者、有様相調、可罷通候、就中温泉津之事者、為各（格）別之条、役料如前々可相調候、此由可申之旨候、恐々謹言、

元亀四年（一五七三）

五月九日　　井上

但馬守（花押）

粟屋

内蔵丞（花押）

児玉
三郎右衛門尉（花押）

石田主税助殿

ここに見える石田主税助は、海辺部（河口）で船舶を有し、積極的に経済活動をおこなう商業勢力の一人と思われる。すなわち兵商未分離の社会で大名権力に領国内の自由通行（諸関「勘過」）を認められ、戦時は大名によって「警固」活動を求められるものの、平時は所有船舶を利用して経済活動を展開していたと思われる。石田氏は、石見温泉津近辺波積《はづみ》を本拠とする領主と思われるが、まさにこうした性格を持つ海辺領主であった。

さて、近世の長門赤間関では佐甲・伊藤という二家の町年寄がいたが、中世における両者の活動内容はやや異なっていた。

佐甲氏は、大内氏時代に長門守護代内藤氏（興盛・隆世）のもとで問丸役をつとめ、毛利氏時代にも問丸であるが、輝元支配期の天正年間には赤間関代官として派遣された高須元兼・井上元治のもとで関役料徴収をおこなうなど関町役人として活動した(34)。また、天正二年十一月に海賊能島村上氏の一族で周防国上関を押さえていた村上武満の「過所」（「勘過」）の権利を得、同十三年には「紋幕」を能島家当主村上元吉から与えられており、海賊村上氏の安全保障を得て瀬戸内海を舞台に経済活動を展開していた様子がうかがえる(35)。

一方、伊藤氏は、嘉吉三年（一四四三）の後花園天皇の口宣案を伝え、長門阿弥陀寺の本堂再建や本尊の再興に尽力するなど経済力豊かな存在であった。

また、次の史料(36)は、対馬宗氏との関係を示す戦国末期の宗一鷗（義調《よししげ》）書状である。

不存寄候処、書音殊備後表一束到来、祝着候、然者近年迄賊船下目ニ蜂起、節々注進心懸之通、忠節無比類候、

当嶋之儀者、得其心申付候、併遠嶋云無人数、寔不任所存候、於向後茂不相替可被申渡事専一候、恐々謹言、

八月廿一日　　　　　　一鷗（花押）

伊藤和泉守殿

これによれば、「備後表」（畳表）の進物に加え、「賊船」などの情報提供に宗一鷗が礼を述べている。このことは、経済力を持つだけでなく、朝鮮通交も視野に入れた対馬宗氏との交流についてうかがわせる。

このように戦国期まではやや異なる性格の両者であったが、やがて公権力のもと赤間関で同じ役割を担うようになる。それが、豊臣政権期である。第一次朝鮮出兵に際し、軍勢発進基地となった肥前名護屋と京都・大坂との陸海両面における連絡・輸送を迅速かつ確実におこなうために、政権がその経路を整備した長距離通信輸送制度が次夫・次馬・次飛脚・次船制[37]である。それは、秀吉の肥前名護屋への出陣という状況のもと、臨戦態勢下での政策遂行のため京都聚楽第の関白秀次との緊密な連絡や補給を維持し、さらには大坂城の留守を預かる北政所との通信・輸送を確保する目的のもとに法制化され、実際利用された制度である。

大坂よりなこやへ次舟

一大坂よりハ　北政所殿　御印

関白殿　御朱印

一なこやよりハ　大閤（ママ）様　御朱印

一右浦々ニ一文遣之精銭百貫文宛被置候ハ、次舟ニ可被下ためニ候、但奉行相紛悪銭被遣候ハヽ、御定之ことく何銭にても増を入可請取事、

一次舟四たんほたるへく候、壱艘一里ニ付て、右之公用廿文宛、十里之分合弐百文哉之事、

一御定之御朱印御印めい〳〵請取置、次舟ニ公用遣之、追而算用可仕候、自然御朱印御印無之族、次舟之儀雖申付、
不可許容事、
右条々若違犯輩、忽可被処厳科者也、
天正廿年八月日（秀次朱印）
下のせき

御ちやつほ《茶壺》被上候、次夫拾人はぶ迄七里の分、路銭弐百八十文可遣之、一人ニ付て一里四文宛也、舟ヨリつほあけ候手伝可申付候也、
文禄二年三月五日（秀吉朱印）
赤間関奉行

右の二点の史料は[38]、天正二十年八月付けで「下のせき」に宛てた次船法令である豊臣秀次朱印状と、文禄二年三月五日付で「赤間関奉行」に宛てた埴生（はぶ）までの次夫指令である豊臣秀吉朱印状であり、それぞれ「佐甲家文書」および「伊藤家文書」として伝来している。これによれば、豊臣政権の次船・次夫制度は政権内部の新たな人員の派遣によるのではなく、各中継点にあたる宿駅や港町において、従来から流通経済に通じ、地域大名の経済政策においても重要な位置を占めていた者を登用して運用をはかっていたことがわかる。

このように、従来は性格の異なる佐甲・伊藤氏であったが、共に豊臣政権の次夫・次船制に登用されて激動の時代を乗り切り、慶長七年（一六〇二）には長府に入部した毛利秀元によって、佐甲隼人佐と伊藤木工允がそれぞれ引島村三〇石の地を与えられ、赤間関の町行政を担当することを命じられた[39]。そして赤間関の大年寄となった両氏は本陣役もつとめ、その邸宅は九州の諸大名や幕府の公用役人のほか、朝鮮通信使やオランダ商館長など外国使節の客館とし

て利用された。これは中世「商人」の近世的転換の一つの事例であろう。

したがって、商人的武士というか武士的商人の中世における実態、そして彼らがどのような過程を経て近世を迎えたのか、さまざまな事例を集成し、検討することが必要である。その上で、統一政権の誕生により成立した新たな権力構造と市場構造のもと、多様な商業勢力の経済活動の実態と兵商分離の進行過程を、畿内・西国と東国の差異についても注視しながら、段階的かつ具体的に明らかにしなければならない。

おわりに

本稿ではまず、十六世紀の東アジア世界と日本について概観した上で、貨幣・市場構造・商人の観点から、近年の研究動向をふまえながら織豊期経済を論じ、今後の課題について述べてきた。そこで最後に、戦国期から織豊期を経て江戸初期までの日本情勢について、主に東アジア世界の視点から今一度整理したい。

戦国期、いわゆる明応の政変（明応二年〔一四九三〕）による幕府将軍の分裂は外交権の分裂をもたらし、細川・大内両氏の遣明船派遣を巡る争いへと発展する。明と日本の関係は本来、明皇帝と室町幕府将軍間の一元的なものであり、朝貢貿易を伴った。しかし十六世紀には、「海禁」を犯して国外に出て周辺の諸国諸地域の人々と商取引をおこなう国際密貿易集団、いわゆる後期倭寇の活動が活発となり、規模はともかく頻度において正式の朝貢貿易をしのぐようになった。また、朝鮮と日本の関係は、基本的に朝鮮国王と幕府将軍使節（「日本国王使」）をはじめ多様な階層の者が個々に使節を派遣する多元的な外交関係であり、それに付随して物品交換の形で貿易がおこなわれた。

明・朝鮮、そして琉球などと広く貿易・交易を展開する博多商人が、取引上必要な銅や鉄を求めて出雲との間を往復するなかで石見銀山を発見し、出雲の銅山経営者とともに開発したこと、さらに銀の製錬技術である「灰吹法」が現地に導入され、銀の大量生産が始まったことは、東アジアの国際関係・国際貿易に構造的変化を与える契機となったのであり、それは当時の日本における政治経済にも大きな変化をもたらすことになった。

石見銀山における採鉱および製錬の技術はまたたく間に日本各地に広がり、鉱山開発が急速に進んだ。その結果、一五四〇年代以降、大量の銀を朝鮮に持ち込む日本側の使節が増加したが、それに伴って日本に流入した木綿は兵衣、鉄砲の火縄、船の帆などに利用され、その後の軍事・運輸に大きな力となった。また、正式の遣明船派遣や密貿易によって中国や東南アジア産品が日本に流入したが、その代表的なものとしては軍需物資（硝石・鉛など）と奢侈品（生糸・絹織物・陶磁器・金など）が挙げられる。(40)

また同じ頃、ヨーロッパ人も後期倭寇の活動に参入する形で東アジアに姿を見せ始めるが、それがポルトガル商人とキリスト教宣教師であり、やがてそれが日本への鉄砲やキリスト教の伝来につながった。

鉄砲は比較的早く国産化に成功したものの、使用する際に必要な黒色火薬の製造には木炭・硫黄のほかに硝石（焔硝）が不可欠で、鉄砲玉の原料である鉛とともに多くを貿易に依存した。鉄砲の登場は、それまでの合戦の形態や城郭の構造を大きく変えることになったが、鉄砲が一般に使用され始めた永禄年間（一五六〇年代）から最後の大規模合戦である大坂夏の陣がおこなわれた慶長二十年（一六一五）までの約半世紀、大砲（大鉄砲）も含め鉄砲など火器を使用するためには硝石と鉛が不可欠で、貿易商人や、貿易商人と取引のある商人から購入する必要があった。

ヨーロッパ人が初めて日本に来た頃は戦国時代で、国内各地に大名が割拠していたが、やがて専制君主（信長や秀吉などの天下人）が登場する。当時のヨーロッパ人の日本に対する理解は、銀の産出国でキリスト教未布教地であり、商人や宣教師にとって、魅力的な国であったと思われる。当時は、交易・布教もまず大名（領主）からが基本であった。

この頃の大名（特に九州大名）は、それぞれが主体性をもって外交・貿易を展開しており、特に規制のないなか、日本人の海外渡航も東南アジアを中心におこなわれ、これが後の朱印船貿易につながった。

織田信長は時代的には戦国大名の一人とも言えるが、伝統的な政治や経済の構造・秩序を克服し、新しい支配体制を築くことをめざした点では、国家統一の指向性をもった人物と評価しても良いと思われ、自由な商業活動を促す楽市令、関所を撤廃して商品流通を盛んにする交通政策など、流通経済関係の政策に特徴がある。特に通貨政策では、異なる価値の多様な銭貨流通を前提とする使用方法を提示したほか、米の通貨としての利用を禁止し、金・銀の高額貨幣としての利用を公権力として初めて認めた点が重要である。さらに、銭と米の流通現状をふまえ、京都支配において貫高ではなく石高を重視した点が注目され、ここに普遍性をもった価値尺度として石高が知行制や軍役賦課など権力編成の基本原理として採用される土台ができた。

豊臣秀吉は、朝廷の伝統的な権威を利用し、関白・太閤政権として国内支配をおこなった。その財政基盤は、二二〇万石を超える蔵入地と、国内主要金銀鉱山からの上納金銀が中心だが、主要都市を直轄化し、その地の有力商人を御用商人として掌握したことも重要である。また、天下人秀吉に服属する諸大名という新たな政治構造の成立が、大坂城と聚楽第（のち伏見城）を中心とする城下町の建設をもたらし、大坂と京都（のち伏見が加わる）を二つの核とする中央市場に諸大名の居城を中心とする領国市場が結びつく求心的市場構造が誕生し、政権主導の物流と大名主導の物流が重層性をもつ状況が生まれた。

九州平定後に実施した長崎の直轄化と海賊停止令の発令は、分裂・分散していた外交権・貿易権の再統一をめざした秀吉が、長崎を通じて入手した外国産品を京・大坂まで安全に輸送させようとしたもので、同時に従来通行料を徴収する代わりに航海の安全保障を担う存在であった「海賊」の海上支配権（経済権益）を否定・奪取するものであった。

明を中心とする東アジアの国際秩序が揺らぎ始めるなか、新たな国際秩序の形成をめざして開始された秀吉の朝鮮出兵は、物流の一元化と大型船の建造をうながすが、これが近世以降登場する遠距離の物資輸送を担う北前船や、東南アジアでの貿易、いわゆる朱印船貿易に利用される大型船舶の登場をもたらした。従来、規制がなかった海外への渡航について豊臣政権は、貿易を許可制とする形で統制を開始したのであり、それが朱印船貿易の淵源と思われる。

また、全国各地で鉱山開発が進むなか、豊臣政権が各地で生産される金・銀の一部を諸国大名の責任のもと上納させる仕組みを構築し、京都・大坂を中心とする中央市場では大量の金銀が流通、急速に人口が増加した京都・大坂は年貢米を売却して金・銀に換える貢租換金市場となり、幕藩制市場構造の土台が築かれる一方、金銀上納体制の確立のもと、秀吉は金・銀それぞれの職人集団に対し貨幣製造を公認（後の金座・銀座）した。

そしていわゆる太閤検地は、地域により実施内容が異なるものの、とりあえず「石高」（米の量）基準で土地の評価を全国規模で実現するもので、これにより「石高」を基準とする知行制・軍役（夫役）体制が確立した。また、検地帳への登録を通じて人々の村・町への帰属（居住）が決まり、身分統制令の発令とあいまって武家奉公人（兵）・町人・百姓などの身分が確定した。

徳川家康は、関ヶ原の戦いが終わってまもなく石見銀山をはじめ国内主要金銀鉱山を直轄化し、金・銀を製造過程から掌握して貨幣の鋳造・発行をおこなった。それは日本の中央政権が製造・発行した、まさしく日本貨幣であり、金を中心としながら国際通貨である銀にも配慮した日本独自の貨幣制度だが、銭貨については価値の異なる多様な銭貨が依然残存する状況のもと、金と特定の換算基準で結ばれる「鐚」（京銭）を除くと、法の整備が遅れた。また将軍は外交権と貿易権を掌握し、海外渡航を許可制とすることで九州を中心とする諸大名や西国各地の商人の朱印船貿易を管理・統制した。

政治と経済は密接な関係にある。すなわち、政治動向や権力配置が流通経済や市場構造をある程度規定するのに対し、経済状況も諸権力の領域支配や政策決定に大きな影響を与えるのであり、織豊政権期における権力論と経済論の統合が求められる。

また、移行期村落論との関係も重要である。現在中近世移行期の村落において、中世と近世の断絶面より連続面が強調される状況がある。しかし、銀の社会への浸透など貨幣経済の面では、十六世紀九〇年代から十七世紀初めにかけて、それ以前とは大きな変化が認められる。このことが、連続面が強調される移行期村落論が示す状況とどうつながるのか、大きな課題といえよう。

織豊期における政治と経済、権力と民衆（村・町人）の分析は、まだまだこれからなのである。

註

（1）池上裕子『日本の歴史 第15巻 織豊政権と江戸幕府』（講談社、二〇〇二年）。

（2）燈心文庫・林屋辰三郎編『兵庫北関入船納帳』（中央公論美術出版、一九八一年）ほか。

（3）井上寛司「中世西日本海地域の水運と交流」（『海と列島文化 第2巻 日本海と出雲世界』小学館、一九九一年）。

（4）綿貫友子『中世東国の太平洋海運』（東京大学出版会、一九九八年）。

（5）『銀山旧記』（島根県教育委員会編『石見銀山史料解題 銀山旧記』所収、二〇〇三年）。なお、この本では、石見銀山の（再）発見は大永七年と推定するが、筆者も妥当と考える。

（6）黒田明伸『貨幣システムの世界史〈非対称性〉をよむ』（岩波書店、二〇〇三年）。

（7）「饅頭屋町々誌」（『中世法制史料集 第五巻 武家家法Ⅲ』所収）。

（8）「京都上京文書」（『中世法制史料集 第五巻 武家家法Ⅲ』所収）。
（9）「京都上京文書」。
（10）「賀茂別雷神社文書」（『史料纂集〔古文書編〕賀茂別雷神社文書22』続群書類従完成会、二〇一四年）。
（11）村井貞勝の官途が民部少輔となった後で、明智光秀が惟任に改姓する前なので、永禄十二～天正三年頃だが、おそらく足利義昭追放後に明智光秀と村井貞勝が共同執政にあたっていた天正二、三年のものと思われる。
（12）「劔神社文書」（『福井県史 資料編5 中・近世三』所収）。
（13）『多聞院日記』二十六、天正八年十月。
（14）「尊経閣古文書纂」（『中世法制史料集 第五巻 武家家法Ⅲ』所収）。
（15）黒田註（6）著書。
（16）拙稿「豊臣政権の次夫・次馬・次飛脚・次船制について」（『内海文化研究紀要』四五、二〇一七年）。
（17）鹿毛敏夫「一六世紀九州における豪商の成長と貿易商人化」（同編『大内と大友』勉誠出版、二〇一三年）。
（18）鈴木敦子「肥前国内における銀の「貨幣化」」（同『戦国期の流通と地域社会』同成社、二〇一一年）。
（19）「閥閲録」巻六七高須惣左衛門、「高洲家文書」（山口県文書館 複写資料）。
（20）「鍋島家文書」（『佐賀県史料集成 古文書編 第三巻』所収、佐賀県立図書館）。
（21）『大日本古文書 家わけ第八 毛利家文書』九三七号。
（22）「長井文書」（『新潟県史 資料編5 中世三 文書編Ⅲ』所収）。
（23）「舟崎文庫所収文書」（『新潟県史 資料編5 中世三 文書編Ⅲ』所収）。
（24）「駒井日記」（『増補 駒井日記』文献出版、一九九二年）。

(25) 山口県文書館所蔵「佐世宗孚書案」（毛利家文庫二二諸臣三二）。
(26) 中島楽章「十六世紀末の九州‐東南アジア貿易―加藤清正のルソン貿易をめぐって―」（『史学雑誌』一一八―八、二〇〇九年）。
(27) 「閥閲録」巻一六四、山口裁判。
(28) 「天王寺屋会記 宗及茶湯日記 自会記」（『茶道古典全集 第八巻』所収）。
(29) 「嶋井家資料」（『新修 福岡市史 資料編 中世1 市内所在文書』所収）。
(30) 秋山伸隆「戦国大名毛利氏の流通支配の性格」（同『戦国大名毛利氏の研究』吉川弘文館、一九九八年、初出は一九八二年）。
(31) 「坪内家文書」（『大社町史 史料編 古代中世 下巻』）。なお、関係文書として永禄四年（一五六一）の年紀を持つものがあり、その頃の文書と思われる。
(32) 岸田裕之「大名領国下における杵築相物親方坪内氏の性格と動向」（同『大名領国の経済構造』岩波書店、二〇〇一年、初出は一九八九年）。
(33) 島根県立古代出雲歴史博物館所蔵「石見石田家文書」。
(34) 岸田裕之「大名領国下における赤間関支配と問丸役佐甲氏」（同『大名領国の経済構造』岩波書店、二〇〇一年、初出は一九八八年）。
(35) 「佐甲家文書」（『山口県史 史料編 中世4』所収）。
(36) 「赤間関本陣 伊藤家文書」（『山口県史 史料編 中世4』所収）。宗義調は天正六年（一五七八）頃から「一鷗」を名乗り、同十六年に逝去する。

（37）註（16）に同じ。
（38）「佐甲家文書」「赤間関本陣 伊藤家文書」。
（39）町田一仁「赤間関と伊藤家」（下関市立長府博物館編『赤間関本陣 海峡人物往来』一九九一年）。
（40）永原慶二『苧麻・絹・木綿の社会史』（吉川弘文館、二〇〇四年）。

織田期の政治過程と戦争

山本　浩樹

はじめに　―「本能寺の変」に関する一試論―

天正十年（一五八二）六月二日未明、織田信長は京都本能寺の宿所を明智光秀率いる大軍に襲われ、自刃した。嫡男信忠も村井貞勝らと二条新御所で防戦したものの、あえなく自刃に追いこまれた[1]。この年三月に甲斐の武田勝頼を滅ぼしたほか、和平調停を通じて九州や関東の大名も配下に収めつつあり、中国の毛利氏、四国の長宗我部氏を下し、西国を版図に加えるのも時間の問題かと思われた矢先、一夜にして織田政権は自壊した。

この事件の原因・背景に関して、これまでもさまざまな議論が積み重ねられ[2]、当該期の政治史研究も深められてきた。近年、岡山林原美術館蔵「石谷家文書」の存在が明るみに出て[3]、事件直前の阿波をめぐる織田政権および長宗我部・三好両氏の動向が注目され、政権内で長宗我部氏の「取次」を勧めた光秀の立場が微妙なものとなっていたことに関心が集まった[4]。

筆者も、四国をめぐる政治状況と光秀の挙兵に因果関係がある可能性の高いことは認めつつ、それと別の要因も存在した可能性を考えてもよいと考える。まずは一通の明智光秀書状［明123］を左に掲げる。

来初秋西国可為御陣旨被仰出候之条、当春国役為十五日普請面々知行へ入立、開作之儀可申付候、侍者関〔開〕井・掘溝、召遣下人・下部共を百姓並ニ十五日之間田畠可打開候、若知行内荒地等於有之者何迄成共令在庄悉可相開候、尚以毎年普請差替開作候上者聊不可有由断候、然而百姓早明隙、西国御陣速可相動可有覚悟事肝要候、恐々謹言、

日向守
光秀（花押）

（天正十年）
正月十三日

三上大蔵大夫殿
古市修理進殿
赤塚勘兵衛尉殿
寺本橘大夫殿
中路新兵□（衛カ）殿
蜷川弥□□（三郎カ）殿

右の宛所六名に着目すると、その名字から、元室町幕府奉公衆ないしその一族で、[5]光秀家臣団でも相応の地位を占め、本文に示された農村復興に関わる指令を遵行する立場にあったと思われる。年次は、冒頭の「来初秋西国可為御陣」の文言が、（天正十年）四月二十四日付長岡藤孝・一色五郎宛信長朱印状〔織1015〕の「中国進発事、可為来秋之処」という部分と符合することなどから、天正十年に比定した。この朱印状は、信長が、天正十年秋の中国出陣予定を、備中に出陣した羽柴秀吉の戦況報告に接して大幅に繰り上げ、丹後の長岡・一色に出陣準備を命じたものである。もちろん、これを両人に伝達した光秀にも出陣命令が下った。

天正九年十一月に鳥取城を再攻略後、秀吉は、毛利氏相手に劣勢となった宇喜多氏救援のため備作出陣を希望した

が、信長に止められ、池田元助とともに淡路に出陣し、岩屋城を攻略した[6]。十二月に秀吉は安土に出仕し、因幡攻略の褒美として信長から茶道具を授かった〔豊503〕。秀吉は、翌年正月八日付亀井茲矩宛書状の中で信長の出馬に触れており〔豊368〕、安土出仕中に信長から西国出馬を約束されたとみられる。その後、宇喜多直家死去をうけ、正月二十一日に秀吉は宇喜多氏家老らを連れて再度安土に赴き、信長から直家遺児八郎秀家への家督相続を認可された。戦争長期化による疲弊と当主の死が重なり、宇喜多氏は窮状に喘いでいたが、かつて信長の逆鱗にふれながらも直家「御赦免」に導いた秀吉は、同氏と手を携えて毛利氏を打倒することに政治上の命運を託していたのである。

この年秋の西国従軍を命じられた光秀は、先掲史料にみるように、普請役を免除して給人やその奉公人を在村させ、田畠・井溝の再開発に従事させることで、秋口までの間に戦乱で荒廃した農地の復興を進めようとした[7]。光秀領を含む畿内・近国では、天正八年から九年にかけて指出検地が実施され、知行制や軍役の整備が進んだ。その過程で農村の荒廃ぶりが明らかになったことも、右の指示の背景にあったと思われる。

ところが天正十年二月、信濃の木曽義昌が武田勝頼に背いて信長への服属を申し出た。信長はこれを千載一遇の機会として急遽武田攻めを決定し、光秀にも出陣を命じた。「晴豊記」同年三月四日条の「明知人数しなの（信濃）へちり〳〵とこし候也」、「人数いかにもしふ〳〵たるていにてせうし（笑止）なるよし京ハらへ（童）の言也」との記述は目をひく。各在所に戻っていた丹波衆は、突然近江坂本城への集結を命じられたのであろう。都大路を東に向かう彼らは、都人の噂の種になるほど士気上がらぬ様子であった。在村を認められたのが一転し、かつてない遠国出陣を命じられたとすれば、無理もないといえる。

一方、信長・光秀らの信濃出陣後、姫路に在城した秀吉は、三月、養子御次秀勝（信長子）とともに独断で備前に出陣した。やがて備中入りした秀吉に対し、毛利方も吉川元春・小早川隆景の軍勢が前面に立ちふさがり、輝元が後方の猿懸城に入って迎撃態勢を整えた。(8) 武田攻めを終えた信長は四月二十一日に安土に戻ったが、その直後に秀吉から「今度小早川従備前児島令敗北、備中高山楯籠」との報告をうけ［織1015］、中国進発の日程を急遽繰り上げたのである。

旧稿でも述べたが、当時児島の大部分は毛利方が制しており、秀吉が信長の早期出陣を促すため、戦況を偽って（もしくは戦果を誇張して）報告したとみられる。(9) 信長の命をうけた光秀は、出陣準備のため五月十七日に坂本に帰城し、二十六日には丹波亀山城に入った。明知勢が本能寺へ押し寄せたのはその七日後であった。

信長の軍事力の特色は、尾張時代から育成した長槍部隊に代表されるプロフェッショナルな性格に求められ、(10) 実際にそうした戦闘力・機動力に優れた武力によって織田氏は強勢を誇ることとなったが、一方で在地的性格を色濃く残した軍事力も広く存在し、基礎を支えていたと考えられる。天正六年に安土の弓衆福田与一宅の出火を契機に、信長が信忠に命じ尾張国内の弓衆の私宅を焼き払わせた事件は、織田家臣団の城下集住と在地離脱を示す出来事として有名である。しかしその尾張でも、「在所」に居住して地域防衛や地域支配を下支えした武士は少なくなかった。(11) 光秀配下の丹波や近江の軍勢も、強固な在地性を有する武士たちを高い割合で含んでいたと思われる。

天正九年に比定される六月二十一日付片山兵内・出野左衛門助宛光秀書状［明109］から、天正八年に畿内で実施された「城破」が丹波でも施行され、これを忌避した和久左衛門大夫を光秀が成敗し、逃亡した「彼一類并被官人」まで厳しく探索させたことが知られる。問題の城郭は、片山・出野両氏の拠る和知から近い山家城と思われる。同城は由良川沿いの要衝を押さえる要害で、放置すれば以後の丹波支配に重大な障害となりえた。但しこの事実から、末端の在村給人や土豪の在所屋敷まで、あまねく破却の対象となったと断じるのは早計であろう。(12) 兵農分離・城下集住に向けた施策が実施されたことは重要であるが、一方でそれに逆行する政策を採らざるを得ない状況もあったことを、冒頭の史料は示している。

光秀の丹波平定は天正七年。その後も丹波福知山、近江坂本などの城郭整備が続き、負担は在地社会に重くのしかかった。[13]戦後の復興も進まぬまま、天正十年には信濃・備中へと、息もつかせず、未曾有の遠国出陣を強いられたのである。[14]厭戦感情が高まるのは当然であった。「天下静謐」とは裏腹に、戦時独裁と軍事動員をますます強化しつつあった織田権力の足下で、在地社会が疲弊の極にあったことは、今少し考慮されてよい。

本能寺の変後、若狭の旧守護武田元明や、北近江の旧守護京極氏が光秀に呼応し、播磨では別所重棟が丹波・播磨の牢人衆とともに三木城占拠を企て、雑賀・根来・高野山でも光秀に呼応する動きがあったという。[15]いずれも織田政権下で辛酸を嘗めてきた勢力であった。さらに光秀が変後、丹後の長岡藤孝や、大和の筒井順慶、中川・高山・池田ら摂津衆の同調を期待したことは広く知られる。その背景に婚姻や軍事的統属関係があったことはもちろんながら、彼らはまた、畿内・近国の領主として光秀と同様な条件下で戦争遂行を義務づけられていた。当該地域の領主の中からは、松永・波多野・荒木・別所など、光秀の謀反以前から信長への反逆者が跡を絶たなかった。なおもくすぶり続ける織田政権への不満を結集できれば、体制転覆は可能と判断したのであろう。

いうまでもなく天正八年八月、本願寺教如の「大坂拘様」終了をもって、畿内一統が実現した。しかしその時点で信長は、武田・上杉・毛利など、自らの「天下」から独立して存在する列島内各地の地域国家を標的に、次なる大規模戦争にむけ走り始めていた。その中で、光秀自身が指出検地・城破・軍役整備などの実務を担い、戦時体制強化を主導する役割を果たしていた。[16]であればこそ、光秀は、織田政権の抱える諸矛盾を体現する存在となり、自ら政変の立役者となることでその矛盾を見事に表現しきったといえる。織田政権確立とその支配領域拡大、戦争体制強化の過程は、国家社会のさまざまな部分に軋轢や矛盾が蓄積され、破局が準備されていく過程でもあった。

一　織田政権期の政治的諸段階

以下本節では、織田政権の政治と戦争の諸段階について、最近の研究状況をふまえて整理していくこととする。

信長が尾張を統一したのは、織田信清の拠る犬山城を攻略した永禄八年（一五六五）八月のことである〔愛433〕。そして同十年八月には斎藤龍興の稲葉山城を攻略し美濃を併合した。さらに翌年には北伊勢にも勢力を広げて神戸氏・長野氏らを下した。犬山攻略後、信長は「麟」の字を象ったとされる花押（付図1）の使用を開始し(17)〔愛445〕、美濃併合後、「天下布武」の印判を使い始めたこと〔愛578〕は周知のところである。

永禄八年五月に将軍義輝が殺害された事件後、信長は義輝の叔父大覚寺義俊から幕府再興への尽力を求められ〔愛427〕、年末までには三河の徳川家康ともども一乗院覚慶（足利義昭）入洛に供奉する意向を表明しており〔愛456・460〕、この頃から上洛を意識していた可能性は高い。そして「天下布武」印の使用開始とともに、信長は幕府再興と畿内「静謐」という具体的な政治目標に向けて動き出し、三好三人衆と袂を分かった三好義継・松永久秀らの同調も得て(18)、永禄十一年九月、義昭に供奉して入洛を果した。

義昭を征夷大将軍の地位につけ、信長の政治目標の第一段階は達成されたが、即座に畿内の「静謐」が実現したとはいえなかった。その後も畿内・近国の各地で反織田勢力が反抗を繰り返し、戦乱が止むことはなかったのである。

文字通り畿内「静謐」が実現し「天下布武」が完成したのは、教如が大坂を退去した天正八年（一五八〇）八月。義昭・信長義昭の上洛から十二年後のことであったが、その間の政治過程は、以下のような三段階に整理できる。

【Ⅰ期】義昭・信長の上洛から、元亀四年（一五七三）七月、天正改元まで

この段階の信長は、将軍義昭との対立を徐々に深めながらも幕府を支え続けた。当初、反織田勢力の中心は三好三人衆で、信長上洛後にいったん畿内から勢力が一掃されたが、信長の岐阜帰還後、翌年正月に斎藤龍興ら諸牢人とともに京都六条本圀寺の義昭を攻撃するなどの抵抗を続けた。三人衆との抗争の過程で和泉堺が織田政権の直接支配下に組み込まれるが、織田勢の軍事行動に本願寺が警戒と反発を募らせ、元亀元年九月から、長きに及ぶ石山合戦に突入し、同年十一月には尾張・伊勢境で長島一向一揆が蜂起した。

周辺諸大名との関係では、永禄十二年八月以降、南伊勢を攻撃し北畠氏を降参させ、二男信雄を養子に送り込んだ。また同年四月に朝倉義景を討つため越前に出陣するが、近江の浅井長政に背かれ、朝倉・浅井両氏との抗争に突入する。元亀二年には、遠江をめぐり徳川家康と対立する武田信玄が、北条氏との同盟を後ろ楯に三河・遠江への進出を本格化させ、本願寺・朝倉・浅井らと連動して信長包囲網に加わる（元亀争乱）。畿内では三好三人衆の勢力が衰えたものの、三好義継・松永久秀らが反織田の旗幟を鮮明化した。信玄は翌年の三方原の戦いで徳川・織田連合軍に大勝し、さらに西進の構えを見せたことで、元亀四年一〜二月頃、将軍義昭も挙兵の意思を固めるなど、織田権力は危機的状況を迎えた。しかし同年二月、三河在陣中の信玄は危篤となり、四月に死去した。

付図１　信長花押（永禄８年）

付図２　信長花押（天文21年）

その動きを横目に見て信長は上洛し、四月四日に上京に放

火し義昭御所を包囲・攻撃したため、義昭との和談が成立した。信長の帰国後、同年七月に義昭は槇島城に拠って再挙兵したが、織田軍の攻撃をうけ降伏し、身柄を河内若江城に拠る三好義継のもとへ送られた。その直後、信長は朝廷に改元を申請し、天正改元が実現する。

【Ⅱ期】天正改元から、天正三年（一五七五）十一月、信長の権大納言・右大将任官まで

義昭を京都から追い落とした信長ではあったが、名目上、義昭の子義尋を手許に置くことで、簒奪者の汚名回避を図った。信玄死去により東方の脅威が軽減したのを機に、信長は畿内・近国の敵対勢力を個別に撃破していく。天正元年八月に越前朝倉氏を攻撃し滅亡させると、九月一日には近江浅井氏も攻め滅ぼし、朝倉旧臣前波吉継に越前を、羽柴秀吉に浅井氏旧領を預け置いた。同年末には河内若江城の三好義継を攻め滅ぼし（義昭はこれ以前に堺経由で紀伊由良に移った）、松永久秀を降伏させて大和多聞山城を接収した。

ところが翌年一月、越前では桂田長俊（前波吉継）が富田長繁に滅ぼされ、同国は再乱に陥り、やがて一向一揆の支配するところとなった。本願寺も前年冬の講和を破って再挙した。これに呼応して畿内各所で反織田勢力の動きが活発化し、武田勝頼が遠江高天神城を攻略するするなど、織田・徳川同盟への圧力が強まった。対する信長は、同年九月に長島一向一揆を「悉撫切」にし〔愛1042・1053〕、畿内でも本願寺など敵対勢力の掃討を図った。

翌天正三年、信長が本願寺攻めに出陣する背後を衝いて武田勢が三河に侵攻し、足助城などを攻略し吉田城の家康と対峙するが(19)〔愛757〕、やがて奥平貞昌の守る長篠城に攻め寄せ、厳重にこれを包囲した。長篠への後詰として出動した織田・徳川連合軍は、五月二十一日に設楽原で武田勢を破り、山形昌景・馬場信春ら有力部将を数多討ち取った。信長はこれを機に武田領国制圧を考えたが〔愛111〕、嫡子信忠と佐久間信盛が美濃岩村城攻略に手間取るなど、条件は整わなかった。

信長は八月に越前へ出陣して一向一揆を殲滅し、加賀能美・江沼両郡も平定した。九月には越前八郡の支配を委ねた柴田勝家に信長は「越前国掟」を与えている［織549］。十月に本願寺との和議がまとまり、十一月には岩村城が陥落し武田氏西進の足がかりは失われた。同月、信長は権大納言・右近衛大将に任官して将軍に等しい名分を手にした。織田家臣が信長を「上様」と呼び始めるのは、その結果である[20]。同月末、信長は信忠に織田家督と尾張・美濃両国を「御与奪」する。

【Ⅲ期】信長の権大納言・右近衛大将任官から、教如の大坂退去まで

天正四年一月、信長は丹羽長秀を奉行として近江安土の築城を開始し、二月には居所を同所に移した。この城は天下人の権勢を象徴するばかりでなく、畿内と東海道・東山道・北陸道、瀬戸内・淀川水系と太平洋・日本海を結ぶ水陸交通の要となる位置を占め、戦略的価値も大きかった。しかし信長による畿内「静謐」は束の間で、本願寺との和平は翌年春に破れ、四月に開戦となった。二月には足利義昭が備後鞆に渡海しており、毛利輝元に帰洛への供奉を求めた。当初、織田氏との対決を望まなかった毛利氏は、これに積極的に応じようとしなかったが、最終的には織田氏との開戦を決断する[21]。この年七月、毛利・宇喜多の水軍が摂津木津河口で織田方水軍を撃破して大坂本願寺への兵粮搬入に成功し、足かけ七年におよぶ織田・毛利戦争が始まる。また同年五月には、越後の上杉謙信が本願寺と和睦して反織田陣営に加わり[22]、越中方面に進出した。

東西に新たな信長の大敵が出現したことで、畿内・近国の反織田勢力もみたび勢いづく。すでにこの年一月には、明智光秀が丹波黒井城の赤井氏攻めに出陣したところ、同国八上城の波多野秀治が挙兵し明智勢を同国より退去させ

ていた。

天正五年二月、信長は雑賀一揆「成敗」のため和泉・紀伊に出陣し、翌月、「忠節」を申し出た鈴木孫一らを「赦免」して帰陣した。同じ頃、毛利氏は水軍を淡路岩屋城に派遣し、本願寺および播磨国内の反織田勢力との連携強化を図った［瀬495］。北陸では上杉勢が越中を制圧後、能登に進出し、九月には七尾城を攻略した(23)。信長は八月に柴田勝家を大将とする大軍を加賀に送り込んだが、羽柴秀吉が無断で帰陣して信長の折檻をうける。十月、加賀では柴田らが上杉勢と本願寺門徒に破れて撤退した。この頃畿内では、織田軍主力の留守を衝いて松永久秀が挙兵したが、十月に大和信貴山城を落とされて滅亡した。

九月、信長は備前進発の準備として、謹慎中の秀吉を播磨に出陣させることを小寺孝高に告げ［織775］、翌月播磨入りした秀吉は、国衆から人質を徴するなどして同国を平定した。さらに秀吉は信長の帰国指示を無視して但馬に進攻し、竹田城を攻略した。加賀での失態の挽回を図ったとされるが、生野銀山の利権も眼中にあったと思われる。十一月に秀吉は播磨上月城に出陣し、後詰に出陣した宇喜多勢を撃退して城兵を全滅させ、尼子勝久・山中幸盛に同城の守備を委ねた［豊152］。

翌天正六年三月、上杉謙信が死去し、後継者争いの激化により、上杉氏は織田氏との戦いから後退した。一方、西方ではこの年、反織田勢力の攻勢が本格化した。二月に播磨三木城の別所長治が秀吉への「存分」により信長に背き［織759］、これに連動して四月には毛利勢が上月城奪回に乗り出した。これと同時に、但馬では毛利方の垣屋豊続らが羽柴勢の拠る宵田城を攻撃した。同城攻略はならなかったものの、敵方の城督を討ち取り、織田勢力の北上を食い止めた(24)。七月には毛利勢が上月城を攻略。尼子勝久を自刃させ、山中幸盛を安芸への護送中に殺害した。秀吉は荒木村重とともに後巻に出陣したが、救援に失敗した。さらに十月には荒木村重が摂津有岡城に拠って信長に背いた。

守勢に回った信長は、翌月に本願寺・毛利氏との「勅命講和」を模索するが、高槻城の高山右近と茨木城の中川清秀が帰参したことをうけて勅使派遣を急遽中止する［織796］。同月、織田方の九鬼水軍が信長の命で建造した大船で木津河口において毛利方水軍を破ったとされる。しかし小早川隆景がこの合戦について「勿論此方得勝利候」と述べ［瀬598］、本願寺坊官下間頼廉も宇喜多直家宛同月八日付書状で「諸警固一昨日六日木津浦御着岸候、当寺大慶此事候」としており［瀬597］、織田方勝利とするには疑問が残る。

また播磨良紀氏により、この年、羽柴秀吉の名乗りが「筑前守」から「藤吉郎」に戻ったことが明らかにされた(25)。別所・荒木の離反は、秀吉との確執が背景にあり、これによって播磨を平定した功績が水泡に帰すこととなり、政権内での秀吉の地位が引き下げられたことを反映するものであろう。

天正七年、安土城が完成した。明智光秀は六月に八上城の波多野秀治を下し、八月には赤井氏居城黒井城などを落として丹波を平定した。一方、秀吉は九月に宇喜多直家の調略に成功し、その赦免を信長に申し出たが、信長は無断で調略を進めた秀吉を叱責し播磨に追い返してしまう。信長自身は攻撃目標を宇喜多氏と定めており、その赦免は思いもよらぬことであった。それでも宇喜多氏が備中・美作で毛利氏と交戦状態にはいると信長は態度を軟化させ、十月末にこれを「赦免」した。この頃には伯耆の南条元続も寝返って毛利方の勢力は大きく西に後退し、因幡・但馬・播磨・摂津の反織田勢力は孤立無援となった。十一月には有岡城が攻略され、荒木一類の婦女子ら多数が処刑された。

一方、同年九月に信長二男信雄は父に無断で伊賀に攻め入ったが撃退され、家臣を討死させたことを父に譴責される。またこの年、東国では、前年以来の上杉氏内紛「御館の乱」で、武田勝頼と結んだ上杉景勝が北条氏政の実子景虎に勝利し、甲越同盟が結ばれた。これにより北条氏は武田氏との同盟を破棄し、信長・家康との連携を模索することとなった。

天正八年一月、別所長治が三木城を明け渡して自刃し、但馬では太田垣氏の竹田城も陥落した(26)。三月には北条氏政の使者が上洛し「関東八州御分国に参之由」を表明した。名目上であれ関東の覇者北条氏を服属させ、信長の権勢はさらに高まったといえる。閏三月、本願寺との「勅命講和」が実現するが、これとほぼ同時期、密かに毛利氏との講和交渉もおこなわれていた(27)。前年十一月に豊後の大友義統に周防・長門の領有を認め〔織847〕、毛利氏挟撃を図ったことからすれば大きな方針転換であったが、天正六年に日向で島津氏に敗れて以後、全領国的動乱の最中にあった大友氏の協力は期待薄で、むしろ毛利氏と和睦し、北条氏との提携で俄然展望が開けた武田・上杉両氏打倒に舵を切ろうとしたと考えられる。

四月以降も、本願寺新門主教如は大坂籠城を続行し(大坂拘様)、有岡城を脱出した荒木村重も花隈城に拠って抵抗を続けた。毛利氏との和睦交渉が水面下で続く中、五月頃には羽柴秀吉が播磨宇野氏の拠る長水城を攻略し、但馬では弟長秀が山名氏政・垣屋豊続らを降伏させ、六月に両者は因幡に攻め込んで鳥取の山名豊国を降伏させた。結果的に毛利氏との講和は立ち消えとなった。七月に池田恒興が花隈城を攻略して村重は安芸に逃走し、教如も近衛前久の説得を容れ八月初旬に紀伊雑賀へ退去した。これを以てようやく畿内一統が実現し、畿内・近国支配の大規模な再編が始まった。

これ以降、本能寺の変に至る織田政権の最終段階(Ⅳ期)については、可能な限り前節との重複を避けつつ、各方面別に概略をまとめておく。

【Ⅳ期】教如の大坂退去から本能寺の変まで

東方では、北条・徳川の連携により武田氏への攻勢が強まり、遠江では家康が武田方の高天神城を包囲した。天正八年末に猪子高就・福富秀勝が信長からの検使として前線に派遣され(28)、翌年早々には三河刈谷衆、尾張緒川衆・大野衆が援軍として送り込まれて〔愛1421〕、同城での攻防は織田・武田の直接対決としての意味合いが強まった。この頃までに武田方は同城を明け渡す意思を表明したが、信長の意向で無視され〔愛1422〕、同城は三月二十五日に落城し城方の将兵は全滅した。この前後、武田勝頼は信長の子信房（御坊。美濃岩村遠山氏の養子に入ったが、同氏が武田方に降伏した際に甲斐へ送られた）を帰して和睦にむけた意思表示としており(29)、常陸佐竹氏や安房里見氏にも交渉の進捗を報じたが〔静1404・1429〕、結局信長は応じなかった。同年末、勝頼は新府城に移ったが、翌年、木曽義昌の離反を契機に領国支配が地滑り的に崩壊し、滅亡へと向かった。

北陸方面では、本願寺との講和に際して信長が顕如に送った起請文で「賀州二郡」返付を約束したが〔織852〕、その後柴田勝家が加賀金沢御坊を陥落させるなど、一向一揆と織田方の戦いは止まず、越後の上杉景勝が一揆に合力し織田勢に対抗する形勢が続いた。教如は大坂退去後、紀伊鷺森に赴いたが顕如に許容されず、諸国を流浪したのち美濃・飛驒から加賀・越中の山中に潜伏し、北陸の真宗門徒と上杉景勝を頼みの綱とした(30)。しかし天正八年十一月に加賀山内地域の一揆の首魁鈴木出羽守らが勝家に討たれるなど、一揆への包囲網は確実に狭まった。以後も山内地域の一揆は抵抗を繰り返したが、天正十年三月に数百人が「ハタ物」に揚げられて終息する(31)。この頃には織田・上杉の攻防は越中に移り、五月に山場を迎えた魚津城の攻防戦には、上杉景勝みずから後詰に出陣したが同城を救援できないまま引き揚げ、本能寺の変の翌日（六月三日）に落城を迎えた(32)。

一方、畿内・近国では、天正九年に和泉の槇尾寺（施福寺）が寺領の指出を拒み、五月に織田軍の焼打ちを受けて焼亡した。同年八月には、紀伊高野山が荒木氏牢人を匿い、その引き渡しを求めて遣わされた使者を殺害したとの理由で軍勢を送られ、各地で高野聖数百人が捕縛・殺害された。紀伊雑賀では、織田方の鈴木孫一が、同十年一月に土橋平次を殺害し土橋氏居城を攻撃した。信長は孫一への加勢として織田信張らを出陣させている。

このように和泉から紀伊にかけての地域では、依然として高野山や根来寺・雑賀などで反織田勢力が息づき、大和南部でも同様の状況であった。これらの勢力は、本能寺の変後に再び活気づき、秀吉政権の時代になって平定が達成されることとなる[33]。また、天正七年に織田信雄の侵攻を退けた伊賀には、同九年九月、信雄・滝川一益・丹羽長秀らが攻め込み、一揆勢を殲滅し城破を断行した。

一方、毛利氏との和睦交渉が立ち消えとなった天正八年八月、信長は豊後大友氏と連携し毛利氏を挟撃する策に立ち戻り、大友・島津間の和睦斡旋に乗り出した〔織885・886〕。翌年、和睦は成立するが、大友領国の混乱は依然収束せず、軍事面で大きな効果は生じなかった。それでも、前年の北条氏に続き、九州南部を席巻する島津氏が渋々ながらも服属を表明し、信長を「上様」と仰ぐようになったことは[34]、織田権力が全国政権化する上で大きな画期となった。

播磨を平定した秀吉は、信長の西国進発にむけ「御座所」となる姫路城の普請を急ぐが、但馬・因幡両国では広囲で一揆が蜂起し、天正九年七月、秀吉が鳥取に再出陣する際、但馬小代谷などで大規模な一揆の掃討戦を展開した[35]。同年、宇喜多直家が重病となり、備前虎倉城主伊賀氏が毛利方に寝返ったほか、美作の岩屋城・篠葺城、備中忍山城などを毛利勢に奪われ、三月には直家から毛利氏に降伏の意思が伝えられていた。翌年早々直家が死去した後、秀吉の支持を得て挽回を図った宇喜多氏は、児島の東端小串城の高畠氏を内応させ、二月に児島へ出兵したが、麦飯山の合戦で毛利軍に敗れ、宇喜多基家が戦死する痛手を蒙った。三月に宇喜多氏救援に猶予のないことを悟った秀吉自ら出陣し、信長に事後承認を求めて以後、備中高松の陣に向け一気に緊張が高まっていく[36]。

四国の情勢は天野忠幸氏の研究に詳しい[37]。天正八年当時、織田政権と結ぶ土佐長宗我部氏が阿波三好氏（天正六年に堺から下国し毛利方と結んだ）を追い詰めつつあったが、教如の大坂退去後、本願寺方の牢人が阿波に渡海して勝瑞城を占拠するなど、反織田勢力が勢いづいた。天正九年一月、讃岐に逃れていた三好存保が勝瑞城に入り、元親による阿波・讃岐制圧を阻む情勢となった。一方で信長は、河内国主に起用した三好康長に讃岐平定を委ねる方針を立て、四国全土制圧を目指す元親と信長の思惑の不一致が表面化した。天野氏によると、この不一致が決定的な亀裂に発展するのは、秀吉らによる淡路平定をうけ、同年十一月、信長が阿波・讃岐の支配を康長に命じた時点であった。織田政権内で信長と元親の離間を謀る勢力（羽柴秀吉・池田恒興・三好康長ら）の影響力が強まり、近衛前久らが元親の繋ぎ留めに奔走していたが、武田攻め直前の同十年二月九日、康長に四国出陣の命が下った。信長は甲斐から帰国後の五月七日、讃岐を実子信孝に、阿波を康長に与える国分案を発し、土佐と伊予については自身の淡路出馬後に決定するとした［織1052］。ちなみに天野氏は、信長が四国攻めの総大将に起用した信孝を康長の養子とし、将来的に信孝が康長から、秀勝が秀吉から地位と勢力圏を継承する目論みであったと指摘する。

備中で毛利勢と対陣する秀吉は、前線に信長を迎える準備も進めていたが、信長自身は後方の淡路で四国・中国を両睨みする考えであったと思われる。信長は武田攻めにおいても陣頭指揮を嫡子信忠に委ね、自身は後方を悠々と進み、やがて諏訪に本陣を置いて動かなかった。西国攻めでも同様の構えで世代交代を進めようとしたと考えられる。

二　織田権力の特質を考える

1　将軍権力の相対化と超克

近年、織田政権に先行して将軍権力や幕府機構によらず独自の畿内支配を打ち立てた三好政権に関する研究が大きく進展した。三好長慶との対立を深めた将軍義藤（のち義輝）は、天文二十二年（一五五三）に京都を出奔し近江に逃れるが、長慶は新将軍やその候補を擁立せず、自ら入京することなく摂津芥川山城を本拠に山城・摂津の実効支配をすすめ、幕府奉行人などの機構に依拠せず独自の裁許をおこなったという(38)。また朝廷も京都を離れた義藤に音信せず、将軍家と距離を置くようになり、永禄改元も、慣例を破って将軍義輝には一切通知・相談せず実施した(39)。

こうして将軍権力相対化の方向性を示した三好政権であったが、畿内以外に割拠する諸大名との外交能力は限られ、永禄元年(一五五八)に義輝と和睦して共存を目指すこととなった。しかし義輝は最後まで三好氏に取り込まれず、独自に越後の上杉輝虎らとの連携を画策したことなどから両者の矛盾は深まり、長慶死去後、その後継者義継と三好三人衆が義輝を襲撃・殺害するという未曾有の事態を招いた(40)。

この事件にともなう畿内の混乱を収めるべく、「天下布武」を旗印とする信長が義昭を奉じ上洛する。しかし信長は、副将軍ないし管領への就任要請を拒み、その後も岐阜から本拠を移さず、幕府内に身を置くこともなく、これとつかず離れずの姿勢で影響力を行使する道を選んだ。一方で永禄十三年には「禁中御修理・武家御用」を大義名分に畿内・周辺地域の諸大名らの上洛を命じ、自身の権力強化を図った(41)。将軍・幕府との距離のとり方など、三好・織田両政権には共通する性格が多々認められる。

最終的に義昭と信長の対立が昂じ、信長は元亀四年(一五七三)に義昭を京都から放逐した。いったん義尋擁立の姿勢を示した信長であったが、結局は独自の畿内支配樹立を目指すこととなる。三好氏との相違点は、第一に、朝廷の権威をより積極的に利用して、天正三年(一五七五)に義昭を上回る官位を得、その後も昇進を重ねて右大臣まで上ったこと、第二に、強大な軍事的実力をもって朝倉・浅井両氏や長島や越前の一向一揆などを次々に殲滅して敵対勢力を圧倒し、自身の「天下」を不動のものとすべく戦争を遂行したことで、これらにより、義昭の保持する将軍位の無効化を図ったことであろう。

天正八年に織田・毛利間の和睦交渉に際し、備後に在国する義昭について、織田氏側から「西国之公方ニさせられ候て可然」と安国寺恵瓊に伝えられた。講和に積極的な恵瓊も「何とて此等程申越候哉」と、その真意をいぶかったが、これこそ、「天下」をめぐる義昭との政治闘争の終結を信長が宣言したものといえる。もちろん義昭には「西国之公方」の座に甘んじる考えはなかったであろうが、客観的状況として信長・義昭の勝負は明らかであった。

かつて義昭と信長が上洛を目指した際も、畿内に実力ある協力者が存在したからこそ目的は達成された。天正八年初頭の段階で、畿内・近国の反織田勢力は一掃されつつあり、畿内一統も時間の問題となって、義昭が信長を打倒し帰洛を実現できる可能性はほぼ消滅していた。恵瓊が信長から毛利氏への講和提起について「天下被持候上にての分別ニハ尤候」と述べたのも、的を射た評価であったといえる。

実際、天正七年に宇喜多氏らに離反されて以後の毛利氏は、義昭の帰洛に供奉するという対織田戦争の大義名分を保つのが困難となり、義昭の存在は重荷となりはじめていた。それを見透かしたかのように、織田氏から、「西国之公方」としてならば毛利氏が義昭を推戴し続けるのを認めてよいとする意向が示されたのである。義昭の存在が講和の障害とならないよう配慮した形であるが、毛利氏が独力で畿内制圧に乗り出す余力を持たないことを、織田方が見極めた結果でもあった。

結局織田・毛利の講和は不成立となり、信長は大友・島津両氏間の和睦調停に乗り出し、翌天正九年に島津氏が信長の下知に従う意思を表明した。西国をも包摂する文字通りの統一政権へと、信長はさらなる一歩を踏み出そうとしていた。

2 信長絶対化への指向

将軍権力の相対化・超克と平行して、信長自身の権力絶対化も追求された。それを象徴的に示すのが、天正三年、越前の支配を柴田勝家に委ねた際の「越前国掟」である〔織549〕。織田家中第一の実力者勝家に「とにもかくにも我々を崇敬候而、影後にもあたにおもふへからす、我〳〵あるかたへは足をもさゝさるやうに心もち簡要候」と、自己神格化への指向性を色濃く匂わせつつ、「大国を預置之条、万端に付て気遣、由断有てハ曲事候」と、領土高権は自身が留保していることを強調し、勝家の権力行使に制約を加えようとしている。

近年の研究では、最初はともあれ勝家が自身の裁量で領国支配権を行使するようになった点が明らかにされ、「国掟」の影響力は限定的とする解釈が広まったのに加え、羽柴秀吉の江北・播磨支配、明智光秀の坂本領・丹波支配、細川藤孝の丹後支配などについても、個々の領域支配者による裁量を重視する傾向が強まった(45)。織田権力支配下の他地域で「越前国掟」に共通する内容のものが見られないことも事実である。

しかしながら、いかに個々の重臣が自身の裁量で領域支配を進めたとしても、信長の領土高権が揺らぐことはなかった。天正八年八月、信長は分国支配再編の一環として佐久間信盛父子らの追放に踏みきった。父子への「折檻状」で信長は、明智光秀・羽柴秀吉・池田恒興・柴田勝家との比較で、信長への奉公が不足していることを厳しく詰っている〔織894〕。忠勤を競わせ、その評価が劣る者を容赦なく切り捨てる姿勢を示すことで、家臣らは、自身の生殺与奪の権を握る最高権力の在処を認識させられることとなる。

こうした信長の態度は、分国内外の大名・国衆に対しても共通していた。毛利氏との講和交渉に際して織田方は、秀吉の調略で味方となった宇喜多氏を「表裏者」と断じ、「輝元・隆景之儀者弓矢一篇之覚悟にて可然候」と、毛利氏の対宇喜多氏戦争継続を容認する意向を示した(46)。直家への根強い不信感が影響したことは間違いないが、宇喜多氏のような境目勢力の存在が講和の足枷となるならば、見殺しにすることにも躊躇はなかった。

これと対照的な態度を示したのが毛利氏である。織田氏との和睦は結局「国切」＝領土交渉で折り合いがつかず、不成立となったものとみられる。交渉に際し、毛利氏が領土面で譲歩しなかったことを恵瓊が強く批判しているのが注目される(47)。しかしこれは、毛利氏が過大な領土的欲求を満たそうとしたというよりは、播磨・但馬などの味方の国衆を見殺しにすること、それにより他の国々の国衆にも動揺を与え領国支配の不安定化を招くことを恐れたためと思われる。味方となった者は最後まで見殺しにしない態度を示し続けることで、ようやく毛利氏の勢力圏は保たれていた(48)。いうまでもなく、こうした状況は毛利氏に限らず戦国大名全般に共通していた。そうした意味で、唯我独尊とも表現しうる織田氏のふるまいは異彩を放っている。

池上裕子氏は、織田権力の特徴の一つに尾張出身者の重用を挙げ、新参者や外様が差別的待遇をうけたことを、謀反の相次いだ要因に挙げる(49)。しかし尾張出身者とて使い捨てにされた家臣は少なくない。出身国や出身母体よりも、信長の意に沿う働きや言動ができるか否かが、織田権力内での浮沈を左右したのではなかったか。信長と価値観を共有し骨肉化した者が重用されるならば、若輩の頃から信長に仕えてきた者が有利なのは当然で、結果的に尾張出身者優位な家臣団編成となった。

一方、佐久間氏など、固有の権力基盤を持ち、その価値観になじめない者は、尾張出身でも容赦なく捨てられた。信長妹を妻とし織田一門並となった柴田勝家が越前を預けられた際、「越前国掟」を与えられたのも、彼が信長取り立ての家臣たちとは一線を画す存在であったことが関係していたであろう(50)。

藤田達生氏が織田権力の先駆性の核心に位置づける「預治思想」が、当時どれほどの人々に共有されたのか、問われなければなるまい。畿内一統後の分国支配再編（「仕置」）により、権力構造を根底から更新することで、新参者や外様にも「預治思想」の浸透を図ったとも理解できるが、それによりさまざまな軋みや摩擦も生じたであろう。それこそ、一節で述べたごとく、「仕置」の執行人であり、領域支配者であった明智光秀が直面し、彼を謀反に駆り立てた矛盾そのものであったのではないか。

3 家臣団内部の確執と謀反

もう一点指摘するならば、織田家臣団内部では厳しい競争と確執が常態化し、その中から信長への謀反に踏み切る者が続出した点は、信長の権力が見かけの強勢と裏腹に、不安定さを抱えていたことを示す。実際、松永久秀は、大和の支配権をめぐり筒井順慶と競合関係にあり、別所長治や荒木村重は羽柴秀吉との確執を抱えていた。生野銀山を含む但馬をめぐっては、秀吉と光秀の間に浅からぬ因縁があった(51)。

天正八年の毛利氏との和睦交渉では、前線で毛利氏と対峙する秀吉が関与しておらず、信長の側近くで活動する主流派の重臣たち（明智光秀・丹羽長秀・村井貞勝・武井夕庵ら）が秀吉排斥に動いていたことを窺わせる。天正六〜九年、秀吉の名乗りが「筑前守」から「藤吉郎」に戻ったこと、同九年正月、京都での「馬揃」に秀吉が参加しなかったことなども［豊298］、秀吉が当時織田権力中枢から遠ざけられていた状況を反映するであろう。

こうした家臣間の確執が謀反へとつながるには、信長の政治判断に対し、とくに首尾一貫性のなさや不透明さへの不満の蓄積が、重要な契機になっていたと考えられる。

天正八年の対毛利氏講和交渉を秀吉が承知していたか否かは不明ながら、同年五月から翌月、秀吉は播磨・但馬の攻略を一気にすすめたばかりか、独断で因幡鳥取に侵攻して山名豊国を降伏させ、毛利氏と停戦する意志がないことを身を以て示した。結局はその戦果と領土交渉の不調もあって信長は態度を一変させ、再び毛利氏との対決姿勢を強めることとなった。信長とその周辺が宇喜多直家を「表裏者」と呼んだことは先述の通りであるが、そもそも宇喜多氏に対する信長の態度が一定せず、表裏をくり返していた。

　こうした対外戦略の変転が、織田権力内の権力闘争と連動し、重臣たちの浮沈に直結したことは間違いない。一節でみた中国出陣の前倒しも、三月の秀吉の独断による備前児嶋方面出陣を発端とし、四月の秀吉の虚偽を含む戦況報告が契機となった。宇喜多氏が毛利氏に屈服したならば、秀吉は織田権力内の権力闘争に敗れ失脚させられたであろう。追いこまれた秀吉のなりふり構わぬ行動に導かれた信長の決断は、一度は宇喜多氏切り捨てに動いた光秀らにとっては苦々しいものだったことは間違いないと考える。

おわりに

　織田政権期の政治過程と戦争について、焦点の定まらない考察を続けてきた。結果として、本能寺の変の前史ともいうべき内容に終始してしまったことを反省する。我々は、天正十年（一五八二）六月を以て織田政権が崩壊したことを知っており、ついその結果から原因を後知恵で考えることとなる。そうした作業が決して無駄にはならないとは思うが、結果を知るゆえに歴史的事実を見極める目を曇らせてはならないことを、今更であるが自戒したい。

※本稿では、「信長公記」を出典とする記述については原則として註を省略し、また一部の史料集所載史料を典拠とする場合は、本文中の［ ］内に記号と文書番号を略記した。対象史料集とその記号は以下の通り。
藤田達生・福島克彦編『明智光秀　史料で読む戦国史』所載「明智光秀文書集成」＝［明］、愛知県図書館編『豊臣秀吉文書

集一』＝〔豊〕、奥野高廣『増訂 織田信長文書の研究 下巻』＝〔織〕、『愛知県史 史料編11 織豊1』＝〔愛〕、土居聡朋ほか編『戦国遺文 瀬戸内水軍編』＝〔瀬〕、『静岡県史 資料編 中世4』＝〔静〕

註

（1）黒嶋敏「織田信長と島津義久」（『日本歴史』七四一、二〇一〇年）。竹井英文『織豊政権と東国社会』（吉川弘文館、二〇一二年）。
（2）谷口克広『検証 本能寺の変』（吉川弘文館、二〇〇七年）など参照。
（3）浅利尚民・内池英樹編『石谷家文書 将軍側近のみた戦国乱世』（吉川弘文館、二〇一五年）。
（4）森本昌広『本能寺の変 史実の再検証』（東京堂出版、二〇一六年）、平井上総『長宗我部元親・盛親』（ミネルヴァ書房、二〇一六年）など。但しいずれも、四国の問題が本能寺の変の直接原因と特定しているわけではない。
（5）久野雅司「足利義昭政権の研究」（同編著『シリーズ・室町幕府の研究2 足利義昭』戎光祥出版、二〇一五年）。
（6）熊本大学永青文庫所蔵「蜂須賀文書写」（奥野高廣『増訂 織田信長文書の研究 補遺・索引』補遺二五七）。
（7）藤田達生『信長革命 安土幕府の衝撃』（角川書店、二〇一〇年）、同『天下統一』（中公新書、二〇一四年）。
（8）山本浩樹「織田・毛利戦争の地域的展開と政治動向」（川岡勉・古賀信幸編『中世日本の西国社会① 西国の権力と戦乱』清文堂、二〇一〇年）。
（9）山本 前掲註（8）論考。
（10）藤田達生「織田政権と尾張―環伊勢海政権の誕生―」（『織豊期研究』創刊号、一九九九年）。
（11）山本浩樹「濃尾地域における近世社会成立過程の基礎的研究（二）」（『岐阜工業高等専門学校紀要』四八、二〇一三年）。

(12)『増補続史料大成 多聞院日記三』所載の記事によると、丹波以外では天正八年八月八日条に「摂州・河州諸城悉破云々」、同十七日条に「当(大和)国悉以可破云々、郡山一城迄可残云々、諸方以外騒動也」とみえ、同十八日条には大和国主筒井順慶の筒井城も破却されたことが記される。また、大和今井寺内町の環濠も破城の対象となったことが、[明110]から知られる。寺内町にも破城が及んだことは興味深いが、土豪らの在所屋敷まで対象とされたか否かは明らかでない。

(13)福知山城は、中世福知山地域を支配した塩見氏の居城横山城を起源とし、光秀が波多野氏・赤井氏を平定後、奥丹波地域の要として整備したとされる。『福知山市史 史料編一』所載威光寺文書「寺社御改ニ付一札」には「天正七年明智殿国中平均被成、福知山御城御普請、近郷寺院ヲ潰し取、石塔等を運セ御取被成候、此時今安寺中・威徳寺中潰申候」とみえる。一方、坂本城については、『兼見卿記』天正八年閏三月十三日条に「自今日惟任日向守坂本之城普請云々」とみえる。但し、この城は元亀四年頃には完成しており、天正八年の普請は改築ないし改修と思われる。なお、上記以外に、丹波平定直後の天正八年十月には同国柏原で(『兼見卿記』天正七年十月十一・十二日条)、天正九年四月頃には亀山城でも(片山丁宣家文書)、城普請がおこなわれていたことが知られる。

(14)[明123]の「然而百姓早明隙西国御陣速可相動可有覚悟事肝要候」という文言は、軍事動員が百姓にも及んだことを示唆する。これに関連して、神宮文庫所蔵(天正十年)五月二十一日付「慈円院正以書状」には、神戸信孝の四国出陣を前にした信孝領伊勢神戸の状況について「当郡之名主百姓六十をさかひ、十五をさかひにて悉御越候」と、総動員態勢がしかれたことを伝える。

(15)藤田達生『証言本能寺の変 史料で読む戦国史』(八木書店、二〇一〇年)。福島克彦「変後のことをどこまで考えていたのか?―山崎合戦への道―」(洋泉社編集部編『ここまでわかった本能寺の変と明智光秀』洋泉社新書、二〇一六年）。

(16) 藤田達生「総論―明智光秀の生涯―」（藤田達生・福島克彦編『明智光秀 史料で読む戦国史』八木書店、二〇一五年）など。

(17) 当該史料に始まる信長の新しい花押（付図1）については、佐藤進一『花押を読む』（平凡社、一九八八年）により、「麟」の字をアレンジしたもので、信長の理想・願望を表現したものとされ、これが不動の定説となっている。しかしこの花押には、佐藤氏が実名「信長」の二字を変形加工したものとする天文二十一年頃使用の花押（付図2）との共通点も多い。後者では佐藤氏が「長」の倒置とする左半部が、前者では正置されているように見え、これも「信長」の二字がもととなった可能性があろう。

(18) 天野忠幸『三好一族と織田信長「天下」をめぐる覇権戦争』（戎光祥出版、二〇一六年）、同「織田信長の上洛と三好氏の動向」（『日本歴史』八一五、二〇一六年）。

(19) 当該史料の年代比定は、柴裕之「長篠合戦考―その政治的背景と展開―」（『織豊期研究』一二、二〇一〇年）などにより改められている。

(20) 池上裕子『人物叢書 織田信長』（吉川弘文館、二〇一二年）。

(21) 山本浩樹「戦国大名毛利氏とその戦争」（『織豊期研究』二、二〇〇〇年）、同『戦争の日本史12 西国の戦国合戦』（吉川弘文館、二〇〇七年）。

(22) 真宗史料刊行会編『大系真宗史料 文書記録編12 石山合戦』所載「早稲田大学蔵河田文書」。

(23) 『大系真宗史料 文書記録編12 石山合戦』所載「歴代古案」。

(24) 山本浩樹「織田・毛利戦争と但馬国」（『但馬史研究』三五、二〇一二年）。

（25）播磨良紀「羽柴秀吉文書の年次比定について」（『織豊期研究』一六、二〇一四年）。
（26）『山口県史 史料編 中世2』所載「岩国徴古館蔵沼本家文書」。
（27）山本 前掲註（8）論考。天野忠幸氏は、前掲註（18）著書で、織田方が毛利氏と講和交渉したのは、本願寺顕如に講和を受諾させるための方便で、信長自身は毛利輝元との和睦を望まなかったとするが、本稿ではその考えを採らない。
（28）『続史料大成 家忠日記』。
（29）「書簡并証文集」所載（天正八年）閏三月二十三日付柴田勝家書状写（『増訂 織田信長文書の研究 補遺・索引』補遺二〇八）には「従甲州御侘言之使者御馬・太刀去年より雖相詰無御許容候」とあり、勝頼から信長への講和打診は天正七年から始まっていたとみられる。
（30）小泉義博『本願寺教如の研究 上』（宝蔵館、二〇〇四年）など。
（31）『真宗史料集成 第三巻 一向一揆』所載「宇野主水日記」天正十年三月五日条。
（32）『富山県史 通史篇Ⅲ 近世』（富山県、一九八二年）。
（33）金松誠「大和高取城に関する文献史学的研究」（『大和高取城』城郭談話会、二〇〇一年）。
（34）『大日本古文書 家わけ第十六 島津家文書之三』（東京大学出版会、一九六六年）一四二九号。
（35）山本 前掲註（24）論考。
（36）山本 前掲註（8）論考。
（37）天野 前掲註（18）著書。
（38）天野忠幸『増補版 戦国期三好政権の研究』（清文堂、二〇一五年）。
（39）水野智之『室町時代公武関係の研究』（吉川弘文館、二〇〇五年）。

（40）天野　前掲註（18）著書。
（41）「二条宴乗記」。
（42）『広島県史　古代中世資料編Ⅲ』所載「巻子本厳島文書」。
（43）前掲註（42）史料。
（44）山本　前掲註（８）（21）論考。
（45）戦国史研究会編『織田権力の地域支配』（岩田書院、二〇一一年）。
（46）前掲註（42）史料。
（47）前掲註（42）史料。
（48）山本　前掲註（21）論考。
（49）池上　前掲註（20）著書。
（50）藤田　前掲註（７）著書。
（51）山本　前掲註（24）論考参照。

織豊大名論

光成準治

はじめに

「織豊大名論」について論じる前提として、「大名」とはどのような階層を指すのか、整理しておきたい。

「大名」とされる数値上の基準が明確にみられるようになるのは、江戸期初頭である[1]。

寛永十二年（一六三五）六月二十一日付けで発布された武家諸法度（寛永令）[2]の第二条に「大名・小名在江戸交替所相定也、毎歳夏四月中可致参勤、従者之員数近来甚多、且国郡之費、且人民之労也、向後以其相応可減少之、但上洛之節者任教令、公役者可随分限事」、第七条に「諸国主并領主等、不可致私之諍論、平日須加謹慎也、若有可及遅滞之儀者、達奉行所、可受其旨事」、第八条に「国主、城主壱万石以上、并近習之物頭者、私不可結婚姻事」、第十一条に「乗輿者、一門之歴々、国主、城主壱万石以上并国大名之息、城主暨侍従以上之嫡子、或年五十以上、或医陰之両道病人免之、其外禁濫吹、但免許之輩者各別也、至于諸家中者、於其国撰其人可載之、公家門跡諸出世之衆者、制外之事」とある。これらの規定から、「大名」に「国主」「国大名」が含まれることは明白であるが、一万石以上の「城主」が「大名」か「小名」か、確定できない。

　また、この年の十二月二十四日に徳川家光が増上寺へ参詣した際の様子を記した「江戸幕府日記」[3]には、「在江戸国持大名并御譜代大名、如例参上、於四足御門之内　御目見、小大名ハ山門之前ニ而　御目見」とあることから、「国主」「国大名」が「国持大名」に、「小名」が「小大名」に相当すると考えられる。また、「国持大名」には譜代大名は含まれない。

　先行研究によると、「国持大名」「国大名」とは、一国以上の領有を基本としつつ、領知規模や官位、あるいは由緒等の複合的な要素から決定され、おおよそ一〇万石以上の石高であるが、石高は絶対的な基準ではないとされる[4]。

　例えば、慶長二十年（一六一五）七月に発布された武家諸法度第四条に「国々大名・小名并諸給人、各相抱士卒、有為反逆殺害人告者、速可追出事」[5]、第九条に「諸大名参勤作法之事、続日本紀制曰、不預公事、恣不得集己族、京裡二十騎以上不得集行云々、然則不可引率多勢、百万石以下弐十万石以上、不可過廿騎、十万石以下可為相応」とある。第四条に「大名」「小名」「諸給人」という区分がみられるが、この区分と、第九条において基準とされている石高との連関性は不明である。また、第十一条に「雑人恣不可乗輿事、古来依其人無御免乗家有之、御免以後乗家在之、然近来及家郎諸卒乗輿、誠濫吹之至候也、於向後、国大名以下一門之歴々者、不及御免可乗、其外昵懇之衆并医陰両道、或六十已上之人、或病人等、御免以後可乗」とある。寛永令と比較してみると、「国大名以下」に「国主、城主壱万石以上」が含まれている蓋然性が高い。

　一方で、寛永六年九月六日付けで武家諸法度を一部改定した際の乗輿規定をみると（第九条）[6]、「国大名、同子息、一門之歴々并一城被　仰付衆、付、五万石以上、或五十以上之人、医陰之両道、病人等者、不及御免可乗」とあり、「国大名」と「一城被仰付衆」とは区分され、五万石以上という基準が示されている。

　これらの規定から、国単位の領有権を有しない「一城被仰付衆」は、広義の意味においては「大名」であるが、「国持大名」「国大名」とは区分される存在であり、換言すると、狭義の「大名」とは、一国以上を領有する大名を指すと認識されていたことが窺える。また、「大名」と「小名」を区分する石高基準は明確でない。

このような「大名」認識を織豊期に遡及させることができるであろうか。『信長公記』(7)における用例をみてみよう。

①天正五年（一九七七）閏七月十二日：「近衛殿御方御元服の御望みに候、昔年より、禁中にて御祝言の御事に候の間、当時、其の例、尤もの旨、再往再三、御辞退候と雖も、頻に、上意候間、是非に及ばず、御ぐし御はやしなされ、御元服職掌の儀式相調へ、摂家・清花、其の外、隣国の面々、大名・小名御出仕あり」

②天正九年（一五八一）二月二十八日：「五畿内隣国の大名・小名・御家人を召し寄せられ、駿馬を集め、天下に於て御馬揃へをなされ、聖王へ御叡覧に備へられ、訖んぬ」

③同年：「月迫には、隣国遠国の大名・小名、御一門の御衆、安土へ馳せ集り、歳暮御祝言として、金銀・唐物・御服・御紋織付、御結構大方ならず、我れ劣らじと、門前市をなし、色々の重宝進上、其の員を知らず」

④天正十年（一五八二）正月朔日：「隣国の大名・小名、御連枝の御衆、各在安土候て、御出仕あり、（略）一番、御先、御一門の御衆なり、二番、他国衆、三番、在安土衆、今度は、大名・小名によらず、御礼銭百文づゝ、自身持参候へと、堀久太郎・長谷川竹両人を以て、御触れなり」

これらの用例から、「大名」と「小名」とを区分する明確な基準があった状況は窺えない。

豊臣期には、次のような用例がみられる。

⑤天正十五年（一五八七）六月十八日付けバテレン追放令(8)：「国郡又者在所を持候大名、其家中之ものともを、伴天連門徒ニ押付成候事者、本願寺門徒之寺内をたて候よりも太不可然儀ニ候間、天下之さハりニ可成候条、其分別

無之者ハ、可被加御成敗候事」

⑥文禄四年（一五九五）八月三日付け御掟第二条[9]：「大名小名深重令契約、誓紙等堅御停止事」

⑦慶長三年（一五九八）九月三日付け起請文前書写第六条[10]：「拾人之衆中と諸傍輩之間ニおゐて、大小名ニよらす、何事ニ付ても、一切誓帋取かわすへからす」

⑧（慶長四年〔一五九九〕）八月六日付け島津義弘書状案[11]：「大小名ニよらす、君臣上下之例法、古今不珎儀に候」

⑥、⑦、⑧の用例からは、「大名」と「小名」とを区分する明確な数値上の基準があった状況は窺えないが、⑤の「国郡又ハ在所を持候大名」という表現から、大名を「国」「郡」「在所」といった支配領域の単位によって区分していた状況が窺える。

したがって、少なくとも豊臣期における「大名」「小名」の意味は、江戸期初頭の意味と大きく異ならないと推測される。そこで、本稿における「大名」とは、統一政権によって一定領域の支配を認められた領主のうち、一国以上（あるいは一国に準ずる領域）を領有する者と定義する。

次に、戦国期大名や江戸期大名の特質に関する諸説を概観し、その間に位置する織豊期の大名の特質を考察することの意義を明らかにしたい。

まず、戦国期大名の特質に関する主な見解を掲げる。

池享は、独自の領土高権にもとづき、「公儀」の立場から「国」に対する支配権を行使したとする[12]。また、その権限は、軍事・外交、警察・検察・裁判、所領宛行・安堵、諸役賦課などであり、そのような権限を行使する権力体として、主従制的結合にもとづく家臣団を形成したとする。さらに、畿内政権とは統属関係をもたない独立的権力であったことに特質があったとする。

これに対して、黒田基樹は、村町制を基礎とした領域権力であるという観点からすれば、戦国大名は織豊・近世大名の直接的な前提に位置するとした(13)。

続いて、江戸期大名の特質に関する主な見解を掲げる(14)。朝尾直弘は、幕府は天下の公儀として大名領主の自力発動、自立的発展を規制したとする(15)。水林彪は、近世の藩はその領国において、独自の軍隊と官僚制機構を有し、徴税権、裁判権、立法権などの行政権を行使していた「国家」であるとする(16)。高野信治は、近世大名は家臣や在地との関係で「公儀」性や「公共」性を自ら形成し、また、幕府・将軍からの領地宛行と課役遂行・統治は表裏の関係にあり、「公儀」性・「公共」性は幕府の権威化を示すと同時に、大名「家」・藩の自立性の根拠ともなったとする(17)。

このような戦国期、江戸期大名に関する諸説の展開に対して、市村高男は、各地の地域的統一権力の共通性と、そこに存在する大きな差異にも着目し、織田・豊臣権力を経て徳川権力が形成した幕藩制への途を、相対化して捉えることが必要であると提言した(18)。

市村の提言を踏まえると、織豊大名の特質を明確にするためには、戦国期・江戸期との比較考察が必要であり、戦国期〜江戸期を通して、一国以上を領有する「大名」として存在した領国を対象とすることが有効である。そこで、本稿においては、毛利氏領国を考察の対象としたい。

また、考察の対象時期については、毛利氏の場合、織田権力には服属していないため、主として豊臣期を対象とする。

考察に入る前に、分析視角を絞り込んでおきたい。

山口啓二は、戦国大名の場合、中央権力に服属することで「藩」として定着したとし、「藩」体制の諸原則として、

①領主権の自己への集中、②「太閤検地」の原則に立つ領内総検地の実施、③家臣団の知行割替、④蔵入地の拡大、⑤家臣団の本城城下集住、支城の整備、をあげた[19]。

山口の見解を踏まえ、本稿においては、(ア)検地及びそれに伴う給地再編、(イ)家臣団の軍事力編成と行政機構、(ウ)家臣団の本城城下集住、支城の整備、の三点に着目して、豊臣期における大名領国の特質を明らかにしていく。

他方、豊臣権力による大名統制についても考察する必要がある。その前提として、主な先行研究を列記する。

脇田修は、豊臣政権においては、個別大名権力の内容にまで立ち入って干渉がなされたが、大名領国制を否定する方向や、絶対主義化をめざすものではなかったとする[20]。三鬼清一郎は、豊臣政権は、すべての大名・給人を自己の知行体系の下に統括しており、大名領主権・給人知行権は、豊臣政権の知行体系の内部に包摂されることによって存在しうるとした[21]。藤田達生は、豊臣政権の仕置には、服属領主からの人質徴発・城割・検地・刀狩などの重要政策が含まれており、その執行は既に服属していた毛利氏をはじめとする外様大大名においても例外としなかったとする[22]。池享は、秀吉奉行による検地の実施など、豊臣政権が個別大名領国に直接介入することもあったが、支配体制整備が遅れていた大名への梃子入れなどの限定的政策だったとする[23]。池上裕子は、統一政権下の大名は上位の公儀から領地を与えられなければ領域を支配できなかったが、単なる吏僚ではなく、戦国大名がもっていた独立的な領域権力としての性格を一定度保持しているとした[24]。牧原成征は、兵農分離政策と石高制とがそのまま実際に全国に貫徹したわけではなく、領主制の伝統や大名領国制の達成は軽視できず、遠隔地・列島周縁部ほど土地制度・社会経済構造の偏差も大きかったとする[25]。

豊臣権力による大名の統制度という観点から、これらの先行研究をみると、積極説（脇田・三鬼・藤田）と消極説（池・池上・牧原）に大別されよう。

そこで、本稿においては、秀吉の命令実現のための「公」的な命令伝達担当者でありながら、公的命令を補足し、両者の関係を摩擦なく築き上げるための裏のルートを担い、かつ、単に命令や上申を取り次ぐ者を指すのではなく、担当の大名の動静について取捨選択して報告するなどの腹芸も行い得るとされる「取次」[26]に着目して考察を行いたい。

一　検地及びそれに伴う給地再編

まず、戦国期の毛利氏領国における検地について、主要な特徴を掲げる。[27]第一に、領国全体にわたる検地は実施されていない。第二に、知行宛行・諸役賦課の統一化政策として貫高制が実施されたが、独自の在地掌握を必須の前提として実施されるもの、収取内容・方式を規制するものではなく、実態の多様性を抽象化した基準値の設定を目的とするものであった。

次に、豊臣期における第一期の検地、いわゆる惣国検地について、先行研究に基づき、その概要をまとめておく。検地作業期間は、天正十五〜十八年(一五八七〜九〇)である。[28]検地基準については、三六〇歩＝一反、畝でなく、大半小という単位を用いていること、収穫高ではなく年貢高で把握されていることなど、標準的な太閤検地基準が採用されていない。[29]打渡奉行は、年寄(穂田元清・福原広俊・渡辺長・安国寺恵瓊)と、奉行人(佐世元嘉・二宮就辰・内藤元栄・林就長)が、打渡先に応じて務めており、有力国人領主層については年寄の関与が必要であった。打渡手続きについては、家臣団内部の個別の人的結合関係の役割が大きく、合理的官僚制的行政機構が確立されていないとする説(池享)[30]と、官僚制的行政機構によって実施されたとする説(秋山伸隆)[31]が対立している。検地実施の意義については、領国支配は複雑性を帯び、領主権の浸透度も地域によって強弱の差が見られるなど、大名領国の一本化を達成していない過渡的状況にあったとされる。[32]

続いて、惣国検地実施後の給地再編について考察する。惣国検地における統一的検地原則の貫徹による在地掌握の深化とそれに基づく知行替によって、多くの踏出地と上地を生ぜしめ、これらの地は、蔵入地に吸収されるとともに、一族・譜代層に配分された。[33]なお、蔵入地の割合は約一五％と試算されている。[34]しかし、三沢・三刀屋・宍道・湯（出雲）、有地・杉原（備後）など一部の有力国人領主の給地替は実現したものの、吉見・益田（石見）、赤穴（出雲）、平賀・熊谷（安芸）、山内・三吉（備後）、内藤（防長）といった有力国人領主のほか、備中の国人領主（細川・三村・石蟹・伊達・赤木など）は本領を維持しており、給地再編の観点からみると、惣国検地の効果には限界があったといえる。

このような限界を克服することも企図して行われた豊臣期における第二期検地が、いわゆる兼重蔵田検地である。まず、検地の概要について整理する。検地作業期間は、慶長二～三年（一五九七～九八）である。検地基準について、史料1は石見国の有力国人領主益田家の内検であるが、他の検地帳との比較から、兼重蔵田検地の基準に則ったものと推定される。この条目の主な特徴は、①三〇〇歩＝一反（五間×六〇間）、②田・畑・屋敷を上・中・下など九段階あるいは六段階に等級区分することなどであり、これらの基準を太閤検地基準と比較すると、[35]兼重蔵田検地においては田・畠・屋敷の一筆ごとに斗代表示とならず、最後の合計で斗代に換算されている以外はほぼ合致しており、太閤検地の施行原則に沿ったものと評価できる。

〔史料1〕（『大日本古文書　家わけ第二十二　益田家文書』八四八（抜粋））

覚

一、検地之事

一、五間六十間之事、田畠屋敷共ニ

一、上ノ上
一、上
一、上ノ下
一、中ノ上
一、中
一、中ノ下
一、下ノ上
一、下
一、下ノ下
已上九だんに歟

又
一、上ノ上
一、上
一、中ノ上
一、中
一、下
一、下ノ下
已上六だん歟

一、畠・屋敷も、たん上中下ノわけやう同前之事
一、年々作之山畠之事
一、かたあらし之山畠之事
一、茶・かうぞ・くわ木之事
付、うるし之事
一、上中下わけやうハ、諸郷をしなミ一ツはたるへく候、其郷〳〵にあわせての上中下にてハ有ましき事
右相定所如件

慶長二五月五日（黒印）《（益田元祥）》

次に、打渡奉行については、惣国検地とは異なり、検地実務担当者が中心である。

また、兼重蔵田検地は、(ア)大規模な給地替の前提として毛利氏領国内のすべての土地石高を確定する、(イ)在地の中世的慣行を否定し伝統的な支配構造を解体する、(ウ)領国内の財政基盤を強化する、(エ)各給人の地域統治実態をより正確に把握する、といった意義を有していたと評価できる。

続いて、蔵入地について、兼重蔵田検地においては、検地の結果打ち出される給人の検出分は収公しなかった（史料2傍線部）。

〔史料2〕（『萩藩閥閲録』巻六（追而書略））

さい相《（毛利秀元）》へながと《（長門）》のくにつかハし候、さ候へハ、よしミれう《（吉見領）》たふん御さ候、しかるあひた、ひろ頼《（吉見広頼）》はき《（萩）》ニ御さ候て、めうたいにて、なかとのやくめを、ひてもと《（秀元）》へめされてしかるへく候、いわミ《（石見）》の御れうふんやくめの儀を、この方《（輝元）》へめうたいにてめさるへく候、長二郎《（吉見広行）》の儀、心もちもなをり候ハヽ、そのとき申たんすへく候、りやうはうへのやくめ、太きに申さるへく候へ共、けんしゆつをあけられ候ハて、くにかへにもあわれ候ハて、大かちにて候、われ〳〵てまへの事ハ、むきゆうとうせんニまかり成候、しよ人のあんとさせ、われ〳〵てまへをは、つかまつりつめ候てある事にて候、是にて御ふんへつあるへく候、人のうへにハ十分なる事ハなき事にて候、身にかへ候て人をいたわり申候まゝ、このうへハ申事なく候、いさいハもとやすより申さるへく、その御心候、尚々、かしく

六月九日《（慶長四年）》　てる元

やのさま《（毛利元康室＝吉見広頼女）》　まいる人々申給へ

この時期の給人の財政基盤が、朝鮮侵略戦争への動員や各種の普請など公儀からの過大な諸役負担の賦課などにより弱体化しており、給人財政の再建を優先する必要があったため、検出分を収公しなかったと考えられる。

一方で、寺社については検出分を再給付しなかった（史料3傍線部）。

〔史料3〕（「鰐淵寺文書」『新修島根県史』史料篇1）

態申上候、今度御検出分、以余並可被召出之由候、此以前も重畳如申上候、当寺領之儀者、先年度々御撰作之割、任御意之大分之地ニ、致上表候、（略）然処先年御改之時、両度ニ弐千石於被召上之、残千石被付置之、諸役御免除之御奉書頂戴仕候、此度又御検出、三百九拾石余、可被召上之由候、左様ニ候へ者、山院中迷惑千万候、此等之趣、可然様、可被仰上之、右御検出被成御宥免、寺家無怠転勤行御祈念等、相続有之様、御憐愍所仰候、此旨急御披露候、恐惶謹言

（慶長四年カ）卯月廿七日　鰐淵寺年行事

信芸（花押）

（外五名略）

佐世（元嘉）石見守殿

榎本（元吉）中務太輔殿

これらの寺社検出分は蔵入地に吸収されたと考えられ、給人検出分を収公しなかったにもかかわらず、給人と輝元権力との相対的な力関係は後者の優越性が加速したのである。これに加えて、兼重蔵田検地においては収穫高に近い数値を把握できたと推測され、輝元権力が給人の地域統治実態をより正確に把握することにつながった。

さらに、検地により在地の実態を掌握し、各土地の石高を確定したことによって、給人の給地総入れ替え[36]が可能と

なった。

この給地総入れ替え計画は、小早川隆景遺領・毛利秀元給地分配問題の混乱により延期され、その後の関ヶ原合戦における敗戦により実現しなかったのであるが、在地領主制を否定し、輝元を頂点とする一元的支配構造を盤石にしようとしたものであった。

史料4は給地替えに際して、給人に義務付けられた規則である。

〔史料4〕（『萩藩閥閲録』巻十）

定

一、村切に遣候者入部之事、従正月十五日可仕之事

一、在郷之者、先様知行相定候までは、其在所に可置事

一、扶持人之儀者新知行所へ召連可相越事

付、百姓之儀者一人も先様へ相越ましき事

慶長四年十二月廿六日　　輝元様御印形

堅田兵部少輔とのへ

第一条からわかるように、給人が在地すること自体を禁止したものではないが、給地替えにより従来の給地、特に伝統的に保持してきた本領から切り離された場合、給人は在地していても自己の給地の村落やそこに居住する百姓との紐帯は弱く、彼らは同じ在地給人であっても中世的な在地領主から、大名領主によって地域統治権の一部を委任されたに過ぎない一行政官的存在へと変質することになり、在地領主制は換骨奪胎される。

また、第三条には兵農分離が規定されている。小規模給人や国人領主被官などのいわゆる土豪層の多くは、自ら農

業経営を行っていたのであるが、給地替えを契機に兵を選ぶか農を選ぶかの選択を迫られる。兵を選べば土地の直接的な支配権を失い、伝統的な在地との関係も絶たれ、一方、農を選べば支配階級たる武士の地位を喪失する。つまり、給地総入れ替え計画は土豪層のあり方を抜本的に変質させることをも意図していたといえよう。

二　家臣団の軍事力編成と行政機構

まず、軍事力編成の展開についてみていく。

戦国期における毛利氏においては、譜代家臣団により構成される「吉田衆」や一門の軍事組織とは別に、有力国人領主は自立性の高い軍事組織を編成していた(37)。

豊臣期になると、天正十四年（一五八六）に始まる島津氏攻めの際に、「一手衆」という新たな組織が見られるものの、臨時的な編成に過ぎず、人格的・地縁的要素に依拠する編成が基本であった。つまり、この時点においては、戦国期の軍事組織と大きな差異は認められない。史料5傍線部は、出兵遅延に陥っていた「防長之衆」に対する軍事指揮権が、黒田孝高に委ねられことを指しており、毛利氏領国の国人領主連合体的性格を示すものである。有力国人領主層は秀吉に人質を提出したケースもあり、秀吉との直接的な主従関係に準じた関係にあった。このため、有力国人領主層は秀吉家臣黒田孝高による軍事指揮を受容し、毛利氏も容認せざるをえなかったのである。

〔史料5〕（『萩藩閥閲録』巻六十）

今度官兵（黒田孝高）ニ防長之衆相副候条、各被相談、何篇官兵被申様、可被得其心候、従此方も為検使口羽刑部大輔差副候、委細彼者可被相談候、猶此者可申候、恐々謹言

（天正十四年）十月一日　輝元　御判

仁保右衛門太夫殿

島津氏攻めは、毛利氏軍事編成の観点からみると、戦国期的なあり方から大きく変化したものとはいえないが、豊臣権力と毛利氏との対等性という観点からみると、豊臣権力の優越性へと大きく変化する画期となった。

次に、天正二十年に始まる第一次朝鮮侵略戦争においては、人格的・地縁的要素に依拠しない恒久的な軍事組織としての「一手衆」が創設されている。一方で、有力国人領主を一元的な軍事組織体系に組み込む段階までには至っていない。

慶長二年（一五九七）に始まる第二次朝鮮侵略戦争においては、組編成という近世家臣団編成の外形が整うとともに、[38]人格的・地縁的に依拠しない機動的な編成が可能になり、個別の事情・伝統を排除した統一的な軍役賦課が行われている。この時期には、先にみた兼重蔵田検地も実施されており、毛利氏と給人との関係が大きく転換していた状況を窺わせる。一方で、軍事行動に限定した組織であり、軍事面を超えた家臣団編成が実現したとはいえない。

慶長三年の第二次朝鮮侵略戦争終結以降になると、組頭に輝元側近を多く起用し、その指揮下に有力国人領主も配するなど、給人統制が一層進んだ。

組頭に発布した史料6の規定をみると、組頭を通じて給人を厳しく統制しようとしていたことがわかる（傍線部）。

〔史料6〕（『福原家文書』上）

一、自然之時、何篇立用候やうニ昼夜心懸之事

　付、武具以下可嗜事

一、家中喧嘩口論之時、組中一味仕存分可停止之、若喧嘩仕いたし候ハヽ、勿論一結ひたるへき事

一、組中不所存之者於在之者令異見、其上不及了簡者可言上之、いとま其外用段之儀在之時者、組頭吹挙可仕事
　付、組頭違目候ハヽ、組中可言上之事
一、組中不立役もの於在之者、為組頭せんさく候て可言上之事
一、不入花麗たて并大酒停止之事
　以上
右条々於相背者一廉可申付候、此外法度之儀者先条申聞候之間、可守其旨者也
　慶長五
　　正月十一日（黒印）（毛利輝元）
　　　福原式部少輔とのへ（広俊）

史料6の規定などを通じて、組は単なる軍事組織を超えた家臣団編成組織となり、大名当主を頂点とする主従関係によって体系づけられたヒエラルヒー構造が構築された。身分上の兵農分離によって形成された常備軍的軍事組織の最終的な軍事指揮権を、大名当主に一元化した段階に到達したのである。

続いて、行政機構についてみていく。

天正十五年以前における毛利氏領国の中央行政機構は、伝統的に毛利氏家中の行政を処理してきた「イエ」が職を世襲する伝統支配型官僚制機構（元就以来の五奉行系）と、当主の信認と自己の能力に基づき選任された出頭人的官僚制機構（佐世元嘉・二宮就辰など）の混合した形態であった。(39) しかし、伝統支配型官僚制機構と出頭人的官僚制機構の関係は、前者が明確に優越しており、結果として、伝統的な支配形態に毛利氏当主輝元も束縛される体制であったといえよう。

天正十六年以降、天正二十年頃までは、出頭人的官僚制機構が政務の中枢を担うようになったものの、出頭人的官僚制機構の専制を抑制するための伝統支配型官僚制機構（穂田元清・福原広俊・渡辺長・安国寺恵瓊のいわゆる四年寄など）も並存していたと評価できる。また、奉行人の選任における能力重視の方向が強まったが、家中あるいは豊臣権力に認定された序列という点では、出頭人的官僚（以下、「輝元出頭人」）は伝統支配型官僚の下位に置かれており、能力に基づく家臣団構造に統一されたわけではない。

その後、第一次朝鮮輝侵略時に渡海した輝元が文禄二年（一五九三）に将兵を残して先に帰国したこと、第二次朝鮮侵略時には有力国人領主層や有力譜代層が渡海した一方で、輝元は在国していたことによって、輝元出頭人に権力が集中するようになり、輝元専制体制が進行した。例えば、文禄五年七月二十日付け法度(40)には「下知を出し候時、其使者其奉行之仁不肖ニより用ると不用と、聞と不聞と、太以無謂儀也、縦尫弱之小者・小殿原なりとも、直ニゆひ聞すると同前ニ可存事」とあり、奉行人の命令に強い権限が付与されていることを窺わせる。

この権限は当主輝元の絶対性に由来するものであり、輝元が志向した給人に対する法による支配とは、当主をも拘束する法による支配ではなく、専制的な支配であったことが窺える。署名している四名は組頭を務める一門、有力譜代層であり、彼らを通じてすべての給人は輝元出頭人が主導する行政機構の統制下に置かれたのである。

また、同年五月、人沙汰に関する法も発布されている(41)。その条文に「百性等土貢等相調候ても、後日為愁訴他出之儀在之事候、毎事親類縁者拘置、惣地下妨仕之条、已来分国中之儀者、相拘候もの御成敗之事、但対給主及三ケ度申理無落着者、至広嶋奉行中庭中可仕事」と規定されており、毛利氏領国全体の人沙汰に関する最終的な裁判権を輝元出頭人が握っていたことを示している。この時期には、文禄四年七月の奉行衆に対する職務心得(42)、文禄五年四月の荒田対策に関する法(43)も発布されており、法による支配が進展している。

さらに、奉行人選任に当たっては伝統的基準を排除し能力重視で評価するようになっている。輝元出頭人集団を形成していたのは、佐世元嘉・榎本元吉・堅田元慶・張元至・二宮就辰の五名であるが、このうち、元至の父は明から帰化した医師であり、全国的にも極めて異例な登用といえよう。

慶長三年以降になると、スタッフである輝元出頭人がラインである組編成の長（組頭）を兼職するケースがみられるようになり、出頭人的官僚制機構が主導する形で有力国人領主などを毛利氏家中へ包摂し、輝元を頂点とする一元的な支配構造が構築されたのである。有力国人領主に対する統制の事例として、最大級の国人吉見家に関する史料7をみてみよう。

〔史料7〕（「吉見家譜別録」『津和野町史』第一巻）

御手前御公役之儀ニ付而、御理為可被仰上、堀加賀守・御同名九郎左衛門尉方被差登せ候、具遂披露候、太躰御国分之儀候条如御定御納得肝要候、萩津ニ御在宅ニ而、殿様（毛利輝元）へも宰相殿（毛利秀元）へも御公役可被相勤之由

一、長次郎殿（吉見広行）、今之分之御身躰にてハ、御家御相続不成事候条、長次郎殿へハ五人三人之間御付候て、廣嶋ニ可有御逗留之由御意候、家中衆出仕をも仕、長次郎殿之用所をも承者候ハヽ、可有御成敗之旨ニ候、委御ケ条ニ被仰遣候

一、①御家中人分之事、某（榎本元吉）可掠量仕之由御意候、可有其御意得候

一、②御奉行之事者昨年某・榎中相談定申候、伝法寺・赤木太郎左衛門尉・谷七郎右衛門尉三人ニ可被仰付之旨ニ候

一、③去年知行定、是又榎中・我等申付候通、不可御相違之旨ニ候

一、長次郎殿不存分者之儀候条、いか様の不慮之儀共仕出され候へ者、吉見御家之御一大事ニ候条、矢野と被仰談御下知之旨、少も無異儀蟄居候様ニ御気遣尤ニ候、委細堀加・九郎左相含口上候、恐惶謹言

（慶長四年）
七月十八日　　　　（毛利）元康　判

広頼様

自律的人事権の剝奪①、輝元権力による奉行人の選任②、家中の知行定③といった家中支配の根幹的権限を輝元権力によって掌握されており、このような方策と、給地総入れ替え計画によって、輝元権力は給人の伝統的支配権を剝奪して、新たに与えられた給地における地域統治官へと変質させることを企図していたのである。

このようにして、毛利氏領国においては、朝鮮侵略戦争前後に大名当主の信認のみに基づく中央行政機構が整備され、法や中央行政機構による統制を通じて大名当主を頂点とする一元的な支配構造が構築された。江戸期の萩藩において実質的に行政を統括した当職役や当役が一門・永代家老・寄組のみから選出されるという官職の家産化がみられるのに対して、当主の信認と自己の能力に基づき選任される出頭人的官僚制機構は、近代的官僚制機構に近い面も有していた。(44)

したがって、豊臣期末に毛利氏が志向した支配構造は、(ア)領国内の行政権（司法含む）を大名当主という絶対権力を頂点にして階層化された行政機構により独占する、(イ)給人の自律的なイエ権力を否定し、毛利氏行政機構内に組み込む、という点に特徴があり、絶対主義的支配に類似していたと結論づけることができる。

三　家臣団の本城城下集住、支城の整備

毛利氏の居城広島城がほぼ完成し毛利輝元が入城した天正十九年（一五九一）頃の広島城下集住の実態について、山口県文書館蔵「芸州広島城町割之図」や、同時代史料を用いて分析すると、戦国期城下町の散住性を克服した計画的

な都市構造の外形を整備したものの、中下層家臣団の集住率は低く、常住率については上層家臣団でも高くなかったことが判明した。また、商工業者の集住も十分でなく、家臣団・商工業者の大名城下町への集住や計画的な町割り構造といった豊臣政権が大坂や京（聚楽）・伏見などで実現した形態を受容することにより、戦国大名は家臣団への強い統制や領民支配が可能になったとする豊臣政権マニュアル(45)が、築城当初の広島城下町において実現していたとはいえない。

このことは、豊臣権力の政策がすべての領国に貫徹されたわけではないことを示している。

次に、毛利氏領国における破城と支城についてみていく。

まず、豊臣権力の破城政策について、天正十四年に比定される四月十日付け輝元宛秀吉朱印覚(46)の「簡要城堅固申付、其外下城事」という規定は、停戦・講和に基づかない破城令として画期的なものとされる(47)。これを藤木久志は、「山城停止令」と評価した(48)。しかし、毛利氏領国内において、豊臣権力の命令に基づく破城や山城から居館への移転を示す一次史料は確認できない。

「下城」を破城と捉えることはできず、この秀吉朱印覚の規定は、島津氏攻めに向かうために毛利氏領国内を通過する秀吉通行時の安全を確保することや、秀吉通行後の後方における騒乱の勃発を防止することを意図したものと解される。毛利氏の城館を一時接収して、秀吉直臣に在番させうる力をこの時期には有しておらず、次善の策として主要な城館の警備を強化させる一方で、その他の城館については武装解除を図ったものと解される。

以上の考察から、天正十四年段階において、豊臣権力の破城政策を毛利氏に対して強制できない状況であったことが明らかになった。

続いて、毛利氏領国内の支城について、二期に分けてみていく。先にみた慶長二～三年（一五九七～九八）の兼重蔵田検地、第二次朝鮮侵略戦争期以降の輝元専制体制の進行に鑑み、慶長二〜三年以前を第一期、それ以降を第二期とする。

まず、第一期について考察する。

直轄支城については、城番衆や代官を配置しており、軍事的機能のみを付与した一時的なものと、地域統治権を付与、城番衆・代官には小規模な城領が与えた継続的なものとが確認される。

後者として、中郡衆と呼ばれる安芸国の国人領主井原元尚が周防国三尾に立地する高水城への移動を命じられた事例を掲げる（史料8傍線部）。

〔史料8〕（「井原家文書」一〇九『山口県史』史料編中世3）

就高水城番之儀、承之通令同意候、然者為城領所千五百石之地可進之置候、本領之儀何も可有御上表之由候条、替之地相当可申付候、必下向之節可相談候、猶源士兵（松山元忠）可申候、恐々謹言

（天正十六年）六月十五日　　輝元（花押）

井原家の場合、慶長三年の元尚死没後も嫡子元直に対して安堵状が発給されており[49]、城持ち領主としての地位は世襲を認められていたと考えられるが、数百年にわたって支配し続けていた在地から引き離したことには大きな意義が認められる。

一方で、第一期には本領を維持していた有力国人領主も少なくなく、その結果、毛利氏領国には、有力国人領主領が不規則に混在していた。このため、支城をネットワーク的に配置できなかったのである。

そこで、支城主による広域的・間接的地域統治ではなく、城番主・代官による拠点的・直接的統治を志向せざるをえなかった。一門や有力国人領主の居城は存置されたが、後北条氏の場合とは異なり[50]、一門を中心とした周辺領主の

軍事的結合体は組織されておらず、周辺地域の統治権も与えられていない。周防の山代五ケ村における高森城番（坂元祐・宮千代）[51]、同玖珂郡の事能城番（正覚寺・粟屋元如）[52]、備後世羅郡の山中城番（粟屋元種）[53]のような、有力譜代家臣による広域的な地域統治も天正十四年頃から見られなくなっている。

つまり、支城は広域的な地域統治の拠点として活用されていないのである。

次に、都市支配について、広島城周辺に多くの直轄城館を配置し、領国の首都広島の防衛を強化している。また、備後の神辺・鞆・尾道、周防の山口（高嶺）・下松・富田、長門の赤間関（鍋）、石見の温泉津など、地域統治の核となる都市や流通の拠点となる都市の掌握を図った。これらの都市には、輝元出頭人や輝元によって登用された行政官僚が代官・奉行人として置かれ、とりわけ、備後尾道の公領代官に有力町人泉屋・笠岡屋を起用[54]、石見温泉津及び石見銀山の統治を銀山役人（鉱山経営者）である今井越中守・宗岡弥右衛門・吉岡隼人助に委任する[55]など、武士階級以外の者を統治機構内に取り込もうとした点に特徴がある。このような施策は、それらの都市を拠点とする商工業者の統制をも企図したことを示している。

第二期になると、最大級の国人領主益田家の妻子も広島に居住させられ、当主元祥は本領益田から給地替えされた場合も城主であり続けることを希望しつつ、自らを支城主と認識している（史料9傍線部）。

〔史料9〕（『大日本古文書　家わけ第八　毛利家文書』一一七〇（抜粋））

一　又那賀郡之儀、時代にてこそ候へ、石州辺ニも城取共被仰付候へ者、銀山の山吹と、那賀郡之内小石見辺ニ、那賀郡被城被仰付候ハて不叶所からにて候条、さやうの御配之さゝハりニ可相成候哉、其さゝハり無之候ハヽ、随分武仰付候様申上度候、たとい城取等被仰付候共、我々事も妻子ハ不残在広嶋仕候からハ、被仰付候ハヽ、具・玉薬・兵糧已下内々丈夫ニ支度仕候而、自然之時之無御気遣様仕組候而、馳走も可仕候、此段者指出ニ非申上儀候へとも、貴様迄之申事候、自然此儀ニ付而不相成との御事ともに候へ者と存候て、申入事候間、御分別所仰候、書中御内見候て、以御口上、御次而ニ御披露奉頼候、重々又以面上可得御意候、恐惶謹言

（慶長四年）卯月二日　（益田）元祥（花押）

（榎本元吉）榎中太様人々御中

　一方、第一期に直轄都市であった山口は、輝元の養子であった毛利秀元への給地分配により直轄支城でなくなったが、(56)小早川隆景居城であった三原を直轄化している。このほか、先にみた給地総入れ替えの実施にあわせて、支城配置や都市支配の面においても、中央集権的な統治体制を実現する計画であったと考えられるが、未完に終わった。

　このように、毛利氏領国においては、一門や有力譜代家臣・有力国人領主を配置した支城を広域的な地域統治拠点として、支城ネットワークを形成する体制ではなく、一門や有力譜代家臣・有力国人領主には広域的な地域統治権限を与えず、地域統治の核となる都市や流通の拠点となる都市を直轄化する体制を志向していた。また、輝元出頭人や行政官僚を直轄都市の城番主・代官に任命して、広域的な地域統治拠点として機能させるとともに、商工業者を直接的に統制しようとした。つまり、輝元権力は絶対主義的（重商主義的）地域統治体制を目指したといえよう。

四　豊臣権力による大名統制

　まず、毛利氏に対する「取次」について考察する。

　史料10・11は、朝鮮侵略期以前の「取次」とされる黒田孝高が、毛利氏を「指南」する立場にあったことを示すと評価されてきた。(57)豊臣権力の「取次」による「指南」の権限は、軍事指揮権をはじめとする広範な権限、秀吉への取

成しや内々の馳走（世話をすること）などとされる。[58]

〔史料10〕（『大日本古文書　家わけ第九　吉川家文書』（以下『吉川』）一一一）

中国御知行割之儀、拙者相煩候故相延、昨日遂披露候処ニ、則被成　御割、御朱印対輝元被遣候、貴所之儀者、伯耆半国、出雲ニ而伯州之たかヲ被仰付、以上拾万石、又壱万石於安芸無役ニ被仰付候、隠岐国も同前ニ候、戸田之城可有御抱之通　御意ニ候、御外聞可然候、於　御前御取成之儀、聊如在不存候、尚御使者へ申候条、不委候、いりこ、串鮑、御樽なと御進上候而可然候、恐々謹言

黒官兵

（天正十九年）三月十四日　　孝高（花押）

（吉川広家）羽蔵　様

御返報

〔史料11〕（『吉川』六九五）

已上

広家御身上之儀、御外聞能相澄、於我等満足仕候、於　御前御取成之儀ハ、随分申上候、其段者、御気遣有間敷候、兎角戸田之城を御抱候事者、御外聞ニ而候、御身躰被成候様ニ御分別肝要ニ候、御ふけん之程者御存知候間、手前無御不如意様ニ御心持専一ニ候、日本静謐之上者、不入御人数なとも多御持候て、御ふりよく候へハ笑止ニ存候、唯今之御覚悟肝要ニ候、恐々謹言

黒官兵

（天正十九年）三月十四日　　孝高（花押）

香川又左衛門殿
御宿所

孝高は、自らが毛利氏の知行割に関与できる立場にあり、孝高の「披露」がなければ石高決定が遅延すると主張している（傍線部）。実際に、孝高は文禄二年（一五九三）六月まで、毛利輝元や吉川元長・広家、そして小早川隆景宛の秀吉書状・直書・朱印状において奏者を務めている。したがって、孝高が秀吉の意向を毛利氏に伝える役割、すなわち、取次的機能を果たしていたことは肯定される。また、広家に対して指導・助言を行っている点についても肯定される（史料11の二重線部）。

次に、毛利氏領国の内政全般に関する指南的権限について検討する。孝高が毛利氏に対して発給した文書は、先にみたような吉川家宛のものを除くと、羽柴（豊臣）氏と毛利氏との講和交渉時のもの、九州攻め時の防長国人に発給したもののほか、毛利元就の七男・元政に対して発給した史料12が確認される。

〔史料12〕（「右田毛利家文書」一七三『山口県史』史料編中世3、以下同文書は同書）

従輝元様預御書候、則御報申候間、被成御届候て可被下候、湯致相当、定而又御座候由尤候、御上りと存、五三日者人をも不進之、無音背本意候、猶以面拝可申入候条、不能巨細候、次印判之儀御理くとき被仰様ニ候、拙者異見申押手ニ御極候上者、不及御理事ニ候、恐々謹言

如水斎

卯月廿七日　　卜庵（花押）

元政様まいる御返報

傍線部は史料10・11と同様に、毛利氏領国内の知行割に関するものの可能性がある。そうすると、傍線部の内容は、

知行割に関する秀吉の意向に不満を抱いた輝元に対して、孝高が意見をしたものと解釈され、孝高が毛利氏に対する「指南」の一部の権限を有していたと評価できよう。

次に、朝鮮侵略期以降において、毛利氏に対する取次的機能を果たした石田三成・増田長盛について検討する。史料13傍線部から、長盛が単なる奏者ではなく、取成を行っていることが判明する。

〔史料13〕（「右田毛利家文書」一九八）

貴札致拝見候、来年御行之様子、御上使被指渡被仰出、存其旨候、被成下
御朱印御服拝領、寔面目之至忝次第、申も疎候、随而釜山浦之儀、御普請其外不存油断候、於様子者平新様（平野長泰）可被
仰上候之条、御前之儀毎事可然之様、御取成所仰候、此由得御意候、恐惶謹言

毛利六郎左衛門尉
元政

御奉書御返事案文
増右様（増田長盛）
参　貴報人々御中

また、史料14傍線部は、三成・長盛が秀吉の真意を探るためのルートとして機能していたことを窺わせる。

〔史料14〕（『萩藩閥閲録』巻十八（抜粋））

一、一昨日御めミへニ上様種々忝御諚候、我々かことのほか気分わるさうニ候、ひえ候ハて、かせひき候ハぬ様養生専一之由御意候、なしまニ居候とこそ思召候ニ、壱岐へ罷渡、此寒病者煩出候てハと、御心遣候而、急御朱印被遣候なと、御諚候、たれニも此節御対面もなく候ニ、我々をおうへちかくの御座之間へ御呼候て、ことのほか

御懇ニ、御ひろいさまをもよひ被申候てから、のしかきを大かうさまはしめ被下、後ニ秀頼さま又くたされ、又まんちうなと御いたし候て被下候、こたつニ御前にてあたり候へと御意候、いかにもあたりかね候而、斟酌申候へは、たゝ物御諚候間、そとこたつへ手を入、あたゝめ、かゝるきつまりの忝ことニあい候、御前ニハ治少・増右はかりにて候、はるか御談儀にて候、可有察候

一、国替之さたもやミ候、治少被申事ニ、人かなにと申候共、気ニかけ候ましく候、うつけ共か色々事申候ハ不入事候、高麗か日本之様ニおさまり、九州衆もありつき候ハてハ、九州之知行上表ハ候ましく候、さて上表候上にてこそ、国ふりニより備前中国之衆、其心得も可入候、それハさたまらぬ事候、其上二年三年ニさ様おちつき候事ハ候ましく候時ハ、国替之心得も以来不入物にて候ニ、人かわるき推量候て申事、うつけにて候と被申候

一、此節物こと国本之始末、爰元にて之手前之申付さま、りこんニ人の見入よく申つけ候へ、たか景なと如此候とても、一かうけちニめハミへす候と、人の存様、たしなミ、家中之者まてはけミ入候との内証、懇ふりの被申事候、治少懇罷上、大かたならぬ事候、先々あんとにて候、然間各心遣専一候、我々ためよく候へ者、国のため、家のため、其身〳〵之外聞実可然候、たゝ行つめ候分別、ミなく候て、一分〳〵のためはかり存候から、外聞も実もかけ候、今度其元関ニ増右・治少之衆、検使ニ居候者罷上、種々さま〳〵事申候、かくされぬ事まて候、人〳〵の心持、傍輩半悪事まて申候、はつかしさにて候、治少・増右被聞候由候、此上にてもたしなミ仕、なを〳〵か入ことゝ申事候

（慶長二年）
十二月廿五　　　輝元公御判
（榎本元吉）
榎中

以上のような毛利氏に対する取次・指南的機能と、島津氏に対する取次・指南的機能とを比較してみよう。

島津氏に対する取次・指南的機能を果たしたのは石田三成である。三成は秀吉の意向や大名からの愁訴を伝達する奏者（「そうしや」）であった（史料15傍線部）。また、三成は島津氏以外の大名に対する取次的機能も果たしていたが、他大名とは異なり、島津氏に対しては、領国経営の根幹的部分にまで指導を行っていた（史料15の二重線部、史料16傍線部）。

〔史料15〕（『鹿児島県史料　旧記雑録後編二』（抜粋））

覚

一、治部少（石田三成）かたへ之御使可被成御定事、但両人可然候事
一、町出（町田久倍）入御老中役被召免候間、諸事御斟酌之由被仰候事
一、幽斎（細川）・治部少御そうしや被申候、御両人以同意被申儀者不及是非候、御両人被申様両様に候者、能々被成御分別、有様次第ニ御同心専一候事
一、治部少御取次あまた候へ共、如此内しう之事迄承儀無之候事
一、専用〳〵ハ御家来衆之無沙汰を堅固ニ御法度被仰達、以其上三成御入魂尤候、御家中衆気任恣之族被成御用捨、対三成御老中役其外御まかない以下之事迄、被成御頼事不能分別候、さ様に候て御家中衆何かと申時、竜伯（島津義久）様并老中又悪覚悟候者同心候へハ、皆悉三成ため不可然候、此一ケ条ニ相究候、無其儀由被仰候者、其證拠可有之候哉之事

以上

六月十七日（文禄四年）
三兵（安宅秀安）

幸侃老（伊集院忠棟）
吉田（清存）美作守殿

町出入老　白浜次郎（重治）左衛門尉殿

〔史料16〕（『鹿児島県史料　旧記雑録後編二』（抜粋））

次　竜様（島津義久）御事、八月ハ可有御上洛、御用意不可有御油断之由、今度治少（石田三成）より被仰候、就夫国元衆の分別ハ、もし〳〵国替なとのためニもやと気遣にて、種々可申曖仁も可在候歟と存候、当分安三（安宅秀安）兵物語候様子ハ、京儀之調とにもかくニも不罷成候、屋形作之事もはたしてハ可難成候、借物ハ遂日かさなり、外聞らしき事ハひとつも無之候間、御取次之治少可被失面目事ニ候間、竜様御事もよひのほせ参らせられ、国の置目あつかひの事を京都より可被仰付、治少之内證ときこえ候、又一郎（島津久保）進退ニ付而ハ、いかやうにも心を添られ候て、見させらるへきよし、治少切々被仰候よし候、いつれも奥意者不存候、とかく　竜様御上洛之事ハ、追而可申上候、先内々御用意不可有御油断候、就中久保上洛供衆之事、心安めしつかふへき人衆迄にてハいかゝ候間、久保もそとむつかしく可存仁を、供衆之内ニめし加られ候へと、治少より承候

旧冬今春ニ到り、石治少懇切不□候処、此比者為何事を被聞付候哉、はたと相替、島津家滅亡ハ程有間敷被思候て、取次なとも　公儀向迄をと、承候条々多々候、先国持之侍ハ毛利殿・家康、其次ニハ嶋津にて候、関白様御用ニ可罷立事、ひとつも無之候、（略）如此之例をひき候へハ、嶋津事借物迄ニ而在京之儀、畢竟国之置目ゆるかせ故ニ候、然時者猶以　上様御意ニ入間敷事ニ候、竜様御下向已前、幽斎（細川）にて御国之置目を始、屋形作之末等条々、石治少被入御念候、然共其内一もいまに無首尾候、是ひとへに　竜様御得心に不参故に候哉、いたつら事を被仰たる後悔無是非之由、治少被思候間、御取次事内々ニ立入候ての熟談者不入之由、一途ニおほし定られ候ときこえ候、迚も嶋津家連続者有間敷と被見究たる由、くり立〳〵治少被仰候事者、筆も難及よし三兵物語候、十分ならは国替、不然者御家滅亡程ハあらしと、をし出候て三兵いはれ候、国の置目ゆるかせなく、宛行借物な

くて、乗馬之十人も廿人もめしつれ、外聞らしく国持のふるまいにて、屋形人なミニ致周備、御家ニもりをさし候て見候へかしなと、、三兵いはれ候、（略）一往事ハ先年上洛之刻、治少別而被成御入魂、於国本知行等可宛行之由、治少より直被仰下候間、其旨ニまかせ不可有異儀之由、我等も證文遣置候、其首尾于今無之候、治少被仰たる始末於無首尾ハ、是もひとつの難題ニ可成候

五月七日（天正十九年）　義弘（島津）（花押）

鎌田出雲守（政近）殿

史料15の時点において、三成は毛利氏に対しても取次・指南的機能を果たしていたが、島津氏のケースとは異なり、領国経営の根幹的な部分まで指導を受けていた状況は確認できない。島津氏に対して「治部少御取次あまた候へ共、如此内しう之事迄承儀無之候事」と安宅秀安（三成家臣）が述べた言葉は、毛利氏に対する取次・指南的機能も念頭にあったと推測される。

島津氏の場合、文禄二年に比定される十一月十一日付け島津忠恒（義久養子、義弘実子）宛島津義弘書状写(59)に「治少様御指南次第、可令分別候」とあり、三成の指南には強制力が付与されていたことを窺わせるが、毛利氏に対する指南的行為は助言の範疇にとどまっていたと考えられる。

毛利氏の場合、豊臣奉行人を介さず、秀吉と直結するケースもみられる（史料17傍線部）。

〔史料17〕（「毛利家文庫所収文書」九『山口県史』史料編中世3）

「佐与三左（佐世元嘉）まいる」

条々

柳新右（柳沢元政）下向之条、於趣者可被申上候

一、銀山之事、可然落着候之条、御外聞尤珍重候

一、如此落着候事、誰々御取成ニ而も無之候、たゝ〳〵太閤様御分別にて被仰出候事、不浅御心付中〳〵言ニも書中ニも難申上候、然間此御礼別而御申ツる、太閤様被思召候処を御請取候て可然候、御音物之事何程名物なと御進上候而もあぎたらす候、諸国へ上衆入はまり、例之むさくさを申懸、あたり之百性商人以下驚候而申乱候ハヽ、国中一乱までニ候、左候而、検使衆・此方対決なと、可在之事眼前之儀候処、上様御懇意更可申様無之候

一、今度浅弾（浅野長吉）御入魂之儀非大方候、色々六ケ敷被仰候ハヽ、はてさる可為御事候ニ、一篇ニ御馳走誠存之外之儀候、是又能々

（後欠）

また、豊臣奉行人による領国経営の監査を警戒している一方で（史料14・17の二重線部）、島津氏に対する指南と同程度の豊臣奉行人による領国経営への介入が行われた形跡は確認できない。

「取次」と呼ばれる職は秀吉が公的に所掌させた職と考えられるが、大名の対応によっては、史料16の二重線部にみられるように役割をサボタージュすることも可能であり、権限を厳格に規定した職制とは言い難い。それ故に、取次・指南的機能を果たす豊臣奉行人が個々の大名に応じて異なる役割を果たすことを秀吉は容認していたと考えられる。島津氏のように厳格な統制を受ける大名もあれば、毛利氏のように緩やかな統制を受ける大名も存在したのである。

おわりに

本稿における考察の結果、豊臣権力の政策が大名領国においても無条件に強制的に適用され、また、豊臣権力へ服属することによって自動的に、大名権力は有力国人領主を含む全家臣団を完全に家中へ包摂したわけではないことが明らかになった。その要因は、豊臣権力の政策を厳格に速やかに貫徹することが、有力国人領主の自律性を内包する大名にとって困難だったことに求められる。

このような豊臣権力に対する大名権力、大名権力に対する有力国人領主という二重の自律性は、秀吉の全国統一後も実際には残存していたが、後者については朝鮮侵略戦争への動員や豊臣秀吉死没による政局の流動化を利用して、大名権力が当主権力の絶対化を図ったことによって解消に向かった。

前者についても、豊臣権力の主導する軍事行動における軍役賦課や普請・作事における夫役賦課を通じて、表面的には豊臣権力による専制体制が確立されていった。例えば、文禄五年（一五九六）に発布された荒田対策に関する法（史料18）や慶長二年（一五九七）に発布された田麦年貢三分一徴収令（史料19）は、豊臣権力による専制体制を示すものであり、三鬼清一郎はこれらを「絶対主義的な萌芽」とした(60)。

〔史料18〕（「厳島野坂文書」一一二二『広島県史』古代中世資料編Ⅱ）

諸国荒田於有之者、来春従　太閤様御検使被差下、可被召上之由就　御下知被仰出条々事

一、年々荒田二年作取に可仕事

一、一二年之荒田者、当作之躰ニより、上之分ハ三分一納所、中下田者五分一、又種子食程之作毛ならは、只百姓

ニ一円可被遣之事

　付、右荒田には公役不可有之事

　付、有躰之納所申付之田地を百姓としてあらし置候者、百姓曲事たるへき条、可有成敗事

　付、あたハさる年貢申懸候故田地あれ候ハヽ、それハ給主のくせ事ニ候条、一かと可有御下知之由候事

一、右荒所納所無之につき、れい年作来る田畠等之事捨置候者、其百姓為御法度可被仰付事

一、諸村百姓ちくてんの事、不依遠近、先年如御法度、村々不可抱事

一、年貢一円不令沙汰逐電之者をは、盗人同前候之条、給主へ返付共有糺明可有成敗事

　付、年貢半分も三分一も取沙汰候者、給主れんミんあり、もとのことく可召返事

右条々御定之条、被得其意、別而せんさく肝要に候、又先年御検地之時、其所之帳ニ付候百姓者、縦由緒候共、他所へ罷退候事御大法にて候間、堅被仰出候、少も無綺もとの所へ可被返付候、此上難渋候者、其村之給主并罷退候百姓共、可為同罪之条、可被成御成敗旨候、仍下知如件

佐世

文禄五年四月廿三日　石見守（元嘉）

佐西郡

御公領代官中

諸給肝煎中

〔史料19〕（「渋谷文書（渋谷辰男氏所蔵）」一二一『広島県史』古代中世資料編Ⅳ）

以上

為御意申候

一、諸国田麦之儀三分一可有公納之旨、従　天下様被　仰出候事

一、天下様へ可被召上も、又　殿様へ可被上も、未其段不被仰出候条、其意被得、入念調可被置候、此方より一左右次第ニ可有公納事

一、此段知行〳〵よく〳〵麦田被究、神文を以可被申候、後年ニ被聞召候ハヽ、可為御法度候条、被得其意、聊爾無之様ニ尤ニ候

一、右之儀御分国郡司〳〵へ堅被　仰出候へとも、旁への儀我等一人より可申旨、重而被仰出候故如此候、恐々謹言

（慶長二年）卯月廿日　元慶（花押）

（堅田）兵少

渋谷与右衛門尉殿まいる

しかしながら、これらの規定が大名権力（輝元権力）の絶対化が進行する過程において発布されていることにも留意する必要がある。国家指導者の命令であること（史料18・19傍線部）を強調することによって、給人に対して大名権力の命令への服従を強制することが可能となった。大名権力による給人に対する処罰規定も設けて（史料18・19の二重線部）、大名権力の絶対化が図られたのである。

藤田達生は、①官僚制、②常備軍、③経済基盤、④対朝廷政策の四点から、豊臣政権の絶対主義への傾斜（初期絶対主義）、幕藩体制国家との異質性を指摘した[61]。

豊臣期末毛利氏領国において、藤田の指標①～③をみると、当主の信認と自己の能力に基づき選任される出頭人的

官僚制機構が形成されている(①)、身分上の兵農分離によって常備軍的軍事組織が形成され、その最終的な軍事指揮権が大名当主に一元化している(②)、蔵入地の増加による財政基盤の強化が図られ、また、直轄化した地域統治の核となる都市や流通の拠点となる都市の城番主・代官に輝元出頭人や行政官僚を任命して、広域的な地域統治拠点として機能させるとともに、商工業者を直接的に統制しようとしている(③)。すなわち、戦国期や萩藩政下における支配体制とは異質の、当主を頂点とする一元的支配構造＝絶対主義的志向性が顕著であると結論づけることができる。

以上の考察から、豊臣期末の日本の国制の特徴として、二重の絶対主義的志向性という、本来は矛盾する権力構造が並立したことをあげることができる。その矛盾を調整することが、取次・指南的機能を果たす豊臣奉行人の役割であった。取次・指南的機能を果たす豊臣奉行人には明確な統一的な権限が定められていない。したがって、豊臣奉行人は自らが担当する大名領国の実状や大名からの要請に応じて、秀吉の発した命令に対する柔軟な対応を認め、また、秀吉による処罰を防ぐ防波堤ともなった(史料14破線部)。

秀吉は朝鮮侵略などの軍事動員を最優先しており、そのためには大名権力の下に領国内の軍事力を結集することが有効であったことから、大名領国を保全するための豊臣奉行人の活動を容認した。

一方で、明確な基準がないため、すべての大名に対する平等性は担保されない。大名領国の存続条件は、「国家之役」を果たすことであり、具体的には、軍役や普請役を務めるほか、「国持」大名に相応しい行動をとることが求められたが(史料16破線部)、その条件を満たせば、豊臣権力によって大名としての地位を奪われることはないとされた(史料20傍線部)。したがって、表面的には豊臣権力の専制性は高くないようにみえる。

〔史料20〕(『大日本古文書　家わけ第十六　島津家文書』一七六八)

追而申上候、長寿院《(盛淳)》被罷上、色々申談候、さりとてハ御家之儀ニ付、別而被入精候様子、書面ニ難申入候、治部少も幸侃（伊集院）・長寿院へ、京都御作事彼是被申談候、色々さま〱候へ共、書中ニ難申尽候間、無是非候、定幸侃・長寿院より可被申入候、とニかくニ又八郎（島津忠恒）様御礼相済候者、此跡ニ悉ふりを被相替、国家之御役儀専一ニ不被仰付候者、何と候ても〱、つゝき申間敷候、此上者、治部少事者御取次申間敷候間、縦治部少・幽斎御取次無之候共、諸大名衆之ことく、国家之役儀よく被仰付候者、御国者つゝき可申候、幽斎・治部少御取次申候共、此中之ことく御役儀御無沙汰候者、相つゝく間敷事者眼前ニ候〱、高麗へ御出陣之刻、御小姓迄にてちん船にて御渡海、なこや之替米、其上高麗御在陣中御無人にて、被及御難儀候事、思召被忘候哉、此善悪を思めし不被詰候ハヽ、何を申候ても不入事候、御一身之御覚悟にてつゝき可申候、此二通之書状、則火中可被成候、為御心得乍憚申入候、可得御意候、恐惶謹言

二月七日（文禄三年）　安三（安宅秀安）

義弘（島津）様参人々御中

しかし、実際には、秀吉と大名との力関係の差の程度や豊臣政権を取り巻く政治的社会的状況によって、秀吉の命令に違反したとして処罰される大名も生じた。この点からも、大名統制基準が不明確・不統一であったといえる。

江戸期には武家諸法度や一国一城令といった体系的な法が定められ、法による統制が進展したが、豊臣権力による統制は人による統制の占めるウェイトが大きかった。このため、大名は秀吉の真意を斟酌して、自己規制した（史料21傍線部）。結果として、豊臣権力の専制体制が確立されたのである。

〔史料21〕（『大日本古文書　家わけ第三　伊達家文書』六七五（抜粋））

一、一両年以前、我等知行、故なく　上意へ進上可申由、御異見候間、貴殿御事ハ、御指南と申、万事頼入候条、何様之事なりと、御異見不可相背候へ共、上意御重恩共、数度かうむり、一代之内、是非共御奉公と存詰候て

も、知行を指上、かちはたしの躰にてハ、何と存候ても、御奉公弥々と、き申ましく候、され共知行指上可申いわれ候へハ、不及是非候処ニ、何を以、其砌知行進上可申候哉と申候へ共、しきりニ種々被仰候間、あまりニ不審ニ存、扨者　上様御内証も候哉と、分別仕、さやうニ取詰仰候うへハ、兎も角もと申候処、さら者、其存分ニ折紙仕候へと承候間、何とて我等心中より不寄存事をかき可申候や、と申候へ共、貴殿御異見合点申候うへハ、是非共と、無理にか丶せ御とり、いまに無御返、其文御てまへに被留置候、右之儀、聚楽にて、金五殿（羽柴秀俊）へ御成之時、不図御披露之由承候、雖然　上様忝以御塩味、身上無異儀候つる事

羽柴（伊達）越前守

八月十四日　政宗判

浅野（長吉）弾正少弼殿

人々御中

大名権力は豊臣権力の専制体制を利用し、国家指導者の命令と称することによって、領国内各層を統制しようとした。豊臣権力の絶対主義的志向性を背景に、自らも急速に絶対主義的志向を強めたのである。一方で、豊臣権力の大名統制基準が不明確、不統一であることから、不安定性を内包していた点に、豊臣期大名の特質がある。これは、江戸期大名（藩政）への過渡期的構造ではなく、豊臣期特有の権力構造と評価される。

なお、本稿においては、織田政権下における「大名」については考察の対象としなかった。今後の課題としたい。

註

（1）福田千鶴「江戸幕府の成立と公儀」（『岩波講座日本歴史　第一〇巻　近世一』岩波書店、二〇一四年）、三宅正浩「江

戸幕府の政治構造」（『岩波講座日本歴史　第一一巻　近世二』岩波書店、二〇一四年）。
（2）司法大臣官房庶務課編『徳川禁令考』第一帙（吉川弘文館、一九三一年）。
（3）藤井讓治監修『江戸幕府日記―姫路酒井家本』第四巻（ゆまに書房、二〇〇三年）。
（4）三宅註（1）論文。
（5）『大日本史料』十二―二十二（一九～二三頁）。
（6）『内閣文庫所蔵史籍叢刊　東武実録（二）』（汲古書院、一九八一年）。
（7）桑田忠親校注『新訂信長公記』（新人物往来社、一九九七年）。
（8）神宮文庫所蔵「御師職古文書」（山本博文『天下人の一級史料―秀吉文書の真実―』柏書房、二〇〇九年、所収）。
（9）『大日本古文書　家わけ第二　浅野家文書』二六五。
（10）『大日本古文書　家わけ第八　毛利家文書』（以下『毛利』）九六三。
（11）『大日本古文書　家わけ第十六　島津家文書』一五〇一。
（12）池享「戦国期の地域権力」（歴史学研究会・日本史研究会編『日本史講座　第五巻　近世の形成』東京大学出版会、二〇〇四年）。
（13）黒田基樹『中近世移行期の大名権力と村落』（校倉書房、二〇〇三年）。
（14）高野信治「大名と藩」（『岩波講座日本歴史　第一一巻　近世二』岩波書店、二〇一四年）参照。
（15）朝尾直弘「「公儀」と幕藩領主制」（歴史学研究会・日本史研究会編『講座日本歴史五　近世一』東京大学出版会、一九八五年）。
（16）水林彪「近世の法と国制研究序説（二）」（『国家学会雑誌』九〇―五・六、一九七七年）。

（17）高野註（14）論文。
（18）市村高男「地域的統一権力の構想」（『岩波講座日本歴史　第九巻　中世四』岩波書店、二〇一五年）。
（19）山口啓二「豊臣政権の構造」（『歴史学研究』二九二、一九六四年）。
（20）脇田修「織豊政権論」（歴史学研究会・日本史研究会編『講座日本史四　幕藩制社会』東京大学出版会、一九七〇年）。
（21）三鬼清一郎「豊臣政権の知行体系」（『織豊期の国家と秩序』青史出版、二〇一二年、初出一九七一年）。
（22）藤田達生『日本近世国家成立史の研究』（校倉書房、二〇〇一年）。
（23）池享「天下統一と朝鮮侵略」（池享編『日本の時代史一三　天下統一と朝鮮侵略』吉川弘文館、二〇〇三年）。
（24）池上裕子「日本における近世社会の形成」（『歴史学研究』八二一、二〇〇六年）。
（25）牧原成征「兵農分離と石高制」（『岩波講座日本歴史　第一〇巻　近世一』岩波書店、二〇一四年）。
（26）山本博文『幕藩制の成立と近世の国制』（校倉書房、一九九〇年）。
（27）池享『大名領国制の研究』（校倉書房、一九九五年）参照。
（28）秋山伸隆『戦国大名毛利氏の研究』（吉川弘文館、一九九八年）。
（29）土井作治「芸備両国における慶長検地と貢租制」（有元正雄編『近世瀬戸内農村の研究』渓水社、一九八八年）、田中誠二『近世の検地と年貢』（塙書房、一九九六年）。
（30）池享「豊臣期毛利権力の行政機構の性格」（註（27）書、初出一九八六年）。
（31）秋山註（28）書。
（32）利岡俊昭「天正末期毛利氏の領国支配の進展と家臣団の構成―「八箇国御時代分限帳」の分析を中心にして―」（『史林』四九―六、一九六六年）。

（33）加藤益幹「毛利氏天正末惣国検地について」（『歴史学研究』四九六、一九八一年）。
（34）同右。
（35）池上裕子『日本の歴史一五　織豊政権と江戸幕府』（講談社、二〇〇二年）など。
（36）慶長四年六月二十一日付け佐世元嘉（輝元出頭人）宛益田元祥（石見国の有力国人領主）起請文（『毛利』一一九六）に「当春御分国衆中悉座易可被仰付と之節も、私事当知行所御相違有間敷之通、佐石へ之御書、外聞実忝次第更難申上候」とあり、例外はあるものの、兼重蔵田検地を踏まえた給地総入れ替えが計画されていたことを示している。
（37）秋山「戦国大名毛利氏の軍事力編成の展開」「戦国大名毛利氏の軍事組織―寄親・一所衆制を中心として―」（註（28）書、初出一九八〇・八三年）。
（38）加藤益幹「豊臣政権下毛利氏の領国編成と軍役」（『年報中世史研究』九、一九八四年）、中西誠「近世初期毛利氏家臣団の編成的特質―慶長期「組」編成の分析を中心に―」（藤野保編『近世国家の成立・展開と近代』雄山閣出版、一九九八年）。
（39）松浦義則「戦国大名毛利氏の領国支配機構の進展」（『日本史研究』一六八、一九七六年）、加藤益幹「戦国大名毛利氏の奉行人制について」（『年報中世史研究』三、一九七八年）、西山克「戦国期大名権力の構造に関する一試論」（『日本史研究』二三六、一九八二年）、池享「戦国大名権力構造の問題点」「豊臣期毛利権力の行政機構の性格」（註（27）書、初出一九八三年・八六年）、秋山註（28）書、中司健一「毛利氏「御四人」の役割とその意義」（『史学研究』二四五、二〇〇四年）、岸田裕之『毛利元就―武威天下無双、下民憐愍の文徳は未だ―』（ミネルヴァ書房、二〇一四年）。
（40）『毛利』一三八八。
（41）「長府毛利家文書」四三―一―一（『山口県史』史料編近世2）。

(42)「毛利家文庫　法令」御国制内編外編(『山口県史』史料編近世2)。
(43)「厳島野坂文書」一一二二(『広島県史』古代中世資料編Ⅱ)。
(44)田中誠二「萩藩の家臣団編成と加判役の成立」(『やまぐち学の構築』一、二〇〇五年)。
(45)小島道裕「戦国期城下町から織豊期城下町へ」(『年報都市史研究』一、一九九三年)、仁木宏「近世社会の成立と城下町」(『日本史研究』四七六、二〇〇二年)。
(46)『毛利』九四九。
(47)小林清治「信長・秀吉権力の城郭政策」(『秀吉権力の形成—書札令・禁制・城郭政策—』東京大学出版会、一九九四年、初出一九九三年)。
(48)藤木久志「山城停止令の伝承」(藤木久志・伊藤正義編『城破りの考古学』吉川弘文館、二〇〇一年)、同「山城停止令の伝承六題」(『日本歴史』六五七、二〇〇三年)。
(49)「井原家文書」一一三(『山口県史』史料編中世3)。
(50)黒田基樹『戦国大名北条氏の領国支配』(岩田書院、一九九五年)、浅倉直美『後北条領国の地域的展開』(岩田書院、一九九七年)。
(51)『萩藩閥閲録』百十六、百五十九。
(52)『萩藩閥閲録』七十七。
(53)「山口県文書館所蔵文書　毛利家文庫　譜録」粟屋帯刀元忠一(『広島県史』古代中世資料編Ⅴ)。
(54)「小川又三郎氏旧蔵文書」二(『広島県史』古代中世資料編Ⅳ)。
(55)「吉岡家文書」(『石見銀山』思文閣出版、二〇〇二年)。

(56)　神辺は天正十九年以降、一門の毛利元康領となったが、元康は吉川家に強い対抗意識を抱くなど、元就によって構築された伝統的支配体制への侵蝕に積極的であり、専制体制を構築しようとする輝元と利害関係が一致していた。
(57)　津野倫明「豊臣政権における「取次」の機能―「中国取次」黒田孝高を中心に―」（『日本歴史』五九一、一九九七年）、同「豊臣～徳川移行期における「取次」―公儀-毛利間を中心に―」（『日本歴史』六三四、二〇〇一年）。
(58)　山本註(26)書。
(59)　『鹿児島県史料　旧記雑録後編二』。
(60)　三鬼清一郎「田麦年貢三分一徴収と荒田対策―豊臣政権末期の動向をめぐって―」（『豊臣政権の法と朝鮮出兵』青史出版、二〇一二年、初出一九七一年）。
(61)　藤田註(22)書。

天下統一論
―停戦令・国分・仕置の視点から―

藤田達生

はじめに

もっとも身近な高等学校教科書である山川出版社の『詳説 日本史』の天下統一の部分（第六章「幕藩体制の成立」）については、二〇一五年度用から変化の兆しがみられた。

長らく、織田信長の統一事業の「最大の敵」を石山本願寺を頂点とする諸国の一向一揆とし、豊臣秀吉が惣無事令（ゴチックで強調）を全国の戦国大名に強制することで統一を完成したと記述していた。また、欄外ながら喧嘩両成敗法を全国に及ぼしたのが惣無事令であることが併記されていた。

ところが二〇一五年度用からは、権力対民衆とみる信長の統一事業のとらえかたは変わってはいないが、惣無事令が欄外で名称の紹介のみとなった。従来は、地方分権の時代から集権的な軍事専制国家が誕生したことの説明は、在地社会からの私戦禁止の動きから説明されてきたのであるが、二〇一五年度からは削除されている。

このような現象は、当該分野研究の混乱状況を反映するといってよい。本論でもふれるが、これに関連する象徴的な論点をあげよう。近年においては、信長を「戦国大名」とみる研究が少なくないし、それらには共通して、秀吉がなぜ短期間で天下統一できたのかについての説明がない。また惣無事令を批判した研究の多くも概念の批判に留まり、天下統一論にはなっていない。

このような近年の研究状況については、なぜ織豊政権が近世の扉を開いたのかという問題意識から蓄積されてきた戦後の研究史を、なおざりにしているといわざるをえない。信長や秀吉の革新性を否定しても、時代像に結びつく新たなフレームが対置されていないのが、残念ながら研究の現状である。

ただし東アジアの視点に立った、まっとうな研究の切り口の提供もある。たとえば、天下統一を国内問題に限定してきたことを批判し、「列島の東北部や西南部に拠点を置く諸大名には、「天下統一」の求心性だけでは理解できない別の政治力学が働いていたのではないか」(1)との問いかけや、江戸幕府の登場を大清帝国の興隆と東アジア「近世」化のなかでとらえ直す試みである(2)。

小稿においては、戦後の天下統一に関する研究史をふまえつつ、とりわけこの二十年間の研究史の批判的継承を通じて、微力ながら筆者が取り組んできた天下統一像の構築作業の成果の一端を提示したい。この営みは、なぜ東海地域から新たな時代の扉が開かれたのかを問い続けた織豊期研究会のスタンスと密接に関係することを、あらかじめ断っておきたい。

一　戦後研究史に学ぶ　―天下統一をどうみてきたか―

1　階級闘争史観の時代

天下統一論は、中世史と近世史との両分野の研究者が対象としてきた大きな研究テーマである。戦後においては、まず近世史研究者から重要な提言が相次いだ。これは、近世のスタート地点に関する研究と位置づけてよい。以下においては紙幅の都合から、ごく代表的な研究のみに限定して紹介しよう。

今井林太郎氏は、戦後直後の時期に、一向一揆に結実する農民闘争を、大名・領主層が封建的支配の集中によって弾圧して近世国家が成立したとみた(3)。これは階級闘争史観にもとづく見方であって、現在に至るまでの長きにわたって、研究・教育を通じて広く影響を与えている。

安良城盛昭氏は、荘園体制社会の支配身分である荘園領主の封建的土地所有者化の途（上からのコース）と、名主の封建土地所有者化（下からのコース）との競合の結果、後者の勝利を天下統一の本質とみる。その過程で、太閤検地を通じて中世の家父長制的奴隷制から農奴制にもとづく封建国家へと大きく変容したとする。時代状況とも合致し、きわめて説得力の高い議論だったことから、近世史研究に「安良城説（旋風）」が席巻することになった(4)。

朝尾直弘氏は、安良城説を踏まえつつ、「織豊武士団は（中略）解体しつつある国家権力機構の再編強化の主体としての役割を果たしたのであり、「百姓」身分を解体再編し、「武家」を中核とする新しい身分編成のもとに、国家的規模で農民の農奴制的隷属への緊縛をはかろうとした(5)」とする。これは、今井説と安良城説の調和的解釈といえよう。

近世史研究者の間では、一九八〇年代までは以上の見解が主流を占めていた。それでは、中世史研究者は天下統一をどのようにみていたのであろうか。これは、中世のゴール地点に関する研究ということができる。

永原慶二氏は、戦国大名領国制を在地領主制の最高の発展段階と規定した。これは、現在に至る戦国大名研究の起点的見解といってよい。しかし、織豊政権は戦国大名領国制の同一線上の発展というべきものではなく、明確な質的転換が存在したとみたことは重要である。

永原氏は天下統一を、農民闘争、家臣団の相対的自律性、十六世紀における社会的・政治的・経済的地域偏差、という三つの構造矛盾の止揚の結果実現した「封建的独占段階」と位置づける。すなわち、草深き農村社会から形成された在地領主制の発展段階として大名領国制を規定し、その展開と再編の結果、統一権力が誕生した、と主張したのである。(6)

天下統一をめぐる理解、とりわけ安良城説の評価をめぐって、中世史側と近世史側の研究における「断絶」状況は長らく続いた。一九八〇年代になると、このような状況を克服する学説が、中世史と近世史の研究者から提出される。これが、藤木久志氏と高木昭作氏による「豊臣平和令」だった。

藤木氏は、十二世紀中期ドイツのラントフリーデ（帝国平和令）やその武器規制条項に示唆を受け、豊臣政権が施行した惣無事令・喧嘩停止令・刀狩令・海賊停止令を、一括して「豊臣平和令」と規定した。(7)高木氏は、藤木説を積極的に展開し、豊臣政権が「惣無事」を施行することで、国土と人民を支配する正統性を獲得し、江戸幕府もそれを継承したと指摘する。(8)

両説は、中世最末期において、各戦国大名にみられる領国平和令の展開の総括として、豊臣政権が戦国大名から村落や海賊までをも対象とする平和令を発布し、それに従わない対象のみを「征伐」して天下統一を実現し、それを江戸幕府が継承して「徳川の平和」が開花するとみた。

これによって、戦国大名相互の淘汰戦の末に勝ち残った天下人による武力統一とする、軍事統一史観とよぶべき従来の見方に、正面から修正を迫ったのである。両説によって、秀吉は「平和」を標榜する治者として、戦前教育で讃えられた軍神像とは真逆の装いで再デビューを果たしたといってよい。

このように「豊臣平和令」は、中世史と近世史との研究の断絶状況を克服する学説として瞬く間に通説化し、特に「惣無事令」は短期間で高等学校の日本史教科書にも採用され、実に二十年以上の長期にわたって重要概念として扱われ、大学入試にも度々出題されてきた。

2　批判的継承の時代

一九八〇年代まで支配的だった、信長や秀吉という天下人と一向一揆に結集する民衆との階級闘争の末に統一政権が成立したとする見解は、その後の研究によって事実とは異なっていたことが明らかになった。

戦国の動乱の本質が、将軍家の分裂すなわち将軍と将軍相当者との正統性をめぐる相剋だったのであり、管領や有力守護家も分裂し、そのどちらかに属して争ったことが指摘されたのである(9)。一向一揆を扇動した大坂本願寺は、将軍足利義昭を推戴する毛利氏をはじめとする反信長勢力に属していた。

将軍相当者へと成長した信長が一揆民衆を大量虐殺したのは、一揆が信仰を背景に自らの身分解放をスローガンに掲げたからではなく、将軍与同勢力の一角を形成していたからにほかならない。

また、階級闘争史観を克服するようにみえた「豊臣平和令」も、一揆契状などの在地領主法さらには喧嘩両成敗法などの戦国家法の発展上に秀吉の惣無事令を想定したことから、永原説の基盤である領主制論ときわめて親和性をもつ議論となっている。

一九八〇年代は、「豊臣平和令」以外にも現在に影響を与える新たな視点が提示された。このなかから、天下統一に関係する議論を紹介することにしたい。ひとつが、地域社会で展開した境界紛争に注目する戦争論からの提言である「国郡境目論」で、もうひとつが、幕府―守護体制論という国制史からの提言であった。

まずは、国郡境目論に注目する。これは、戦国大名権力の脆弱性の克服過程に天下統一を見据える見解である。山本浩樹氏は、秋山伸隆氏の毛利氏研究の成果(10)を踏まえて、大名権力と在地社会との矛盾が集約されたかたちでゾーンとして顕現する大名領国の境目地域に着目する。境目地域は、大名間戦争を呼び込み、結果として領国崩壊の契機とさえなることを指摘し、隣接する大名との和睦交渉すなわち戦国期国分が、信長そして秀吉との国分へと転換する過程、すなわち地域からみた天下統一の実像に迫った[11]。

これに対して、幕府―守護体制論から天下統一の契機を将軍・天皇権威に求めたのが、川岡勉氏の議論だった。川岡氏は、今谷明氏の解体期室町幕府研究を念頭に[12]、「戦国期には国成敗権は地域的に多様なあり方を示すが、天下成敗権は将軍が握り国成敗権は守護が担うという構造は、根強い家格意識に支えられて基本的に維持されていたと考えられる。天下統合の契機は、なお将軍や天皇のもとに留保されていた」と主張した[13]。戦国動乱の時代にあっても、将軍固有の権威と権限は再生産されたことを重視したのである。

如上の山本説と川岡説に影響を受けたのが、筆者の国分論である[14]。天正八年以降の織田国分には、戦国期国分との決定的な差違がみられること、それを継承した豊臣国分に質的な段階差を見出し、国分に伴う仕置（人質徴発・城割・検地・刀狩）の徹底化を重視し、ここに天下統一の意義を見出した。

あわせて藤木氏の「惣無事」令については、法令としての存在自体を疑問視し、海賊停止令を含めて「豊臣平和令」概念に疑義を呈した[15]。拙論を嚆矢として、「豊臣平和令」に関しては、近年、批判的な論考が相次いでいる[16]。

一九八〇年代までの研究史の流れをみると、戦国大名領国制の発展による分権化の延長上に、天下人による統一すなわち集権化を想定してきたことを指摘せねばならない。これは、惣無事令を喧嘩両成敗法といった在地法の発展上に位置づけたことと同様の、下からの変革論といってよいが、論理的矛盾がある。かかる見方は、日本史教科書にも長らく採用されてきたし、最近の戦国大名研究にも当てはまる。

分権化と集権化という時代を推進した二つのベクトルの向きは一八〇度違うのであり、天下統一は決して必然の歴史過程などではなかった。集権化とは、戦国時代末期になってはじめて信長が意識的に推進した政策だったことが重要なのである。天下統一とは、天下人率いる武士団における価値観の転換があって、はじめてなしえたものだった。

たとえば島津氏・長宗我部氏、あるいは北条氏・伊達氏といったブロック大名は、自らが室町幕府にかわる武家政権になることをめざしたのだろうか。九州・四国や関東・奥羽で進みつつあったゆるやかな統合は、あくまでも地域の自立すなわち分権化へと向かうものだったし、畿内近国を支配し将軍を追放するほどの実力を誇った三好長慶さえ、全国制覇など考えたこともなかっただろう。

それならば、なぜ信長そして秀吉が天下統一をめざしたのだろうか。これまでの研究史を紐解いても、自明のごとく天下統一を戦国時代の必然のゴールとしていたから、残念ながら回答は得られない。「通説」「常識」に遮られて、私たちは信長・秀吉の政治改革の本質から目を閉ざしてきたのである。

研究史的な観点からも、「豊臣平和令」にかわる天下統一論の構築、これは中世史・近世史両研究分野の研究者に課された喫緊の課題として待望されているのである。如上の問題意識に立ち、小稿では国分論の立場から天下統一像を提示したい。

二　戦国動乱から天下統一へ

1　織田国分の画期性

(1)国郡境目相論と大名領国

なぜ、尾張という地域に天下統一をめざす大名権力が登場したのだろうか。管見の限り、これについて正面から追究した論考は皆無である。ここでは、尾張一国そのものが境目としての様相を呈していたことに着目することから始めたい。(17)

尾張・美濃・伊勢という環伊勢海地域のなかでも、美濃の斎藤道三や、駿河・遠江・三河を領有する今川義元という強国に挟まれた尾張は、長らく両勢力の進入に苦しむ草刈り場の様相を呈していた。

信長の父信秀は、両者への対応に人生を尽くしたといってよい。道三とは、息女濃姫(帰蝶)を信長の正室に迎えることで同盟を結ぶことができた。これが、後に信長が今川氏への対応に専心することができた前提である。

戦乱状態が深刻であればあるだけ、当該地域の諸階層に強烈な平和願望をもたらす。あたかも一国規模で境界地域だった尾張こそ、軍事を最優先する強力な領主権力が出現する潜在的な可能性が高かった。

これに加えて、尾張を含む環伊勢海地域の地政学的アドバンテージについてもふれねばならない。ここが、東西の境目地域にあたり、東海道や東山道の二大街道が縦貫し、畿内近国と東国を結ぶ結節点であったが、南北すなわち太平洋側と日本海側との距離の短さも重要である。つまり、東西と南北の物流の結節点だったのだ。

もうひとつ、尾張が京都にほど近かったことも重要である。信長は、東西の境目地域に三カ国に及ぶ領国を形成し、将軍家の分裂抗争に積極的に関与して幕府の再興に貢献することで、領国支配の正統性を担保しようとしたのである。

尾張の守護代家の一族に出自をもつ信長の権力基盤の不安定性が、中央での将軍家の分裂抗争に積極的に関与してゆくという方向性を選択させたのであった。常に天下の趨勢と領国支配の安定化を一体のものとして意識したことが、他の大名とは異なる高い政治意識を育む前提であり、後の天下統一事業への動きにつながってゆく。

永禄十一年(一五六八)に上洛した直後から、信長が将軍権力を背景として近江・越前へと北に進出しようとして浅井氏・朝倉氏と対立したのは、中国・朝鮮・南蛮船が来航する日本海諸湊(小浜・敦賀・三国湊など)と太平洋につながる諸湊（熱田・津島・桑名・安濃津など）を結ぶ南北の流通路を確保するためであった。
元亀争乱の本質は、信長の北に向けての猛烈な領土的野心に対する、浅井・朝倉両氏の存亡をかけた抵抗だった。この戦いに勝利した信長は、領国の拡大に照応して拠点を岐阜から安土へと移動させることになる。安土は、琵琶湖という運河に支えられ、日本海・伊勢海にほど近く、しかも東山道（後の朝鮮人街道）を引き込んだ新たな東西・南北の結節点だった。

(2)軍事革命の視点

信長の流通を意識した経済発展を重視する姿勢は、軍事を最優先するためのものであり、彼の軍事力編成と密接に関係した。これに関しては、戦国大名最長の長槍と鉄炮の大量配備、そして巧みな築城術に注目したい[18]。

三間半の長槍隊は、鍛え抜いた武芸者集団を凌駕する軍事力を発揮する。ただしこれは、なにがあろうとフォーメーションを守るという厳しい軍事訓練を前提としてのことである。そのため、腕自慢の若者を銭貨でリクルートし、城下の長屋で丸抱えするだけの資本力がなければならなかった。実際、尾張時代の信長の軍事力の中心は長槍隊だったのである。

上洛し、近江国友村や和泉堺を押さえると、高価なハイテク兵器・鉄炮を操る鉄炮隊の本格的な組織に取りかかる。鉄砲隊が弓隊から独立するためには、次のような条件が必要だった。

すなわち、国友村や堺を拠点とする鉄炮職人集団や、黒色火薬の原料である中国産の硝石、玉の原料である東南アジア産の鉛といった必需品をあつかう国際商人との良好な関係を築く。さらには、優秀な砲術師を抱えることが前提だった。射撃対象との距離や仰角の計算、距離に応じた火薬の量を計るなど、戦争に本格的な科学知識が必要になったのである。

以上をクリヤーしてはじめて、数百から数千挺単位の鉄砲隊を組織することができたのである。ただし、玉籠めの間に足軽を守るために、長槍隊や弓隊は依然として重要な役割を担っていたし、鉄炮隊の射撃拠点となる陣所・陣城を短期間で構築する野戦築城術も、あわせて必要とされた[19]。

如上の三条件を満たせば、天下統一は理論上可能になる。そのための大前提が、莫大な銭貨の蓄積だった。信長は、本拠地を流通拠点に移転しながら版図を拡大した。同時に、領内拠点に派遣した家臣団にも、街道や河海を取り込んだ城郭を築かせた。

安土は、東海道・東山道・北国街道、および日本海・太平洋・瀬戸内海、そして運河としての琵琶湖の結節点に位置した（図1参照）。距離的にここは、敦賀をはじめとする国際港湾都市を通じて、環日本海地域すなわち東アジアを意識した新たな本拠地であった。

信長は、戦争を継続しつつ、国内の政治（軍事）・経済（兵站）を根本的に変革しようとした。具体的には、関所の廃止、石高制移行と京枡使用へという方向性がうかがわれ、その後継者たる秀吉は、莫大な貨幣（金・銀・銭貨）や大量の米穀が確保できる体制の構築に余念がなかった[20]。都市市場と流通路の保護という都市経済への依存は、天下人による海洋国家への傾斜を促進したのである。

信長は、経済政策を優先しながら版図を拡大しつつ、新たな領知制度を導入することを試みた。天正三年（一五七五）九月、柴田勝家に越前国掟を与えたが、そこには「大国を預置」（第六条）と明記されていた。

脇田修氏は、「信長においても、部将を彼の分領に配置したが、それは「預置」くといったものであり、信長の代官としての性格があきらかであった」[21]と鋭く指摘した。勝家を軍団長とする北国軍は、信長が最終的に全権を掌握し、分割派兵もおこなったのである。経済的合理性が、政治や軍事さらには知行制度までも変革してゆくのであった。

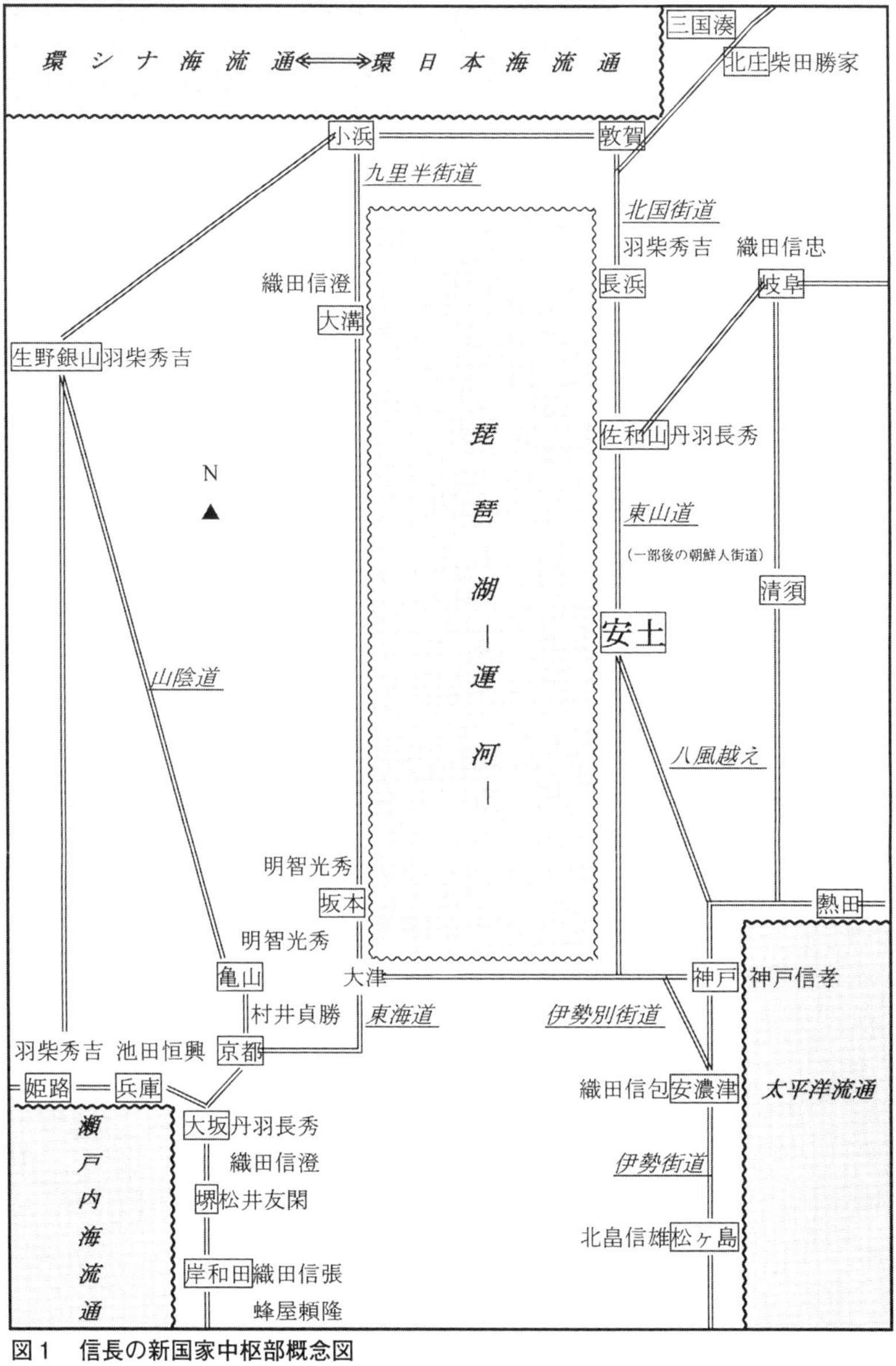

図１　信長の新国家中枢部概念図

(3)停戦令・国分・仕置

右近衛大将に任官した信長が安土に拠点をもった天正四年(一五七六)以降、本格的に「安土幕府」(将軍相当者信長を推戴する武家政権)と「鞆幕府」(足利義昭の亡命政権)との二重政権時代に突入した。戦国動乱の中核にあった足利将軍家内部における将軍と将軍相当者による分裂抗争は、ついに足利氏以外の実力者を一方の雄としたのであった。

ここで、「鞆幕府」についてふれたい。明治時代の国史編纂事業以来、元亀四年(一五七三)七月の信長による義昭追放をもって室町幕府の滅亡と位置づけられてきた。しかし、これ以降も信長包囲網の中核にあって戦国大名や大坂本願寺から広く奉戴された人物こそ、現職将軍義昭だったことは疑うべくもない事実である。

義昭は、天正四年に備後鞆の浦に下り、副将軍に毛利輝元を据えた義昭―毛利政権すなわち「鞆幕府」によって、播磨の別所氏や小寺氏、丹波の波多野氏や赤井氏、大坂本願寺と諸国の一向一揆、さらには荒木村重などを組織した。伊予河野氏や島津氏などの西国大名は、義昭を推戴しつつ、信長の台頭を注視していたのである。

毛利氏は、義昭を奉じて上洛戦を開始し善戦した。しかし、天正七年に備前宇喜多氏と伯耆南条氏が信長方となり、さらには天正八年閏三月に信長と大坂本願寺宗主顕如が正親町天皇の仲介で講和(勅命講和)したことでパワーバランスが崩れると、「安土幕府」が優位に立った。

教如が大坂を退去した同年八月、信長は満を持したように畿内近国で一斉に城割と検地をセットで強行し、あわせて西国諸地域に対する停戦令を発令した。筆者は、天下統一の画期として、これまでも天正八年を重視してきた。

天下統一とは、武力一辺倒で実現するものではない。天下人にとって直接敵対関係にない遠国の諸大名を臣従させるためには、天皇権威や朝廷人脈も必要不可欠となった。大坂本願寺との勅命講和を皮切りに、信長の統一事業は公家社会も巻き込んでその勢いを強めてゆく。

同時期の四国や九州などの遠隔地域では、長宗我部氏や島津氏などの戦国大名が台頭しはじめており、それにもとづく国郡境目相論の激化に伴って、関係大名は自らを優位に位置づけようと様々な思惑から信長に接近するようになる。信長はこのような事態に積極的に介入して、紛争地域の諸大名に対して停戦令を発して国分を執行しようとした。ここからが、天下統一の本格的な開幕である。

次に天正八年・九両年に発令された停戦令および関係史料を九州・中国・四国の順で掲げ、その内容をまとめた表を掲げたい。

〔史料1〕織田信長九州停戦令写（「歴代亀鏡」『島津家文書』一）

雖未相通候、令啓候、仍大友（宗麟）方与鉾楯事、不可然候、所詮和合尤候歟、将又此面事、近年本願寺令緩怠之条、誅伐之儀申付候、然大坂可退散由、依懇望令赦免、至紀州雑賀罷退候、幾（畿）内無残所属静謐候、来年於芸州可出馬候、其刻別而御入魂、対天下可為大忠候、尚近衛殿（前久）可被仰候間、閣筆候、恐々謹言、

（天正八年）八月十二日　信長

嶋津修理大夫殿（義久）

御宿所

〔史料2〕（天正八年）五月十二日付安芸厳島社人棚守房顕宛安国寺恵瓊書状（「巻子本厳島文書」八一）

（前略）京都（信長）と宇喜多（直家）半も一円半熟にてハ御座候、此節信長此方之御調専一候、操之趣三（通）とおり到来候、我等所へも丹波（丹羽）五郎左衛門尉（長秀）・夕庵（武井）より東福寺僧と中山道安と申者両人被指下候、直ニ陣中候指（ママ）上候、一昨日・昨日我等にも可罷上候由、従輝元・隆景被　申下候、去年以来大難ニあひて失外聞候条、はたと申切て返答仕候、申様

等一段可然候、兎角何之道も当方之儀、延々候間、不調申笑止存候、京都和平之儀者、何とそ調可申、是も此節存之候、我等への申様者、

一、輝元《（毛利）》・隆景《（小早川）》之儀者、弓矢一篇之御覚悟にて可然候、

一、元春《（吉川）》子息たち歴々御座候由候間、信長息女を一人是非申請候すると、使者一人被指上、可有御所望候、左候者丹五左・夕庵宿所ニ使之者置候て、信長江随分可取成候、於同心者諸公事之儀互ニ出入何とやうにも可成之由申下候、是ハ一段之申分にて候、

一、大方《（足利義昭）》之儀なとハ、一円信長も被申間敷候、西国之公方ニさせられ候て可然之由候、何とて此等程申越候哉と存ず計候、

（第四条略）

一、口羽方《（通良）》、近衛殿《（前久）》・勧修寺殿《（晴豊）》・庭田殿《（重保）》・友閑《（松井）》・村井方《（貞勝）》より一とをり申下候、是ハ国切申分不抱申下候、

一、自明智《（光秀）》申下様、是ハ日乗《（朝山）》子○中使にて被申下候、是も国切過候ハヽ、返答あるはかりに候て、先日我等参陣候砌被指帰候、何も宇喜多表裏者にて候間、せめて此方を和談ニ被調度と相聞候、第一日本ニ当家一味候へ者、太平ニ成行事候条、天下被持候上にての分別ニハ尤候、

（後略）

〔史料3〕織田信長四国停戦令（東京国立博物館所蔵「香宗我部家伝証文」）

三好式部少輔事、此方無別心候、然而於其面被相談候旨、先々相通之段、無異儀之条珍重候、猶以阿州面事、別而馳走専一候、猶三好山城守《（康長）》可申候也、謹言、

（天正九年）六月十二日
香宗我部（親泰）安芸守殿
（信長朱印）

表1　信長停戦令関係データ（年は天正）

年・月	対象	備考
8・3	九州	島津氏に対して、来年には毛利氏を攻撃するので大友氏との戦闘を停止し双方が和睦するように命じる（史料1）。信長没後も機能し、秀吉の九州停戦令（史料5）に継承される。
8・5	中国	対毛利戦主戦派の秀吉と宇喜多直家を交渉から除外する形で和平に持ち込もうとする。義昭を「西国公方」として承認（史料2傍線）。宇喜多氏と一体になった秀吉の強硬路線と対立することになる。
9・6	四国	長宗我部氏に対して、敵対していた三好式部少輔を援助して阿波の支配をおこなうように命じる（史料3）。停戦と阿波の折半支配を指示するが、長宗我部氏の離反を招き、本能寺の変の原因となる。

このように、西国統一戦を目前に控えた時期に、信長は停戦令を強制した。それまでの直接領域を接する近隣地域への侵略戦とは異なり、遠国の戦国大名相互の国郡境目争論に強権的に介入する天下統一の段階となったのである。これと同時に、政権基盤である畿内近国諸地域における一国単位の仕置を強制してゆく。天正八年八月、信長は畿内近国に対して城割を命ずるが、それを皮切りに一斉に仕置を開始した。もちろん、遠国への出陣に備えての軍事・経済基盤の整備のためである。これについては、当該期に執行された仕置についてまとめた表2を参照されたい。ここでは、比較的史料の豊富な大和のケースについて紹介する。

大和の城割は、筒井城のような中核的城郭については、徹底的な破却がおこなわれたことが判明している。城割の完了によって、理念的に当該国が信長によって収公され、上使の指揮下に入る。

引き続き、上使から大和一国の寺社・本所・諸寺・国人を対象とした指出検地の命令が厳重に伝えられ、書式が指示された。(22) 該当国の知行関係を明らかにし、それにもとづき軍役などを賦課したいという信長の上意を受けてのものであった。この検地は、当知行安堵をめざしたものではなかった。また、この検地に抵抗した国人は処刑されている。

同年十一月七日、筒井順慶は信長から朱印状を授けられて正式に大和国主となり、箸尾氏はその与力を命ぜられた。同月十二日に、順慶は信長の上使から郡山城を請取り入城する。

このように、城割と検地によって、理念的に大和一国は明確に織田領になったのであり、筒井氏は信長の代官として領地・領民・城郭を預けられた。信長は、本領を安堵したり新恩を給与したりする伝統的な主従制のありかたを、根本から否定しようとしたのであった。天下統一事業は、中世領主制を解体してゆくのである。

表2　信長仕置一覧

国名	城割	検地	備　考
能登	○	?	天正9年、菅谷長頼が奉行。
越中	○	?	同右。
伊賀	○	?	信長、天正9年9月の伊賀攻めにおいて一国城割を命じる。
大和	○	○	天正8年8月、信長が一国城割令。同年10月、検地終了。上使明智光秀・滝川一益、今井寺内町の「土居構」を崩す。
摂津	○	○	天正8年8月、信長が一国城割令。検地に高山重友関与。
河内	○	?	天正8年8月、信長が一国城割令。天正3年にも一国城割執行。

和泉	?	○	信長、検地に伴う国人の知行替実施。上使堀秀政。
丹波	○	○	天正8年に城割令。光秀、天正9年に城割に従わなかった国人と一族を処分。軍法の制定（史料4）。
丹後	○	○	天正8年8月、信長が細川藤孝の居城宮津城を指定。
播磨	○	○	天正8年4月、秀吉が一国城割。信長が羽柴秀吉の居城姫路城を指定。

次に、大和の仕置を担当した上使の一人だった明智光秀の軍法を抜粋してを掲げる。

〔史料4〕明智光秀家中軍法（「御霊神社文書」尊経閣文庫所蔵）

定　条々

（中略）

一、軍役人数百石ニ六人多少可准之事、

一、百石ゟ百五拾石之内、甲一羽・馬一疋・指物一本・鑓一本事、

一、百五拾石ゟ弐百石之内、甲一羽・馬一疋・指物一本・鑓二本事、

一、弐百石ゟ参百石之内、甲一羽・馬一疋・指物二本・鑓弐本事、

一、参百石ゟ四百石之内、甲一羽・馬一疋・指物三本・鑓参本・のほり《幟》一本・鉄砲一挺事、

一、四百石ゟ五百石之内、甲一羽・馬一疋・指物四本・鑓四本・のほり一本・鉄砲一挺事、

一、五百石ゟ六百石之内、甲二羽・馬二疋・指物五本・鑓五本・のほり一本・鉄砲弐挺事、

一、六百石ゟ七百石之内、甲弐羽・馬弐疋・指物六本・鑓六本・のほり一本・鉄砲三挺事、

一、七百石ゟ八百石之内、甲三羽・馬三疋・指物七本・鑓七本・のほり一本・鉄砲三挺事、

一、八百石ゟ九百石之内、甲四羽・馬四疋・指物八本・鑓八本・のほり一本・鉄砲四挺事、
一、千石ニ甲五羽・馬五疋・指物拾本・鑓拾本・のほり弐本・鉄砲五挺事、付馬乗一人之着到可准弐人宛事、
（中略）
天正九年六月二日
日向守光秀（花押）
（惟任）

丹波国主だった光秀は、家臣団の所領石高に応じて軍役を義務づけたことがわかる。もちろん、この段階の検地は後の太閤検地と比較すると、かなりアバウトなものだったようであるが、多様な貨幣の流通を前提とする貫高ではなく、石高を媒介とする知行制の導入は、軍役のみならず、それまで不可能だった全国規模の国替を実現することになる。

信長は、最終的に麾下の全大名を命令ひとつで自由に転封できる鉢植大名にしようとしたと推測される。彼がおこなった国替については、表3を参照されたい。これは、本能寺の変によって規模的には十分には展開しなかったが、後述するように、秀吉は天正十三年閏八月に大規模国替を強制し、信長の政策を継承して一挙に集権国家を誕生させようとしたのだった。

表3　信長重臣の国替（年は天正）

年	大名	旧城→新城	備　考
1	丹羽長秀	近江佐和山→若狭後瀬山	天守・石垣あり。佐和山城も預かる。
3	柴田勝家	近江長光寺→越前北庄	天守・石垣あり。
9	前田利家	越前府中→能登七尾	天守・石垣あり。
9	池田恒興	尾張犬山→摂津伊丹・兵庫	天守・石垣あり

10	滝川一益	伊勢長島→上野厩橋	
10	河尻秀隆	美濃岩村→甲斐躑躅ケ崎	信忠付き、岩窪館説あり。
10	森　長可	美濃兼山→信濃海津	信忠付き。

2　豊臣国分の諸段階

(1)第一段階の国分―集権国家の創出―

山崎の戦い直後の論功行賞は、柴田勝家・丹羽長秀・羽柴秀吉・池田恒興の四宿老がおこなったので、秀吉の国分は、天正十一年四月の賤ケ岳の戦い直後に執行された第一次北国国分が嚆矢となった。功のあった前田利家や丹羽長秀らに加増したのであるが、判物でおこなっている。これは、まだ織田家の一部将・羽柴氏段階の国分であって、天下人としてのそれではなかった。

天正十二年には、「天下分け目の戦い」というべき大規模戦争である小牧・長久手の戦いが勃発し、その結果、秀吉は織田家家督の信雄や徳川家康との国分をおこなった。これによって、羽柴領の東境を確定した。引き続き天正十三年には、表4に示すように矢継ぎ早に国分をおこなった。

表4　天正13年豊臣国分（丸数字は閏月）

月	西国	東国・北国
1	秀吉から最終的な中国国分案提示。毛利輝元に伊予・土佐拝領を約束。	

月	上段	下段
2	**中国国分終了。**	**信雄上洛し、秀吉に臣従。**
		秀吉政権成立
3		秀吉、前田利家に5月出陣を指令。
4	**秀吉、和泉・紀伊の一揆鎮圧。**	上杉景勝、越中攻撃を準備。
5	秀吉・長宗我部氏・毛利氏の交渉。 秀吉、仮病により出陣延期。	成政、和議斡旋を家康に依頼。
6	秀吉、長宗我部元親の四国国分案承認。 阿波・讃岐の返還と土佐・伊予（領有分）の安堵。 秀吉、長宗我部元親の人質を請取る。 秀長四国出陣（城請取のため）。 小早川隆景国分を了解せず。 秀吉、毛利輝元の伊予領有を承認。 小早川隆景・吉川元長出陣。	秀吉、信雄と交渉。 家康の家老人質か、成政の越中退出。
7	秀吉出馬予定される。 （戦争） 長宗我部氏降伏。	秀吉、家康と交渉。 家康の家老人質か、成政の越中退出。 秀吉関白叙任
8	**四国国分終了。**	成政、信雄に降伏の意を伝える。 信雄、秀吉と交渉。 秀吉北国出陣。

8	秀吉領確定→全所領国替	（戦争） 成政降伏・三木氏滅亡。 **北国国分終了。**

秀吉は、西境を決する中国・四国国分を敢行し、その直後に北境を決する第二次北国国分を執行した。また南方の敵対勢力、和泉・紀伊の一揆を制圧したことも重要であった。このようにして、かつての信長領を凌駕する羽柴領が姿を現したのであるが、すぐさま近世的な知行原理の成立をめざす大規模国替を断行する。それをまとめたのが、表5である。

表5　天正13年閏8月国替一覧

国名	居城	大名	国替	関係	備考（カッコ内数字、単位万石）
越中	富山	前田利長	○	服属	前田利家嫡子。
	―	佐々成政	○	服属	北国国分により在大坂、新川郡を得る。
能登	七尾	前田利家	×	服属	天正9年、越前から国替。
加賀	金沢	前田利家	×	服属	半国、天正11年、能登七尾城から移る。
	大聖寺	溝口秀勝	○	服属	（四・四）、堀秀政与力、元丹羽長秀与力。
	小松	村上頼勝	○	服属	（六・六）、堀秀政与力、元丹羽長秀与力。
越前	北庄	堀秀政	○	服属	（二十九）、旧信長近習、近江佐和山より転封。
	東郷	長谷川秀一	○	服属	（十五）、旧信長近習。
	府中	木村常陸介	○	直臣	（十）、若狭佐柿国吉から転封。

	大野	金森長近	×	服属	(五)、翌年飛騨高山に転封。
	敦賀	蜂屋頼隆	○	服属	(五)
若狭	小浜	丹羽長重	○	服属	丹羽長秀嫡子、越前北庄より転封。
飛騨	―	佐藤秀方	×	服属	在美濃。
美濃	大垣	一柳直末	○	直臣	羽柴秀次年寄、近江瀬田より転封。
伊勢	松ヶ島	蒲生氏郷	×	直臣	天正12年に近江日野より転封。
伊賀	上野	筒井定次	○	服属	羽柴秀長与力、大和郡山より転封。
近江	八幡	羽柴秀次	○	一門	(四十三)、秀吉養子。
	水口	中村一氏	○	直臣	羽柴秀次年寄、信楽の多羅尾光俊をはじめ甲賀衆改易。
	佐和山	堀尾吉直	○	直臣	(四)、羽柴秀次年寄。
	長浜	山内一豊	○	直臣	(二)、羽柴秀次年寄。
	坂本	浅野長吉	○	一門	(〇・七)、京都奉行。
大和	郡山	羽柴秀長	○	一門	秀吉実弟。
河内	―	直轄領	―		
和泉	岸和田	羽柴秀長	○	一門	小出秀政岸和田城代。
摂津	―	昵近衆	○	直臣	脇坂安治・加藤嘉明・大島光義・加藤清正・水野勝成・猪子一時などの旗本衆への所領宛行・替地あり。
紀伊	和歌山	羽柴秀長	○	一門	桑山重晴城代、丹羽長秀家臣。
丹波	亀山	羽柴秀勝	×	一門	秀吉養子(信長五男)。
丹後	宮津	細川忠興	×	服属	細川藤孝嫡子。
但馬	出石	前野長康	○	服属	播磨三木より転封。

	竹田	斉村政広	○	服属	別名赤松弥三郎。
	八木	別所重棟	○	服属	
	豊岡	明石則実	○	直臣	
播磨	―	過半近習	―	―	
	三木	中川秀政	○	服属	（六・五）、摂津茨木より転封。
	明石	高山重友	○	服属	摂津高槻より転封。
	室津	小西行長	○	直臣	
	竜野	福島正則	○	直臣	
備前	岡山	宇喜多秀家	×	服属	美作・備中東部も支配。
淡路	洲本	脇坂安治	○	直臣	
	志知	加藤嘉明	○	直臣	
阿波	一宮	蜂須賀家政	○	直臣	
	住吉	赤松則房	○	服属	
讃岐	聖通寺	仙石秀久	○	直臣	淡路洲本より転封。
	十河	十河存保	×	服属	仙石秀久与力。
伊予	湯築	小早川隆景	○	服属	翌年から湊山城築城。
	―	安国寺恵瓊	○	直臣	在国せず。
	来島	来島通総	×	服属	
	鹿島	得居通幸	×	服属	
土佐	岡豊	長宗我部元親	×	服属	秀長幕下、四国国分で大幅減封。

北国からの帰路、秀吉は天正十三年閏八月十七日に近江坂本城で開陣し、同月二十四日に上洛するまでの短期間に、当城において畿内近国を中心とする全所領規模の国替プランを練り、矢継ぎ早に諸大名に強制した。

摂津に直臣団を配し、河内は直轄領とし、播磨の過半は近習に、和泉・紀伊・大和には弟秀長（大和豊臣家）、近江に養子の秀次（近江豊臣家）、丹波に養子の秀勝（丹波豊臣家）という一門大名を配置した。これを中核として、周辺に直臣大名、外縁部に服属大名という同心円編成としている。

この大規模国替によって、織田旧臣でそれまで本領を安堵され与力的な関係にあった大名でさえ本領を失った。あわせて国替に関わる百姓の移動も禁止した。これによって、豊臣領の境界画定が完成し、同時に本主権すなわち中世的領有権の否定を試みた。

これに関連して、天正十四年一月十九日付で広く諸大名に布達された十一条に及ぶ秀吉朱印状（「諸家単一文書」）は重要である。奉公人統制・年貢率・京枡の導入・衣服規制など実に多岐にわたる基本法令であるが、近世公儀法度の原点として位置づけられるべきものである。ここに、畿内を中心とする集権国家が誕生したのであった。

(2)第二段階の国分―天下統一戦―

新たな畿内政権は誕生したのであるが、この段階の国分と天下統一戦段階の国分とは、明確に区別するべきである。後者を第二段階の豊臣国分とよびたい。具体的には、次の表6に示した九州国分・関東国分、そして奥羽仕置（奥羽国分）である。これらは、いずれも直接豊臣領とは接しない遠国の大名間の境相論に、停戦令を発することで強制介入したものであった。

表6　第二段階豊臣国分一覧（年は天正）

年・月	国分	介入領土紛争	備考
15・6	九州	島津氏・大友氏	大友氏は豊臣大名、15年7月、肥後国人一揆勃発。
18・3	関東	北条氏・真田氏	真田氏は豊臣大名。
18・7～8	奥羽	伊達氏・蘆名氏	蘆名氏は豊臣大名。18年10月、葛西・大崎一揆勃発。九戸一揆鎮圧をもって終息。

次に、秀吉の強制した停戦令を九州そして関東・奥羽の順で掲げよう。

〔史料5〕豊臣秀吉九州停戦令（『島津家文書』三四四）

就　勅諚染筆候、仍関東不残奥州果迄被任　倫（綸）命、天下静謐処、九州事于今鉾楯儀、不可然候条、国郡境目相論互存分之儀被聞召届、追而可被　仰出候、先敵味方共双方可相止弓箭旨　叡慮候、可被得其意儀、尤候、自然不被専此旨候者、急度可被成御成敗候之間、此返答、各為ニ者一大事之儀候、有分別可有言上候也、

（天正十三年）拾月二日　（秀吉花押）

島津修理（義久）大夫殿

〔史料6〕豊臣秀吉関東停戦令（「白河結城文書」）

佐野事、無異儀之段尤候、自然之儀入魂専一候、家康事、種々縁辺等儀迄、令懇望候条、誓紙・人質以下堅相卜、令赦免候、①然而関東之儀、近日差越使者、相立境目、可属静謐候、若相滞族有之者、急度可申付之条、②其間之儀、聊爾之動不可有之候、委細相含山上道牛候、尚増田（長盛）右衛門尉・石田（三成）治部少輔可申候也、

（天正十四年）五月廿五日　（秀吉花押）

白川七郎（義親）とのへ

秀吉が命じた天正十三年の九州停戦令（史料5）と、同十四年の関東・奥羽停戦令（史料6など）は、信長の停戦令の系譜をもつものであって、秀吉が独自に制定し強制したものではない。ちなみに、史料1の信長の九州停戦令を参照すれば一目瞭然である。天下を預かる信長が諸大名に発した停戦令を念頭に置いて、関白に任官した段階の国分に照応する法として秀吉が構想し、発給したものであった。

関東・奥羽停戦令（史料6など）は、家康の臣従を前提として、近日、関東に使者を派遣して大名間の境界を確定するが、それに従わない者は処罰する（傍線①）、それまでの期間における停戦を命じる（傍線②）、という内容である。ここで主張されている論理は、前年十月に発令された九州停戦令と基本的に同一であった。

秀吉がそれらの停戦令において主張した論理は、天皇権威を背景に関白としての立場から「天下静謐」の実現を標榜したが、その本質は西国では毛利氏、東国では徳川氏といった「取次」役の大大名を動員して、危機に瀕していた豊臣大名（九州では大友氏、関東では真田氏、奥羽では蘆名氏）を救援するためのものであった。秀吉は、遠国大名の国郡境目相論のエネルギーを、天下統一戦争へと方向付けたといってよい。

あらかじめ秀吉は敵対大名を想定し、豊臣化を表明した大名には軍事物資などの援助をおこなっており、そのことは「征伐」の対象とされた大名側も十分に認識していた。もとより、中立の立場から大名間の境目相論を公平・公正に裁定しようとしたのではなかった。これは、豊臣国分に共通する特徴と言えよう。

天正十五年三月一日に九州に向けて出陣した秀吉は、同月二十一日に赤間関（山口県下関市）に到着し、先発の秀長と合流した。これより軍隊を二分し、秀吉は筑前・筑後・肥後経由で、秀長は豊前・豊後・日向経由で薩摩をめざす。秀吉は、同年五月三日に薩摩川内で島津義久の降伏の報に接したのち、島津氏の赦免を決定する。そして同月十八日に軍隊を北上させ、六月七日には筑前筥崎（福岡市）に到着した。ここで最終的な九州国分を執行し、さらに大陸出兵のための兵站基地とすべく博多の復興に着手し、帰途についたのは七月二日のことだった。

九州国分の主だったものをあげると、筑前一国および筑後・肥前各二郡を小早川隆景に、肥前四郡を龍造寺政家に、豊前六郡を黒田孝高に、肥後を佐々成政に、そして豊後一国を大友義統に、薩摩・大隅の二国を島津義久にというものだった。

ここで重要なのは、九州諸大名のうち国分の結果、即座に改易された者がいなかったことである。九州国分を除き、すべての豊臣国分では直後に改易処分をうけた大名が存在している。改易に際して予想される反乱を鎮圧する軍事力が、この段階の秀吉勢には残されていなかったことに起因するだろう。

九州攻撃は、はじめて敢行した本格的な遠征だった。九州国分を終了した秀吉に残された課題は、伺候・臣従しない関東の北条氏や奥羽の伊達氏を中心とする敵対勢力を服従させ、天下統一を完成することにあった。

家康が、娘婿の北条氏直を秀吉に臣従させるために尽力した結果、九州国分の翌年の天正十六年八月に北条氏規の上洛が実現する。天正十七年二月に北条氏重臣板部岡江雪が上洛を遂げて北条氏の臣従が決定し、秀吉は北条氏を赦免する方針を採用した。

このように、北条氏の豊臣大名化は目前に迫ったが、その前提として領土裁定とりわけ真田氏の沼田領の処分が焦点となった。既に真田昌幸は、天正十五年に上洛して秀吉に拝謁し豊臣大名化していた。北条氏政・氏直父子に対しては、その上洛の前提として、沼田領の三分の二を北条領とする秀吉の裁定案が出された。

ところが、天正十七年十一月に、北条氏家臣猪俣邦憲が真田氏の沼田領の拠点上野名胡桃城を奪取した。この情報に接した秀吉は、即座に北条氏に対して宣戦布告したのである。天正十八年三月一日、秀吉は北条氏攻撃のために聚楽第を出陣した。伊豆山中城攻めなど緒戦での快進撃は続き、小田原城攻めが始まる四月中旬頃、石垣山城の普請が開始され、早くも六月二十六日に秀吉が本陣とするべく入城している。

七月一日、北条氏直が滝川雄利の陣所に出向き降伏を伝えた。なお抵抗が続いたものの、七日には家康が小田原城を請け取り、十日になると氏政も家康の陣所を頼って投降した。十一日、氏政と氏照（氏直の叔父）は切腹し、氏直は高野山に追放された。

(3)天下統一の完成

天正十八年七月十三日に小田原から出陣した秀吉は、同月二十六日に行軍途次の宇都宮で、伊達政宗や最上義光を召し出し、奥羽仕置の手始めとして南部信直・佐竹義宣・岩城常隆などの旧領を安堵した（宇都宮仕置）。そして八月九日には背炙山を越えて、会津黒川に到着する。そこで臨済宗の古刹興徳寺を御座所とし、わずか五日間の逗留中に奥羽仕置の基本政策を断行した。

小田原に遅参した政宗は、秀吉から会津黒川城を没収された。当城は、かつて蘆名氏が居城としたが、秀吉の停戦令を無視した政宗が、天正十七年に摺上原の戦いに勝利し奪取して以来、本城としていたからである。あわせて小田原に参陣しなかった石川昭光・大崎義隆・葛西晴信・白河義親など諸大名の所領を没収し、奥羽の押えとして蒲生氏郷に陸奥国内の一二郡と越後国小川荘を与えた。ここで奥羽仕置令として著名な（天正十八年）八月十二日付秀吉朱印状（『浅野家文書』）についてふれたい。

第一条では、八月九日に秀吉が出仕した奥羽諸大名に「御置目」すなわち仕置令を仰せ付けたうえで、検地については、豊臣秀次に会津を、宇喜多秀家に白河郡とその近辺を担当するよう指令した。

第三条は、最上義光と伊達政宗が人質として妻子を京都に差し出したことをふまえて、秀吉が彼ら以外の諸大名も京都もしくは会津の新領主蒲生氏のもとに人質を出すべきことを命じたものである。

「仕置に反対する者がいたなら、一郷も二郷もことごとく撫切りせよ。六十余州にかたく命じる。山の奥、海は櫓櫂の続く限り、念を入れて執行するように。いささかなりとも手を抜くことがあれば、自らが直ちに出向いて厳命を申し付ける」との有名なくだりは、第四条中の文言である。

秀吉から仰せ出された仕置令の趣旨は、大名から百姓に至るまでのすべての階層に周知徹底すべきことが打ち出された。また秀吉が「撫切り」を表明したのは、従来理解されているような検地への反対ばかりではなく、それを含む仕置の執行に反対する者に対してであったことにも留意すべきである。

人質徴発と城割・検地の実施が、秀吉の奥羽全域に対する仕置に含まれる基本政策だった。秀吉は、宇都宮仕置をふまえて、会津黒川においては服属大名と奉行層に指令して仕置を実施に移したのである。この過程で仕置令は、各大名を通じて村々の百姓にまで広く通達されていったが、ただちに葛西・大崎一揆をはじめとする地域社会あげての仕置反対一揆を勃発させることになる。

天正十九年には、南部信直の一族九戸政実が決起する。このきっかけは、前年七月の宇都宮における秀吉の信直に対する処遇にあった。そこで、秀吉は信直を南部氏当主として認め、政実をその家中に位置づけ、居城破却と妻子の信直居城三戸への提出、さらには検地実施も決定された。信直と家督相続をめぐり対立していた政実が、この仕置に反発したのは当然のことだった。

政実の抵抗が、それを押さえ込むことのできない信直によって、天下の謀反に仕立て上げられたのである。前年に発生していた和賀・稗貫一揆などへの対処も兼ねて、秀吉は奥羽統一を完成すべく再仕置を決意する。天正十九年六月に豊臣秀次と徳川家康らの大軍が下向し、蒲生氏郷とともに一揆方諸城を攻撃した。

六万人ともいわれる上方勢の前に五〇〇〇人程度の九戸勢では衆寡敵せず、政実は天正十九年九月四日に降伏した。籠城衆の助命の約束は反故にされ、女性や子供も含む一揆軍は殲滅される。政実は秀次の本陣三迫（宮城県栗原市）で処刑され、その首は京都で獄門にかけられた。

筆者は、秀吉の天下統一は、これまでも天正十九年の奥羽再仕置の終了をもって完成したと主張してきた。不思議なことに、従来、全奥羽規模の抵抗とそれに対する鎮圧戦が、天下統一とリンクして論じてこられなかった。

天下統一とは、侵略戦争を通じて反抗する戦国大名・領主がいなくなることを意味するのではない。天下人が城割・検地などの仕置を通じて「日本六十余州」の収公を完了し、国土領有権を掌握することを本質としたからである。天正十九年における、秀吉による全大名に対する御前帳と国絵図の提出命令は、天下統一の完成を象徴的に示すものだった。

おわりに

教科書で長らく採用されてきた、天下統一をめぐる信長対一向一揆すなわち天下人対民衆という階級闘争史観は、史実として成り立たない。また誕生した統一国家像については、「惣無事令」ましてや「豊臣平和令」のような先進的政策を打ち出すような法治国家的なイメージとは、およそかけ離れている。

臣従・服属した戦国大名・領主さえ、信長や秀吉によって改易されたり本領を大幅に削減されたり、当知行していた所領を剝奪された者が少なからずいた。そこに、政権の専制性・恣意性は歴然としている。

天下統一の契機を説明するとき、従来のような、地域社会から＝「下から」、あるいは将軍や天皇のもとに留保＝

「上から」、という二者択一的な議論は成り立たない。戦国大名領国は、成立期から不可避的に国郡境目相論を内包していたから、その解決のためには、どうしても中央の公儀権力を必要としたのである。

九州・四国・中国・北国・関東・奥羽のブロック大名は、分権化を進めつつ有利な条件で公儀権力としての信長や秀吉に結びつこうと、ロビー活動を強化した[23]。戦国大名とは、本来的に不安定な地方公権で、早晩淘汰・克服されるべき存在だった。自立性を強めるほど周辺大名との境目争論が国人・土豪さらには地域の寺社勢力を巻き込みつつ拡大・激化し、紛争解決のために中央の公儀権力との結びつきを強化せねばならないという矛盾が深化するからである。

すなわち、戦国大名の分権化志向と天下人による集権化への動きは一体の関係で同時に進行していたのである。従来の戦国大名のイメージは、たとえば「その領国では、戦国大名が最高支配権者として存在した。領国は、他者の支配が一切及ばない、排他的・一円的なものであった。そこには天皇や室町幕府将軍などの支配も及ばなかった[24]」というのが代表的なイメージであろうが、これには根本的な疑問をもたざるをえない。

たとえば、もっとも研究の蓄積されてきた北条氏は、事実として公儀権力をまったく必要としない独立国家の王者だったのだろうか。ここで注目したいのが、天正十年（一五八二）三月二十八日付で「三嶋神官殿」に対して宛てた北条氏政の「願書」すなわち願文（「三島神社文書」）である。

これは信長が武田氏攻撃を終えた直後のものであり、「信長公」との入魂により「関東八州」が子息氏直の本意に属す、つまり信長から安堵されたならば、社殿を建立することを誓約している。氏政が認めたこの卑屈ともみられる願文は、東国を制圧して文字通り天下人となった信長への従属を意味するものだった。ここには、信長に屈服した織田大名北条氏像が鮮明となる。

戦国大名たちの支配の正統性は、朝廷・幕府に関係する伝統的な権威から主張されてきた。信長が台頭すると、臣従した諸大名はただちにその威光に服した。独立不羈の地域政権としての「戦国大名」概念は、以前にも増して再考が迫られているのである。

次に問うのは、信長には天下統一というビジョンがなかったのかという意見に関するものである。近年の代表的な議論やコメントを紹介しよう。

・池上裕子氏――「「天下統一」は「天下」が全国に拡大したことを示し、そこに信長政権の展望が開かれようとしていたが、一統の実現はまだ遠く、信長方の調略用語の段階であったのではないだろうか」[25]。「でも農民をどう支配するか、武士全体をどうしていくかという全国区の政策は信長にはない。だから統一政権とは言えないと思う」（池上『東京新聞』二〇一三年七月二十八日「信長の全国統一の評価はおかしい」）。

・金子拓氏――「信長の行動基準は、あくまでも天下静謐の維持という点にあった。信長の行動は、その価値観を基準にすればおおよそ説明できる。極言すれば、（中略）天正三年末の段階でほぼ達成されていた状態が、信長が頭に描いた天下静謐だったのである。たしかに秀吉は、信長亡きあとその領国支配の枠組みを引き継いで全国統一を果たした。しかし秀吉がこうした信長の考え方までそっくり引き継いだわけではなかったことに注意しなければならない。秀吉が描いた全国統一のような構想は（少なくとも没する直前の段階までは）、信長の頭になかったのではないだろうか」[26]。

いずれも、信長が天下統一構想をもっていなかったとすることで共通している。これに関しては、次の史料を掲げよう。

〔史料7〕柴田勝家書状（『信濃史料』一四）

（追而書略）

其国有御逗留、方々御計策不及是非候、殊神小二・本清七、前以血判被相下候而、溝口被指上候、委曲承届、達
上聞候、去五日至加州奥郡相働、如存分申付、能州末守・越中御味方中手を合、無残所為一刀之覚悟申付候、可
御心安候、一揆共相溜所々悉討果、越後御理之面々如御存分可申饋候、有其御意得、弥御才覚此時候、①随而摂州
有岡・播州三木落居之体、其外中国之儀者可有其聞候、宇喜田（多）令調略、鎮西迄属御手候、大坂之儀命計被成御赦
免候て、退城仕究候、将亦従甲州御詫言之使者、御馬・太刀去年より雖相詰、無御許容候、然上者、②其御国衆天
下一統之御望之面々、為御礼、御使於被指上者、致披露、御朱印以下馳走可申候、各へ其旨御伝達尤候、万事無
御油断御馳走専一ニ候、猶両人可申候、恐々謹言、

（天正八年）閏三月廿三日　　勝家（柴田）（花押）

小笠原右近大夫殿（貞慶）

御返報

ここでは、柴田勝家が荒木村重や別所長治の反乱の鎮圧、宇喜多直家の従属、大坂本願寺との講和、さらには武田勝頼の劣勢をふまえ（傍線①）、「天下一統」すなわち全国統一をさす表現が、天正八年閏三月という時期に登場したことの意義は大きい。

「天下一統御望之面々」が、信長への服属を望めば、勝家が尽力して取り次ぐことを伝えている（傍線②）。筆者は、本論でも論じたように、この段階までに信長が新たな改革思想にもとづく国家ビジョンをもっていたと考える。

天下統一とは、天下人の構築した畿内政権による停戦令発令→侵略戦争→国分→仕置の強制の結果、誕生した新国

家による国土領有権の掌握という意味である。信長政権が、大坂本願寺を降した直後のこの時期から、天下統一事業が本格化し、城割・検地を中核政策とする仕置が進められた。

戦国大名による分権化の動きは、実は彼らが不可避的に直面した国郡境目争論を裁定しうる強力な軍事力をもつ公儀権力の創出を必要としたのである。実力行使を伴う停戦令の強制は、彼ら（とりわけブロック大名と対峙する中小の戦国大名）が待望するものでもあった。秀吉政権は、かかる遠国の戦国大名たちの要望を背景に、天正十五年の九州国分以降、かつての信長政権の集権化への方向を、より徹底化したといってよい。

信長が義昭の「公儀」を直接推戴して環伊勢海政権を創出した時点で、戦国大名とは異質の公権力になった。やがて義昭と袂を分かち、将軍担当者として「天下」を支え、天正八年以降は畿内近国を中心に仕置を強制して新国家を建設したのである。

小稿においては、近世的知行原理が打ち出された画期として天正八年に注目したが、その背景には信長独自の改革思想があった。彼が到達したのは、家臣団に本領を安堵したり新恩を給与したりする伝統的な主従制のありかたを否定し、大名クラスの家臣個人の実力を査定し、能力に応じて領地・領民・城郭を預けるという預治思想だった。

これこそが、信長政権「安土幕府」を起点とする新たな政治思想である。天正八年以降、信長は支配理念としての「天下」観を明確化させ、それへの絶対服従を子息・一門も含む全家臣団に対して強制するようになっていた。当該期には、柴田勝家や羽柴秀吉などの数カ国の経営を任された大身重臣の領国支配権が強化されたことが指摘されている。[27]これは、畿内近国で一斉に強制された仕置にもとづく領地権の預け置きと密接に関係しているのである。

秀吉も、この思想を継承した。それは、政権奪取二年後の天正十五年六月十九日付バテレン追放令の第三条にみえる「一、其国郡知行之義、給人被下候事ハ、当座之義ニ候、給人ハかはり候といへ共、百姓ハ不替もの候条、理不尽之義、何かに付て於有之ハ、給人を曲事可被仰出候間、可成其意候事」（「三方会合記録」）との主張からも看取される。

ここでは、信長以来の預治思想を徹底しようとしているのである。すなわち、大名・領主の領知権は当座のものである。彼らに国替があったとしても、百姓は移動せず天下のものであるから、理不尽な支配をしてはいけない、という意味である。

天下統一とは、具体的には天下人が遠征によって国土を収公し、城割・検地などの仕置を媒介として天下の城、天下の百姓を創出し、そのうえでの大名・領主に領地・領民・城郭を預け置くという未曾有の大事業だった。

天正年間から寛永年間までの天下人たちによって強制された大名の国替こそ、在地領主制にもとづく中世封建制と、石高制による近世封建制のありかたの質的差違を明示するものであり、その全国的な展開が国家規模の近世化を推進したのであった。ここに、中世と近世の領主制の懸隔を見出すべきである。

註（紙幅の関係から、文献は初出時のもの、関係論文が多い場合は論集にとどめた）

（1）鹿毛敏夫『アジアのなかの戦国大名』（吉川弘文館、二〇一五年）。

（2）杉山清彦「大清帝国と江戸幕府—東アジアの二つの新興軍事政権」（『世界史を書き直す　日本史を書き直す』和泉書院、二〇〇八年）、同『大清帝国の形成と八旗制』（名古屋大学出版会、二〇一五年）。

（3）今井林太郎「信長の出現と中世的権威の否定」（『思想』二八二、一九四七年）など。

（4）安良城盛昭「太閤検地の歴史的前提」（『歴史学研究』一六三・一六四、一九五三年）、同「太閤検地の歴史的意義」（『歴史学研究』一六七、一九五四年）など。

（5）朝尾直弘「将軍権力の創出」（『歴史評論』二四一、一九七一年）など。

（6）永原慶二「大名領国制の史的位置」（『歴史評論』三〇〇、一九七五年）。
（7）藤木久志『豊臣平和令と戦国社会』（東京大学出版会、一九八五年）。
（8）高木昭作『日本近世国家史の研究』（岩波書店、一九九〇年）。
（9）今谷明『室町幕府解体過程の研究』（岩波書店、一九八五年）、家永遵嗣『室町幕府将軍権力の構造』（東京大学日本史学研究論叢1、一九九五年）。
（10）秋山伸隆「戦国期における半納について」（『芸備地方史研究』一二五・一二六、一九八〇年）。
（11）山本浩樹「戦国大名領国「境目」地域における合戦と民衆」（『年報中世史研究』一九、一九九四年）、同『西国の戦国合戦』（吉川弘文館、二〇〇七年）、同「織田・毛利戦争の地域的展開と政治動向」（『日本中世の西国社会① 西国の権力と戦乱』清文堂、二〇一〇年）。
（12）今谷註（9）書。
（13）川岡勉「室町幕府―守護体制の変質と地域権力―」（『日本史研究』四六四、二〇〇一年）など。
（14）拙著『日本近世国家成立史の研究』（校倉書房、二〇〇一年）。
（15）拙著『秀吉神話をくつがえす』（講談社現代新書、二〇〇七年）、同『秀吉と海賊大名』（中公新書、二〇一二年）、同『天下統一』（中公新書、二〇一四年）。批判に対して藤木氏は、新たに惣無事令の原法度として豊臣停戦令を指摘した（藤木『刀狩り』岩波新書、二〇〇五年）。しかしこれは、直接的には足利将軍や信長の停戦令以来の系譜をもつものである。確かに、発令された停戦令は、当該地域の戦国大名・領主の要望に添うものではあったが、当初想定された一揆契状や戦国大名家法といった在地法の発展上に位置づけられるものではない。停戦令は、なによりも対象大名が限定される時限付き法令であって、藤木氏の主張する近世祖法とよべるような永続的かつ一般的な法令ではない。

（16）藤井讓治「「惣無事」はあれど「惣無事令」はなし」（『史林』九三―三、二〇一〇年）、尾下成敏「九州停戦命令をめぐる政治過程―豊臣「惣無事令」の再検討―」（『史林』九三―一、二〇一〇年）、同「豊臣政権の九州平定策をめぐって―天正一五年七月から天正一九年一二月までの時期を中心に―」（『日本史研究』五八五、二〇一一年）、竹井英文『豊臣政権と東国社会』（吉川弘文館、二〇一二年）、谷徹「豊臣政権の「喧嘩停止」と畿内・近国社会」（『歴史学研究』九四二、二〇一六年）など。
（17）拙稿「織田政権と尾張―環伊勢海政権の誕生―」（『織豊期研究』創刊号、一九九九年）。
（18）ジェフリー・パーカー『長篠合戦の世界史―ヨーロッパ軍事革命の衝撃一五〇〇～一八〇〇―』（大久保桂子訳、同文社、一九九五年）、ウイリアム・マクニール『戦争の世界史』（高橋均訳、刀水書房、二〇〇二年）。
（19）拙稿「戦争と城郭」（『日本史講座5　近世の形成』東京大学出版会、二〇〇四年）、同「近世初期の戦争と砲術師」（藤田達生編『近世成立期の大規模戦争　戦場論（下）』岩田書院、二〇〇六年）。
（20）本多博之『戦国織豊期の貨幣と石高制』（吉川弘文館、二〇〇六年）。
（21）脇田修『織田政権の基礎構造　織豊政権の分析Ⅰ』（東京大学出版会、一九七五年）。
（22）松尾良隆「織豊時代の「城わり」について」（横田健一先生古希記念会『文化史論叢』下、一九八七年）。
（23）山田康弘『戦国期室町幕府と将軍』（吉川弘文館、二〇〇〇年）、同『戦国時代の足利将軍』（吉川弘文館、二〇一一年）。
（24）黒田基樹『戦国大名』（平凡社新書、二〇一四年）。
（25）池上裕子『織田信長』（吉川弘文館、二〇一二年）。
（26）金子拓『織田信長〈天下人〉の実像』（講談社現代新書、二〇一四年）。
（27）戸谷穂高「織田権力の取次」（戦国史研究会編『織田権力の領域支配』岩田書院、二〇一一年）。

〔参考史料集〕

『愛知県史　資料編11　織豊1』（愛知県、二〇〇三年）
『愛知県史　資料編12　織豊2』（愛知県、二〇〇七年）
『愛知県史　資料編13　織豊3』（愛知県、二〇一〇年）
『豊臣秀吉文書集1』（吉川弘文館、二〇一五年）
『豊臣秀吉文書集2』（吉川弘文館、二〇一六年）

豊臣期検地論

平井上総

はじめに

シンポジウム「織豊期研究の現在」では、織豊期研究会が創立されてから二十年間の研究が従来の研究成果をどのように総括・継承したのか、といった観点から、テーマごとに各報告者が報告を行なった。織豊期は、中世から近世へと社会が転換する時期と見られてきたため、注目される論点も多い。当日は、報告とシンポジウムを通して、さまざまな議論が繰り広げられた。

ところで、織豊期のうち、特に豊臣政権に関する議論として、かつては検地が大きく注目されてきた[1]。これは単に検地という政策のみを論じたわけではなく、中世と近世の社会構造の違いを、主に生産様式から論じたり、その変革主体を問うたりするものであった。ただ、検地論は現在の豊臣政権論の中心となってはおらず、「平和令」をはじめとして、朝鮮侵略や取次、国家構造など、さまざまな論点に関する議論が並行して展開されている。この変化は、太閤検地論争自体の行き詰まりのほかに、生産様式の変化をもって時代の変化とする歴史観が相対化されたことが影響しており、多様な側面からこの時期を捉える視点が充実したことによると言える。

今回のシンポジウムで検地そのものを主題とした報告が無いことは、右の状況を反映したものとも言える。とは言え、検地が豊臣政権の推進した一大政策であったことは揺るがないし、政権が絡んでいない検地も豊臣期に多く行なわれている。報告の中でも、権力編成の基本原理としての石高制に触れる本多報告や、毛利領国の支配体制転換の画期として慶長期の検地に注目する光成報告などは、検地とそれに付随する転換に大きく注目している。かつての検地の注目度からいっても、あらためて検地研究の現状を整理する必要があるのではないだろうか。

筆者は近年、中世の検注・検地・指出についてまとめる中で、豊臣期の検地の特徴について考察した(2)。だが、豊臣期を中心とした論考ではないこともあり、触れられなかった論点も多い。そこで本稿では、シンポジウム報告や討論で出てきた検地に関する議論にも触れながら、現段階での豊臣期の検地をめぐる議論について概観することとしたい。

一　豊臣期の検地

1　検地の実施主体

まずは豊臣期の検地政策の位置付けについて見ておこう。

この時期の検地というと、太閤検地という言葉が有名である。言うまでもなく太閤とは関白を辞した者の呼称であり、この場合、豊臣秀吉を指している。ただし太閤検地は秀吉が自称したものではなく、江戸時代に生まれた言葉であることもよく知られている。

江戸時代の用例として、たとえば十八世紀成立とされる「地方落穂集」を見てみよう。同書は「太閤検地歩数之事」として、「太閤秀吉が天下を掌握したのち、慶長年間に算術の達人是乗房に諸国の検地を命じられたが、越前国まで至ったところで他界したため道半ばにして終わった」と記す。(3) 豊臣秀吉の手による検地が天正年間からあることは、近世段階から現代まで多くの指摘があり、天正・文禄年間のものと慶長年間の検地の質に大きな段階差は認められないから、慶長年間に太閤検地が開始されたとするこの記述をそのまま信用することができないことは言うまでもない。

だが、この記述が、秀吉＝太閤、太閤＝関白辞任後という発想から出たのだとすれば、太閤検地という用語の持つ曖昧さがよく現れた事例と言えるだろう。近代以後の研究では、太閤検地という用語に、小農自立を目指したもの、豊臣政権の実施方式によるもの、豊臣政権の公的な命令によるもの、といった様々な定義が研究者ごとにバラバラに与えられた。そのため一部では「太閤検地とは何か」という議論も行なわれているが、そもそもが曖昧な用語であるために議論を嚙み合わせることが難しく、あまり生産的とは思えない。筆者はこうしたことから、太閤検地という用語は、少なくとも研究上では用いないほうがいいのではないかと考えている。(4)

豊臣期の検地は、命令・実施の主体では豊臣政権や大名（およびその家臣）、実施対象地域では豊臣直轄領や大名領（およびその家臣領）、公家寺社領などに分けられる。(5) 命令と実施の主体が分かれている場合もあり、たとえば長宗我部氏の領国では、豊臣政権の命令によって長宗我部氏の手による天正年間の総検地が実施されていた。一方で、文禄・慶長年間の長宗我部領の新田検地・再検地は、豊臣政権の命令ではなく自分の意思で実施したものとみられる。大名側の視点でまとめれば、自発的に検地を実施することは制限されていないが、政権から実施を強制されることもあり、時には奉行を派遣されることもあった、ということになろう。

豊臣政権が検地を命令する場合に、政権の奉行を派遣するか、大名自身に実施させるか、という担当者の区別はいかなる基準でなされたのだろうか。この点、天正十八年（一五九〇）の奥羽仕置に関して、大名権の確立が不十分な大名は前者の扱いとしたのに対し、伊達氏・最上氏・南部氏は後者の扱いとなっており、それは三大名に検地権を含めた自分仕置権が与えられていたからである、と渡辺信夫氏が指摘した。(6)それに対し、小林清治氏は、大名権力の確立の有無を指標として自分仕置権が与えられたというよりは、三大名が奥羽仕置の補佐という役割を与えられていたためにこうした措置が採られたとみている。(7)ここでは、大名ごとに固有の権限として検地の実施権が認められたのではなく、小林氏が説くように、その時々の政治的事情によって判断されたとみておきたい。

もう少し別な事例を見てみよう。自前での検地実施が困難であると予想される大名に対して、秀吉が検地奉行を派遣した代表例として、島津氏がよく挙げられている。天正二十年、島津家臣の梅北国兼の起こした反乱を契機に、秀吉は島津領の大隅・薩摩両国への検地を企図した。その段階では検地奉行として浅野長吉を派遣する予定であったが、事件への関与が疑われた島津歳久への対処が遅れたために、この計画は延びていった。(8)歳久の殺害後、秀吉は、同年八月に細川幽斎による仕置として寺社領検地・歳久領(祁答院領)検地を命じるとともに、薩摩惣国に重ねて奉行を派遣して検地を実施しようとしたが、結局、惣国検地については十一月に年貢収納に差し支えがあるということで延期した。(9)幽斎仕置では歳久領など一部の検地のみ実施され、惣国検地は延期されたままとなり、その後、文禄年間に島津義弘が石田三成の手による検地を要望し続けたことで、やっと文禄三年(一五九四)に島津領全体に対する検地が実施された。(10)島津領検地は文禄年間の政権の手による大名領検地としてよく知られているが、実施にはかなりの紆余曲折があったと言える。

この一連のプロセスからわかるように、島津領の検地の実施担当者の決定には、奉行派遣を第一とする秀吉の意向やその挫折、取次を介した島津氏側の運動が絡んでいた。国制の問題ではなく、政治的な動向の影響が大きかったのである。

2　検地の実施目的

さて、担当者はともかくとして、豊臣期全体の検地実施状況として、領主自身の事情による検地のみならず、上位権力としての豊臣政権の命令による検地が多かったことが特徴であることに異論は無いだろう。では、豊臣秀吉はなぜ大名領に検地を実施させようとしたのだろうか。この点は先行研究の多くが指摘するように、家臣や領地に対する大名の支配権を確立させることが目的の一つである。奥羽仕置にしろ島津領検地にしろ、秀吉は検地命令とともに大名蔵入地の確保を命じており、家臣の給地移動（それにともなう打出分没収）や寺社領勘落がその手段として用いられた。これによって大名が領国を強力に支配できる体制を築かせ、政権からの軍役を無事に遂行させようというのが秀吉の狙いであった。

秀吉の検地命令のもう一つの目的は、大名の石高を確定し、軍役賦課の基準にすることである。これは天正年間の検地に特に多い。特に知られているのが、天正十九年に豊臣政権が作らせた全国の御前帳であり、この帳簿は検地や指出による石高調査の集大成であった[11]。全国各地で異なっていた軍役基準を、政権―大名間のレベルでは石高に統一することで、朝鮮侵略などにおける大規模な軍事動員が遂行されていったのである。このほか、検地による支配の誇示、知行権の整理・確定などといった、土地調査一般に期待される効果もまた、政権の狙いであったとみていい[12]。

こうした検地（および指出）の目的はどれが優先されたのであろうか。右に見た秋澤氏の御前帳の研究では、島津氏の石高が検地ではなく机上の計算によって政治的に決定されたことが指摘されている。大名領では検地（現地調査による実態把握）を徹底せず、大名からの指出（先例あるいは独自調査結果の申告）の徴収だけで済ませた場合も多かったのである[13]。また、長宗我部氏の場合は、独自検地の結果として石高制が導入されず、軍役から逆算して石高が決められた可能性も指摘されている[14]。さらに、政権の奉行を派遣して検地を実施したとしても、大名の公的な石高（表高）と領内で用いられる石高が異なる場合もあった[15]。

つまり、豊臣政権は、在地把握の貫徹よりも、大名の領地高を石高で把握することをまず重視していたのである。大名が速やかに詳細な検地によって在地を把握してそれに基づいた石高制を導入し、さらにそれを政権レベルで完全に把握できることが理想的であったが、それができない場合の優先順位は、大名石高の決定が一番で、検地による支配権確立が次点、そして大名領内の在地把握がそれに次いでいたことになろう。

こうした状況であるため、大名自身の手による検地だと、豊臣政権からの命令があっても、豊臣方式を採用しない場合も多かった。政権側としては、間竿六尺三寸、三〇〇歩一反制、京升、といった基準が大名領にも適用されることを望んでいたのではないかと思われるが、三六〇歩一反制や地積表示の大半小制を用いた毛利氏の天正惣国検地のように、その採用は絶対条件ではなかった。

ただ、毛利氏は、慶長年間の兼重蔵田検地では豊臣政権の基準を採用した。本シンポジウムの光成報告が、これを朝鮮侵略への対応のための財政強化策と位置付けているように、この兼重蔵田検地は、豊臣政権の命令ではなく、毛利氏独自の事情による実施とみられる。文禄・慶長年間に行なわれた検地では、政権からの命令が無くとも、豊臣政権の検地に内容が類似してくるのである。その事情はまた個別に検討しなければならないが、大名側が取次から検地方式を指南してもらったり、大名自身が豊臣政権の方式を優れたものと認識していたり、方式を合わせることで政権―大名間の知行制と大名領国内の知行制を一貫させようとしたりした場合があっただろう。政権からの強制以外の要因でも、豊臣方式は各地に浸透していったのである。ただし、測量基準は豊臣方式になっていながらも、近世になっても斗代が機能していなかった土佐国のように、豊臣方式に完全に転換した地域ばかりではないことに注意が必要である。

なお、豊臣政権が大名領に検地を命じる場合、大名の服属や、領主の交替を契機としている事例が多いことに留意しておきたい。こうした、代替わりにともなう土地調査は、中世で慣例的に行なわれており、新たな支配の開始を宣言する政策ともなっていた。したがって、検地の実施手法や厳しさなどの内実はともかくとして、調査自体には在地側に受け入れる素地ができていた可能性がある。たとえば、文禄四年の大和国検地は、豊臣政権の検地方式の完成期の検地として、研究史上では前年の摂河泉検地などとともに「文禄検地」と呼んで重視されることもある。ところが、その数年後に春日社司の中臣祐範は、この大和国検地を「羽柴秀保が死んで増田長盛が入国したときの検地である」と記しており、あくまでも領主交替にともなう検地とみていた(16)。豊臣政権の検地の画期性を強調する向きからは、近世的社会構造を実現するための検地強制といった捉え方がなされがちだが、当時はただの代替り検地として捉えられていたのである。このように、検地については当事者たちの受け取り方に注目することも必要であろう。

二　石高制をめぐって

1　全国的知行制としての石高制

前節で述べたように、豊臣政権の検地や指出は、全大名を石高制で把握することを優先していた。しかも石高は、検地による徹底した実態調査に基づいて把握することよりも、時には机上操作も行ないながら表面的に決定することのほうが優先されていたことも、前節で見た通りである。本節では、この石高制の評価を概観する。

まず、知行制としての石高制についてみていきたい。知行制の役割は、大名が家臣の収入規模（土地の価値として表される）を数値化し（知行高）、それに見合った知行役を負担させることにある。戦国期の大名権力が用いた知行制は、田畠の面積を用いる地高制、田畠を銭で表した貫高制、米で表した石高制の三つが主なものである。三つの基準のうち、地高は土地ごとの生産力の差を反映できない弱点があり、貫高・石高はそれを克服できる点で優れている。

こうした中で、豊臣政権は石高制を採用したのだが、それはいかなる理由によるものであろうか。前代との継続性で言えば、近江国などで採用例が出ていた石高制を織田政権が採用し、当時織田家臣だった羽柴秀吉もそれに則って近江国や播磨国などの領地で石高制を採用していた。[17]したがって、その内実はともかくとして、石高制の採用自体は、近江や畿内といった石高制の地域を織田政権が支配したことが影響を与えていたとみることもできよう。[18]ただ、織田政権の最初の基盤である尾張国では貫高制だったのだから、わざわざ石高制を採用した理由は別に問わねばならない。

そこで近年注目されているのが、戦国期の撰銭状況である。室町期の後半から、日本では明から流入したり私鋳銭として鋳造されたりした低品位の銭が流通したため、取引の現場では銭ごとに価値の差違が生じ、悪銭の受け取りを拒否する撰銭状況も生まれた。その対策として室町幕府や大名たちによって撰銭令が出されたことはよく知られている。このような状態で、銭を基準とする貫高制を用いたとすると、それがどの価値を持つ銭を基準とした数値なのかわからず、混乱が生じる恐れがある。そこで、銭に比べて価値尺度として安定している米を基準とする石高制のほうが採用されたのではないか、とみるのが近年の研究動向であり、本シンポジウムの本多報告もこの立場に立っている。こうした見解が出る背景には、土地売券において土地価格が銭ではなく米で表記されるようになるという在地での取引状況が明らかにされたことがあった。[19]戦国末期の戦争状況が兵糧の価値を高め、交換手段としての米の利用を促進していたのではないかとする説も唱えられている。[20]

当然ながら、米を基準とする場合には計量基準を統一しなければならない。織田・豊臣政権が京升を石高の基準としていたことは広く知られている。本多報告でも、京都で使用されていた十合升(京升)を織田政権が判升として採用したことを、石高による知行制の導入と結びつけて強調している。

こうした説に対して、藤井譲治氏は本シンポジウムの討論において、米の価値も一定ではないのだから価値尺度としての採用とみることには疑問がある、と指摘した。米価のばらつきという視角は知行制研究で大きく取り上げられてはおらず、近年の議論に一石を投じる指摘であろう。ただ、それでも価値尺度説は有効であると思われるので、以下に触れておく。

まず、銭は各地域にさまざまな銘柄が混在してその価値の差が社会問題となっていたことに対し、米ではひとつの地域内での銘柄ごとの大きな問題は確認できない[21]。広域だと相場（和市）の違いという問題があるのも事実だから、米が絶対的に優れているから選ばれたというより、銭よりは相対的に問題が少なかったから採用された、と言うこともできよう。また、シンポジウムの席上で本多氏が反論したように、当時一枚一文の原則が通用しなくなっていた銭と、公定の升での秤量によって一定の価値を持たせることができる米では、後者のほうが安定しているとも言える。

織豊政権は統一権力（あるいは広域支配を目指す権力）であったため、地域偏差を解消した知行制を用いる必要があった。地域ごとに貨幣価値が異なっているまま貫高制を採用すると、多くの大名に統一的に軍役を課すことがより困難となるだろう。この点について川戸貴史氏の指摘に注目したい。奥羽仕置の際の会津領では「永楽銭」による貫高制を基準としつつ石高に読み替える作業が行なわれていたが、これは実際の永楽銭が奥羽で中心的に用いられていたからではなく、関東の後北条氏領国の銭秩序を奥羽に転用したためであり、そのため「永楽銭」は空位化した精銭となっていたという。これは、奥羽仕置段階では検地による在地把握が十分にできない中で、東国を軍役賦課体制に組み込むために採用されたものであり、文禄年間の検地で石高制が定着することで克服されていったとする[22]。こうした複雑な処理をしたのも、地域ごとの貨幣秩序を容易に克服できない中で全国の知行制を統一しようとしたためであり、地域偏差を解消した軍役賦課体制をつくるために石高制が用いられていたとみることができる。

やはり石高制は、その内実の統一性・貫徹度はともかくとして、本多報告と同様、軍役賦課の基準としての妥当性から採用されたものとみておきたい。

2　斗代の数値

石高による知行制の採用理由は前項で見た通りであるが、机上操作ではなく、実際の検地を行なった上で決められた石高についても見ておく必要があろう。

基本的に、田一枚あたりの石高（＝分米）は、田畠の面積（＝地積）と、その田畠の等級（＝地位）に基づいた斗代（石盛）を乗算することで決められる。たとえば、地積が三反（段）で地位が上の田があり、その検地で斗代を上田一石五斗と定めていたならば、その田の分米は、三×一・五で四石五斗である。

豊臣政権の検地帳に見られる分米は、それ以前の検地帳・検注帳に見られる分米・分銭よりも大きな数字になっている。このことが、豊臣政権の検地が画期的であると見なされる一要素となっていた。豊臣期以前の分米を年貢の数値（年貢高）、豊臣期以後の分米を生産力の数値（生産高）と見なし、同政権が在地の情報を深く把握していたとする視角が唱えられ、それが小百姓を隷属的状況から解放する意図によって実現されたとする安良城盛昭氏の説が大きな議論を巻き起こしたことはよく知られている(23)。具体的には、小百姓を直接支配することで、加地子と呼ばれる中間得分を得ていた中間層（名主層・土豪層）を排除し、加地子の分の数値が年貢に上乗せされ、生産力も把握することができるようになった、という図式である。こうした、斗代の数値の上昇に加地子分の把握が影響を与えているとみる視角は、現在でも根強く残っている。

これについて池上裕子氏は、戦国時代の越前や畿内の村請状況下の年貢収集に際して、本年貢だけではなく加地子や公事・反米など様々な負担が「年貢」と呼ばれており、かつその合計値が豊臣政権の設定する斗代と近い数値となっていたことに注目した。豊臣政権は生産力として斗代を設定したのではなく、百姓の負担分を総称した「年貢」の数値を年貢賦課基準高として斗代に用いていたのだという。そして、政権が右の斗代の数値を設定した理由は、加地子・作徳といった中間得分を否定したかったからではなく、毎年必ず免除することを前提とした、百姓の合意を取り付けられる最大の年貢高だったからだとみている[24]。

言い換えれば、斗代は、中世の実年貢高から、最大年貢賦課可能高（実際には賦課しない）へと変化したことになる。この変化には、本年貢の数値を基礎として定額の年貢を徴収する方式ではなく、毎年の状況によって年貢高が変動することを前提とした方法へという、徴租法（年貢収取法）の変化がともなっていた。かつての定額年貢方式では、戦国期には田畠の損壊や収穫不良などさまざまな理由を挙げて百姓からの免除要求が毎年出ており、権力側はその都度要求を受け入れるか否かの対応を迫られていた。豊臣政権は、恒常化していた下からの免除要求による年貢量の調整を、徴収システムの中に組み込み、従来よりも高い数値の基準値を設けてそこから何割引くかを毎年検見によって決める変動年貢方式としたのである[25]。

こうした指摘によって、個々の田畠の生産力を把握したり、あるいは中間得分を否定したりしたことによって斗代が増加した、といった見解は成り立ちがたくなった。そもそも、地積・地位から機械的に分米を決めていくという方式から考えれば、個々の田畠に存在していた複雑な負担の先例や権利の絡み合いを把握・解消する意図があったとは考えがたい。むしろ、それらの処理を行なうことなく広く対応できる方法を導入したとみたほうが適しているのではないか。結果として加地子得分を削ることになったとしても、それが目的だったわけではないと言えよう。

三　検地帳名請をめぐって

1　名請人の選び方

かつての検地論では、豊臣政権の画期的な点の一つとして、小百姓を名請人として検地帳に登録したことが挙げられてきた。その際、検地帳名請人＝百姓身分という原則を立てたことで、武士の名請を防ぎ、兵農分離を果たしたとされた。そして、小百姓に作職を認めることに成功し、中間層による支配を排除したとされていたのである。

こうした見解に対し、まずは名請人選定の方法についてまとめておこう。中間層の支配を排除して小百姓を名請させるということは、検地役人が個々の田畠を耕作する小百姓を把握できることが前提となる。

ところが、検地の実施に際して、村側の提供した情報が必要不可欠であり、測量の現場でも村人に依拠する面があったことが指摘されたことで、こうした視角は再考を余儀なくされた(26)。名請についても、検地役人が村の有力者に選定を任せたり、実際に土豪や庄屋が名請人を選定したりといった事例がいくつも指摘されている(27)。こうした事例を他にも見ておくと、たとえば慶安五年（一六五二）の大和国城上郡柳本村の百姓申状によると、織田有楽の領地であったところ、もし「禰切地」に検地があったらそれぞれの耕作者の名前で請けさせよう（「作リ々の名前ニ請させ可申」）と惣百姓が寄り合って決めたという(28)。ここでは、百姓たちが検地帳の名請人を決めている事実と、この「禰切地」について百姓たちが耕作の実績を名請の条件にしようとしていた事実を見ることができよう。

村の側が名請人を決めるとなると、その人選の基準はいかなるものであっただろうか。ここでは谷口央氏の説を紹介しておきたい。谷口氏は、天正十九年（一五九一）の奥州の検地について、徳川家康が担当した地域と豊臣秀次が担当した地域で名請の傾向が異なっていることから、名請人の選定は村ではなく奉行の志向によって左右されたと指摘した(29)。これに従えば、検地実施側の名請人選定方針が存在した上で、その条件に見合った名請人を村側が申告する、という手続きが想定されよう。

谷口説でもう一つ注目すべきなのは、担当検地奉行によって名請方針が異なるという点である。これは、天正十九年の検地で、豊臣政権側から徳川家康に対して名請人の選定基準をしっかり指示していなかったことを物語っている(30)。政権が検地の実施基準を記した検地条目に名請人の基準の規定が無いことがかねてから疑問とされてきたが、実際の検地帳にもそれが表われているのである。名請人選定は、政権レベルで日本全体に貫徹すべき政策基調があったわけではなく、各権力や奉行レベルでの検地のやり方に依拠して変わっていたのだと考えられる(31)。

2　身分と作職

次いで、検地帳名請人と身分の関係を見ておこう。豊臣政権が検地帳名請人を百姓身分として位置付けていたとみられてきた根拠は、同政権の法令によるものが大きい。慶長三年（一五九八）の上杉氏らに対する国替令や、慶長四年の中村一氏領の横田村詮法度に、「但当時田畠を相拘、年貢令沙汰、検地帳面之百姓ニ相究ものハ、一切召連間敷候也」、「御帳面ニ付候百性等奉公人ニ出候事、其村肝煎儀ハ不及申、隣家之者迄可有御成敗候」などの文言があり、これが「検地帳に登録された者は百姓である」という規定だと受け取られてきたのである(32)。

だが、かつて指摘したように、これらの規定は、奉公人ではない百姓を無理やり奉公人として扱うことを禁じることが目的であり、中でも特に検地帳に登録された百姓を連れ去ってはいけないという内容である(33)。検地帳には百姓しか登録しないという規定ではないし、検地帳に登録された者を百姓として扱うという規定でもない。実態としても、豊臣期の検地帳名請人には、百姓だけではなく武士もいたし、奉公人などの在村も否定されていないのである。(34) 制定された規定の趣旨にのっとるならば、検地帳への名請の有無によって現実の身分関係を変更・編成しようという考えは、政権には無かったといっていい。

次に作職との関係を見てみよう。政権が検地帳の名請人に作職を認めたとする説も広く受け入れられており、身分への理解と相まって、小農自立・兵農分離策と言われていた。根拠となったのは、文禄五年（一五九六）に石田三成が自身の領内に出した法令に見られる「田はたけさくしき《（作職）》の儀ハ此先けん地《（検地）》の時けんち《（検地）》帳にかきのり《（書き載り）》候者のさばきにつかまつり、人にとられ候事も又むかし我かさくしき《（作職）》と申て、人のをとり申事もちやうじ《（停止）》の事」という規定と、それ以前の天正十七年に三成が摂津の豊臣蔵入地（カ）で出した法令の「作職之事、検地帳ニ付候作人、如先々進退可仕候、但年貢等致無沙汰候者、可為各別事」という規定である。(35)

しかし、これらの規定は豊臣政権の検地条目には無く、石田三成が制定した法にしか見られない。しかも、検地の実施とは無関係に制定された法なのである。これをもって当時の検地の一般原則と見なすことは無理であろう。

では、三成はどういった意図でこの規定を作ったのであろうか。文禄五年の法で、「（作職は）人に取られたり、昔は自分の作職だったと言って人のものを取ったりしてはならない」とあることからすると、この規定は、作職をめぐる相論が頻発したために制定されたのだとみられる。豊臣政権下では国替や検地による知行地の移動が多かったため、作職保持者の離村などによって田畠の権利の所在をめぐる問題が生じやすくなっていたのではないか。したがって、三成は検地によって作職保持者を確定しようとしたのではなく、検地帳の名請を利用して相論の裁定基準としたと捉えるべきだろう。

ちなみに、江戸幕府が成立した十七世紀初頭に諸大名が独自に制定した法を見ると、たとえば慶長十九年に毛利氏は、作付けについて作職は名請人に認めるとしている(36)。これは、「作付之次第」という表題や、付則に「名請人が逃げた場合はその後の作人が名請人同前にすること」、「名請人が下の者に田畠を作らせていたとしても名請人が本作人となること」、「走り百姓が戻ってきたならば作目は元のごとく持たせるように」といった規定があることから、走り百姓が続発する状況の中でその年の作付けを済ませるために、名請人を作職保持者として責任をもって作付けにあたらせるという政策であったとみられる。毛利氏は石田三成とは異なる目的から名請人と作職を結びつける処理を行なっていたのであり、同じような法を制定していたとしても、各権力によってその意図はバラバラであったことが確認できよう。

　最後に、名請に対する意識について触れておきたい。身分にしろ作職にしろ、権力側の意図と、検地を受ける側の受け取り方は別途に考えなければならない。この点について、百姓側が名請と土地所有を関連づけて意識し始めるのは十七世紀後半になってからである、という神谷智氏の指摘は、在地側の観念の変化に注目したものであり重要である(37)。名請と土地所有を結びつける観念は、権力の法によって一挙に広まったのではなく、近世前期から中期にかけて地域差もありながら浸透していったのである。

　ただ、神谷説は権力側の意図が伝わりきっていなかったためにこのズレが生じたものと捉えているが、そもそも権力側にその意図が無かったとみる本稿の立場から見れば、百姓側からそうした観念が自生した可能性も出てくる。豊臣期の検地以前から名請と土地所有を関連づける意識があったとしてもおかしくないだろう。そこで次の史料に注目したい。

　天正十一年十月四日付福聚院宛大志万盛安証文(38)

志楽庄延（カ）光名八分一之内披地、石代壱反之内はん分ニ□（き）しん申候処ニ、うり巻（売券）御見せ候、祝着存候、重而いらん

煩有間敷候、我〳〵田帳けし可申候、以後申者候共、此一筆可被仰聞、仍状如件、
天正十一年癸未十月四日　大志万伊豆入道
盛安（花押）
福聚院まいる

右の文書の傍線部には、土地移動にともなって「田帳」から名請を消すので、今後所有権で異論を言う者がいた場合はこの文書を見せるように、と述べられている。ここでは、名請と土地所有が関連づけて考えられているのである。そして、天正十一年段階で豊臣政権はこの地域に検地を実施していないから、政権側の方針によってこうした意識が生まれたとは言えない(39)。名請と作職に関する意識は、この事例のように豊臣政権期以前から一部で生まれていたのであり、近世に入ってから本格的に増えていったのだろう(40)。豊臣期に検地が多く行なわれたことが、検地帳名請を土地所有の証拠として扱う意識を生じさせやすくしていたのではないかとも考えられる。

おわりに

本稿では、シンポジウムで出た論点にも触れながら、現段階での豊臣期の検地に関する論点をまとめた。検地の具体的実施方法など、まだ論点は残っているが、これまでの主要な論点には触れられたと思う。

総じて、かつての太閤検地論では豊臣政権の検地が過大評価されていたと言える。検地の目的、検地の際の実際の手続き、検地によって実現したこと、それ以前の検注・指出・検地との関係など、さまざまな側面から、かつての議論が相対化されてきたことは前稿や本稿で述べた通りである。

ただ、豊臣期に全国の指出や検地の件数が爆発的に増え、権力による土地把握が進んだことは紛れもない事実であ

り、これは明らかに豊臣政権の影響である。また、基準を公定した上での実測を基本方針としたことで杖による測量が広く行なわれたこと、完全ではないにせよ全国規模の知行制を構築したことなど、豊臣政権を画期的と見るべき点はなお多く存在するのである。

今後は、従来の論点を深めるほかに、前後の時代の土地調査の実態をより深く検討する必要があろう。特に近世前期の検地はまだ未検討の部分も多く、豊臣期との連続面・断絶面を明らかにしていけば、豊臣期の検地の評価にも影響が出てくると思われる。また、検地を受ける側の意識や対応も検討の余地がある。今後もさらなる検地研究の進展に期待したい。

註

（1）豊臣期の検地研究の研究史について近年まとめた著書・論文は、牧原成征『近世の土地制度と在地社会』（東京大学出版会、二〇〇四年）、拙著『長宗我部氏の検地と権力構造』（校倉書房、二〇〇八年）、長谷川裕子「太閤検地・兵農分離と中近世移行期研究」（『歴史評論』七三四、二〇一一年）、谷口央『幕藩制成立期の社会政治史研究』（校倉書房、二〇一四年）などがある（発表順）。

（2）拙稿「検地と知行制」（大津透・桜井英治・藤井譲治・吉田裕・李成市編『岩波講座日本歴史　中世四』、岩波書店、二〇一五年）。本稿の内容にはこの前稿と論点が重複する部分もあることをあらかじめことわっておきたい。

（3）「地方落穂集」（滝本誠一編『日本経済叢書』九、日本経済叢書刊行会、一九一五年）。

（4）拙著註（1）参照。

（5）豊臣期の検地の実施主体・地域・時期・方法については、拙稿「豊臣期検地一覧（稿）」（『北海道大学文学研究科紀要』一四四、二〇一四年）で一覧化している。
（6）渡辺信夫「天正十八年の奥羽仕置令について」（『日本文化研究所研究報告』別巻一九、一九八二年）。
（7）小林清治「『奥羽仕置』と豊臣権力」（『織豊期研究』二、二〇〇〇年）。
（8）『大日本古文書　島津家文書』三六三・一四五〇・一七三一号。
（9）『大日本古文書　島津家文書』三六五・三六八号。
（10）山本博文「細川幽斎島津領「仕置」の政治史的位置」「豊臣政権下の島津領国」（『幕藩制の成立と近世の国制』校倉書房、一九九〇年、初出一九八二・八四年）。中野等「豊臣政権と島津領国」（『豊臣政権の対外侵略と太閤検地』校倉書房、一九九六年）。
（11）秋澤繁「天正十九年豊臣政権による御前帳徴収について」（三鬼清一郎編『豊臣政権の研究』吉川弘文館、一九八四年、初出一九七七年）。秋澤繁「太閤検地」（『岩波講座日本通史一一　近世一』、岩波書店、一九九三年）。
（12）拙稿註（2）。
（13）かつての研究では、検地を「丈量検地」「指出検地」の二つに分類していたが、池上裕子氏によって指出は検地の形態ではなく別種の調査として分けて考えるべきであることが指摘された（池上裕子「指出と検地」『戦国時代社会構造の研究』校倉書房、一九九九年）。
（14）秋澤繁「豊臣政権下の大名石高について」「解説」（同編『長宗我部氏の研究』吉川弘文館、一九八六年）。
（15）中野等「御前帳高の機能と石高の重層性」（中野註（10）書、初出一九九二年）。
（16）『史料纂集　中臣祐範記』一（八木書店、二〇一五年）慶長五年三月二十三日条。
（17）牧原成征「太閤検地と年貢収取法」（牧原註（1）書）。

(18) なお、本シンポジウムにおいて、藤井譲治氏は、織豊政権以前の畿内の権力に知行制と呼ぶべきものが存在していたのかという疑問を提示した。この指摘によれば、畿内での知行制成立の画期が織田政権にあったことになる。織田政権が畿内近国や美濃の武士の知行を安堵する際、与力や被官を含んだ包括的かつ曖昧な安堵の方式から、検地で確定した石高で知行を宛がう方向へと変化した（貫徹したわけでない）との指摘はこれとかかわるものであろう（池上裕子『織田信長』吉川弘文館、二〇一二年。湯浅治久「中近世移行期における社会編成と諸階層」『日本史研究』六四四、二〇一六年）。

(19) 浦長瀬隆「一六世紀後半西日本における貨幣流通」（『中近世日本貨幣流通史』勁草書房、二〇〇一年、初出一九八五年）。黒田明伸「一六・一七世紀環シナ海経済と銭貨流通」（『貨幣システムの世界史』岩波書店、二〇〇三年、初出一九九九年）。本多博之「織豊政権の貨幣政策と石高制」（『戦国織豊期の貨幣と石高制』吉川弘文館、二〇〇六年）。桜井英治「銭貨のダイナミズム」（鈴木公雄編『貨幣の地域史─中世から近世へ』岩波書店、二〇〇七年）。

(20) 久保健一郎『戦国時代戦争経済論』（校倉書房、二〇一五年）。

(21) 長宗我部氏は、吉米と太米について、前者を明らかに良質なものと見なしているが、年貢はその土地に適した品種を納入するよう命じており、品種を偽らないかぎり、両者に価値差をつけて収取する志向は示していない（「長宗我部氏掟書」五五条（佐藤進一・池内義資・百瀬今朝雄編『中世法制史料集』第三巻武家家法Ⅰ、岩波書店、一九六五年）。

(22) 川戸貴史「奥羽仕置と会津領の知行基準」（『中近世日本の貨幣流通秩序』勉誠出版、二〇一七年、初出二〇一五年）。

(23) 安良城盛昭「太閤検地の歴史的前提」（『日本封建社会成立史論』上、岩波書店、一九八四年、初出一九五三年）。同「太閤検地の歴史的意義」（『幕藩体制社会の成立と構造』御茶の水書房、一九五九年、初出一九五四年）。

(24) 池上裕子「織豊期検地論」（池上註(13)書）。同「検地と石高制」（『日本中近世移行期論』校倉書房、二〇一二年、初出二〇〇四年)。

(25) 下村效「太閤検地の諸原則」(『戦国・織豊期の社会と文化』吉川弘文館、一九八二年、初出一九八一年)。渡邊忠司「内検と毛見・内見・検見」(『鷹陵史学』三五、二〇〇九年)。

(26) 藤木久志「村請の誓詞」(『村と領主の戦国世界』東京大学出版会、一九九七年、初出一九八八年)。木越隆三『織豊期検地と石高の研究』(桂書房、二〇〇〇年)。池上註(24)「検地と石高制」。

(27) 吉田ゆり子「兵農分離と身分」(歴史学研究会・日本史研究会編『日本史講座』五、東京大学出版会、二〇〇四年)。長谷川裕子「土豪の土地所有と村」(『中近世以降期における村の生存と土豪』校倉書房、二〇〇九年、初出二〇〇一年)。原田誠司「近世初期権力と「百姓」・「下人」」(『史学研究』二〇九、一九九五年)。拙稿註(2)。

(28) 「柳本西組文書」『天理市史』史料集、二四七号。

(29) 谷口央「検地帳と権力」(『幕藩制成立期の社会政治史的研究』校倉書房、二〇一四年、初出二〇〇九年)。

(30) 速水融「紀州慶長検地と近世的支配の成立」(『近世初期の検地と農民』知泉書館、二〇〇九年、初出一九五九年)。脇田修「太閤検地の意義」(『近世封建社会の経済構造』御茶の水書房、一九六三年)。

(31) 政権側が求める名請人の条件については、牧原成征氏が「極論すれば、豊臣政権としては従来その土地片に無関係であっても、それ以降、年貢納入を請け負う者であれば構わなかった」と指摘している(牧原註(17)論文)。

(32) 『大日本史料　上杉家文書』八六三号。「佐藤武文氏所蔵文書」『静岡県史』資料編9、二七号。

(33) 拙稿「豊臣政権の国替令をめぐって」(『日本歴史』七七五、二〇一二年)。

(34) 池上裕子「日本における近世社会の形成」(池上註(24)書)。

(35) 『新修彦根市史　史料編古代・中世』石田三成関係史料三一号。「寺岡文書」『兵庫県史』史料編中世一、四号。

（36）「萩藩閥閲録」『山口県史』史料編近世2、六二五～六二六頁。
（37）神谷智「近世初中期における質地証文と百姓高請地所持」（『近世における百姓の土地所有』校倉書房、二〇〇〇年、初出一九九四年）。
（38）「金剛院文書」『宮津市史』史料編第一巻、別掲二七一号。
（39）天正九年に織田政権のもとで検地が行なわれているが、織田政権が名請と作職を関連させていたという指摘は無い。
（40）在地では中世検注の段階から帳簿の名請と作職を結びつける動向がみられた（富澤清人「検注と田文」『中世荘園と検注』吉川弘文館、一九九六年、初出一九九一年）。

※本研究は、ＪＳＰＳ科研費ＪＰ１６Ｋ１６９１６、ＪＰ２６２８４０９４の助成を受けたものである。

第二部　研究史をふり返る

■織豊期研究をふり返る

戦争・軍事

長屋　隆幸

八十年代以前の研究

戦後、戦争・軍事の研究を厭う傾向が歴史学界に存在した。そのため、軍事史学会のように軍事史のみを専門に扱う特殊な学会は存在するも、一般の歴史研究者によるこの分野の研究は低調であった。これは『歴史学研究』や『歴史評論』など特集を組むことが多い学会誌が、六十〜八十年代において近代日本の過ちを明らかにする目的を有したものを除き、戦争・軍事に関する特集を組んでいないことからも、うかがい知ることができる。

むろん、織豊期における戦争・軍事に関する研究が皆無だったわけではない。たとえば、軍役が石高と照応していないことから豊臣政権を「過渡的政権」と見做した佐々木潤之介氏の「軍役論」(1)や、それを批判した三鬼清一郎氏の研究(2)がある。軍隊編成については高木昭作氏の研究がある。高木氏は、江戸時代の社会は、将軍を頂点とした巨大な軍団に全ての者が組み込まれた兵営国家だったとの説(「兵営国家論」)を唱え、江戸時代の軍隊の特徴を明らかにするため、戦国・織豊の軍隊編成についても触れている(3)。

個別戦争については、藤本正行氏らによる長篠の戦いへの通説批判がある程度で、全体的には低調であった(4)。ただし、秀吉の朝鮮出兵については、秀吉の政治・外交に関わる分野であるため例外であり、秀吉の戦略、実際の戦闘、

倭城、使用武器など、多くの研究者により多岐にわたり検討されていた。(5)

惣無事令

以上のような研究状況の中、織豊期における戦争に関する研究に大きな影響を与える説が八十年代中頃に発表される。藤木久志氏の「豊臣平和令」論である。(6)藤木氏は、それまで軍事征服と考えられてきた秀吉による全国統一像の修正を迫った。藤木説は、十二世紀中期のドイツでみられたラントフリーデ（帝国平和令）やその武器規制条項に示唆をうけ、豊臣政権が施行した大名・領主間の交戦権を否定する惣無事令、百姓が合戦・喧嘩を行うことを禁止する喧嘩停止令、刀狩り令、海賊停止令を一括して「豊臣平和令」として定義した。すなわち、豊臣政権は大名をはじめとする領主層や、村落・海賊までをも対象とする「平和令」を発布し、それに従わない者のみ「征伐」して全国統一したとする見解である。この内、惣無事令は大名のみならず村落などの一揆・喧嘩まで含める私戦禁止令であり、「豊臣平和令」の中核をなす法令とした。そして、惣無事令に則った形で、豊臣政権は全国統一を実現させたとする。なお、これらは秀吉が独自に考え出したものではなく、戦国大名間で行われてきた「国分」や、在地の慣習を下敷きとしていたとも指摘した。

しかし、惣無事令自体の原法度は確認されていない。そこで、天正十五年（一五八七）に出されたと推測される多賀谷重経宛 豊臣秀吉 年未詳十二月三日付判物（関東奥両国惣無事を秀吉が家康に命じたことを関東の国衆に伝えたもので、同内容の判物が複数ある）や、北条氏政宛 徳川家康 年未詳十一月十五日付判物（内容は秀吉から惣無事を家康が命じられたことを報せるもの）など、書状類に「惣無事」と記述があることを発令根拠とした。藤木氏はこれらの史料を、秀吉へ家康が臣従し、奥羽・関東へ影響力を持てるようになった段階での史料と見做した。そして、惣無事令の淵源を秀吉の関白就任に求めたのである。

なお、藤木氏は「豊臣平和令」（惣無事令）論を展開するにあたり、その前提として戦国大名・統一政権の国分や、村落における自力救済、刀狩りの実態などについても言及している。

その結果、これ以降、統一政権の軍事動向を含んだ形での政治的動向や、自力救済を可能とした村における武力の実態についても注目があつまるようになる。

もっとも、二〇〇五年になると、藤木氏は、天正十三年に秀吉が九州の島津氏と大友氏の戦争に介入し、天皇の「叡慮」の元に停戦を命じた行為を惣無事令の一つとして提示し、自説を修正している。ここで藤木氏は、惣無事令を「「大名の平和」へのプログラム」と表現している(7)。この表現からすると、惣無事令を法令ではなく一つの政策と認識を変えたようにも思われる。しかし、藤木氏がその後、惣無事令について詳細な叙述をしていないため、その真意は不明である。

藤木説に対する批判

この藤木氏の見解は歴史学界に受け入れられ、以後、惣無事令が発布されたという前提で多くの論者により豊臣政権論が語られるようになり、高校の教科書にまで記述されるようになる。なお、学界が、短時間で惣無事令説を受け入れた理由についてははっきりしない。

もっとも、その後「豊臣平和令」や惣無事令については、様々な批判・再検討がなされてゆく。たとえば、平和的指向性については、藤田達生氏が、秀吉の中国・四国・九州国分などを分析し、秀吉は、一方に肩入れなどして当事者として行動しており、平和的イメージを強調することはできないと批判した(8)。

藤木氏が天正十五年（一五八七）と比定した秀吉判物群を、天正十四年とした立花京子氏の研究[9]を皮切りに、惣無事令関係史料の年代比定研究も盛んとなってゆく。

そのような中、大きな転換点となったのが戸谷穂高氏の研究[10]である。戸谷氏は、北条氏政宛 徳川家康 年未詳十一月十五日付判物について、臣従した家康が関白秀吉を「羽柴方」と呼ぶことや、信長時代から「惣無事」と言う言葉が使われていたことなどから、秀吉が天下人としての位置を獲得する小牧・長久手の戦い以前の天正十一年に書かれたものとした。これにより、惣無事令の淵源を関白就任に求めてきた従来の研究は、根底から見直す必要性が生まれた。

この戸谷氏の研究をうけ、竹井英文氏は、「惣無事」とは、一貫した政策基調に基づき全国に発令されたものではなく、関東特有の政治事情から展開したものであり、秀吉独自のものではなく、信長時代のものを秀吉が引き継いだとの見解を示している。その上で、従来の惣無事令の淵源を秀吉の関白就任とし、全国統一過程における画期とする見方を、信長の時期が画期であったと見直すべきと主張している[11]。

一方、藤井讓治氏は、秀吉が関わった「惣無事」を検討し、各「惣無事」が個別的・時事的なものであったことを確認すると共に、藤木氏が想定した惣無事令と跛行・逸脱する事例があることも指摘する。そこから「惣無事」とは、用語としては存在するが、藤木氏が想定した広範囲かつ持続性のある「令」であったとは確認できないと結論づけている[12]。

これらの研究により、現在では、惣無事令は一貫性を有した法令として発布されたものでないと認識されるようになっている。付け加えるならば、「豊臣平和令」の一つに数えられてきた喧嘩停止令についても法令としては出されていないとの指摘[13]や、秀吉が天皇の「叡慮」を持ち出したのは九州停戦令のみであり、西国と東国とで秀吉の平定プロセスに差があることも指摘されている。[14]藤木氏の「豊臣平和令」に関する研究は修正を迫られる状況になっていると言える。

中世法とみる反批判

もっとも、黒田基樹氏はかかる批判に対し、それは惣無事令を成文法でなければならないとする近世的法概念から出た批判であり、人々が行動準則と見做せば法であるとする中世法で見れば惣無事令は法たり得、概念としての惣無事令は存在するとの反批判を行っている。[15]

なお、このような反批判が出るのは、おそらく厳密な意味で藤木氏が惣無事令という言葉にどのような意味を持たせているかが定かでないことに原因があると思われる。藤木氏は、当初の主張では惣無事令を発布された法令としていたが、後に「「大名の平和」へのプログラム」と、明らかに一法令とは別と見なせる表現に変化させている。また、惣無事令を近世的法か中世的法のいずれの概念で見ているかも不明である。当初は、成文法である刀狩り令や海賊停止令と共に惣無事令を挙げているので、成文法と見ていたと思われる。しかし、修正後は、行動準則を法とみなす中世法的使用がされているようである。かかる中で論者間で用語などの認識に差が出ており、嚙み合っていない部分があるように思われる。

いずれにせよ、藤木氏が当初示した惣無事令像は否定されるべき部分が多いことは間違いない。ただし、それまで豊臣政権による統一過程を単なる軍事征服としてしか見てこなかった状況に対し、平和という別要素が含まれている可能性を指摘したことは評価されるべきである。これにより、豊臣政権のあり方を多様な面から見直す視点の必要性を多くの人が感じたと思われる。この点は、ひとえに豊臣政権のみならず、全ての政権を見る際において重要な視点であり、今後継承すべきであろう。

戦争・軍事研究への意識の高まり

先述のように、藤木氏の惣無事令は、統一政権の軍事動向や村の武力に関する研究進展の契機となり、学界で戦争・軍事に関する研究に対する風向きが少し変化した。さらに、一九九〇年以降の日本を取り巻く政治状況が、この流れに追い打ちをかけた。すなわち、一九九〇年の湾岸戦争への掃海艇派遣を皮切りに、日本が軍事的活動に再び関わるようになる。一方、隣国との関係を見ると、北朝鮮による日本人拉致の発覚や、中国・韓国と尖閣諸島や竹島を巡る問題での衝突が起きている。これらの状況は、我々の周りに戦争状態になる火種があり、くすぶっていることを認識させた。かかる情勢の中、従来のように戦争・軍事に対し目を背けていることは、社会的要請上、許されなくなってきている。

その結果、戦争・軍事は、歴史学において一つの研究するに値する事柄として認識されるようになる。歴史学研究会編『戦争と平和の中近世史』（青木書店、二〇〇一年）の発刊や、歴史学研究会・日本史研究会編『日本史講座』五巻（東京大学出版会、二〇〇四年）の藤田達生氏の「戦争と城」の掲載、二〇一一年『歴史学研究』八八〇～八三号で特集「変容する「軍隊」「戦争」像」が、二〇一三年『歴史評論』七五五号で特集「戦国時代の軍隊と戦争」が組まれたこと[16]、また吉川弘文館から、中世から戦後まであつかう『日本軍事史』、戦争の日本史シリーズ、敗者の日本史シリーズの発刊は、このような研究状況を反映してのことであろう。

九十年代以降の研究

それでは、具体的に九十年代以降においてどのような戦争・軍事に関する研究が行われているか、見てゆくことにしたい。なお、紙幅の関係で武器・武具や城郭に関する研究は取り上げないこと、またここで上げる研究は、全研究のあくまで一部であることを断っておく。

まず、当時の軍事編成に関しては、給人が引き連れてきた陪臣が、主人から引き離され兵種別に再編成が行われていたことが指摘され、広く知られるようになった（詳細については後述する）。また、兵の供給に関して、荒垣恒明氏・西股総生氏・菊池浩幸氏・則竹雄一氏・長谷川裕子氏らが足軽・武家奉公人や忍につき、黒田基樹氏が百姓の郷土防衛に限った軍事動員につき検討している(17)。

このような研究状況を受け、兵農分離についても疑問が投げかけられている。池享氏は、従来の信長が馬廻・弓衆の家族を安土へ無理やり引っ越させたことをもって、兵農分離（この場合、「空間的な」兵農分離と言うべきであろう）が行われ常備軍が編成され、それが信長軍の強さの淵源であったとの見方を批判し、あくまで軍勢の一部のみが（「空間的な」意味での）兵農分離をしているに過ぎないという見方を示す(18)。一方、久保田正志氏は、信長による兵農分離が行われたとの立場にたつ。ただし、久保田氏の場合、従来の見解とは違い、信長が広大な領地を持つようになり、優秀な兵力を十分に確保可能となったため、不要な軍役負担者を整理し、生産活動に従事しない常備軍的部分を城下に集住させたとする(19)。

一方、統一政権や大名たちが、戦場において士分たちをいかに統制しようとしていたのか、また逆にそのような大名たちの意図とは別に個々の士分たちが戦場でいかに行動したかについての研究が、谷口眞子氏・藤田達生氏・岡嶋大峰氏により(20)、この時期の戦功認定についての研究が、長屋隆幸・久留島典子氏により行われている(21)。さらに、戦争経済については、久保健一郎氏が兵粮の運用について明らかにしている(22)。

織田政権における軍事動向については、本能寺の変との関係に伴い、天正七年（一五七九）頃から天正十年頃の四国の状勢についての研究が深化し、藤田達生氏・津野倫明氏により長宗我部氏が四国を平定していなかったことが明らかになった。(23)信長の行った個別戦争については藤本正行氏・黒田日出男氏らにより桶狭間の戦いが、藤本氏・鈴木眞哉氏や平山優氏らにより長篠の戦いについての研究が深められている。(24)

豊臣期以降の軍事動向については、惣無事令研究の一環として、津野倫明氏・尾下成敏氏・竹井英文氏などにより四国・九州国分けの実態や、東国状勢の実態が明らかになる中で、各戦争への道のり・結果が示されるようになってきている。(25)

豊臣政権に関わる個別戦争では、小田原合戦については下山治久氏・黒田基樹氏らが、その実態について明らかにしてきている。(26)朝鮮出兵については北島万次氏・中野等氏・津野倫明氏らにより、豊臣政権のみならず個別大名の動向や、日朝両国の民衆の動向・被害に目を向けた研究がなされている。(27)また、藤田達生氏らが小牧・長久手の戦いを天下分け目の戦いと見なす視点を提示し、『戦場論』上下（岩田書院、二〇〇六年）を発刊している。さらに、笠谷和比古氏・光成準治氏・白峰旬氏などにより関ヶ原の戦いが、(28)谷口眞子氏・笠谷氏や曽根勇二氏らにより大坂の陣についての研究がなされている。(29)なお、これら個別戦争についての研究は、従来、玉石混淆の二次史料中心で叙述されていたものを、一次史料や比較的信頼性が高い二次史料を使って通説を見直すスタンスのものが多い。

最後に、村レベルの軍事活動に目を向けた研究では、戦国大名間の「境目」の地域的特殊性に注目した山本浩樹氏の研究、藤木久志氏の雑兵や村の武力に関する諸研究、稲葉継陽氏の村の侍論、中世的兵農分離などが発表されている。(30)

研究の問題点

最後に、戦争・軍事に関する研究における問題点を二点指摘して、本稿を終えることにしたい。

一点目は、兵種別再編成の研究において、近世史と中世史の研究者の間で断絶があることである。一九八八年に藤本正行氏が「戦国期武装要語解―後北条氏の著到書出を中心に―」[31]で、北条氏において軍役として家臣が負担する人員を兵種別に再編成することが考慮されていたと指摘した。翌一九八九年に高木昭作氏が、北条氏を例に戦国期は兵種別に再編成するのが原則であったが、近世に入り廃れたとの研究を著書『日本近世国家史の研究』[32]XI章「幕藩体制の成立と近世的軍隊」で主張した。ただし、高木氏は藤本論文について触れていない。高木説は、その後、近世史研究者の間で、兵種別再編成が近世に本当に廃れたかどうか、その可否が議論された[33]。一方、中世史の方では高木説は顧みられず、黒田基樹氏が「戦争史料からみる戦国大名の軍隊」[34]で武田・北条氏を例に再発見（再指摘）する形となった。

これは、自分の研究分野・時代のみでも読むべき研究が多くなりすぎ、別の時代における研究にまで目を向けることが難しい状況であること、また両者の間での交流があまり行われていないことを示していると思われる。しかし、戦争・軍事に関しては少なくとも戦国から大坂夏の陣までは一連の流れと見るべきであり、中世・近世両時代に留意する必要がある。別時代についても著述されていることを、何らかの形で知らしめる方法を考える必要性があろうし、中世・近世研究者間の交流を密にしてゆく必要があるように思われる。

二点目は、二次史料の扱いである。個別戦争研究では一次史料を使っての研究が盛んとなってきているが、一次史料の絶対数が少ないため二次史料の使用は必須である。しかし、論者により二次史料の評価に違いあり、いくつかの個別戦争研究では水掛論が行われているきらいがある。しかし、新しい一次史料が発見されない限り、二次史料に依拠せざるをえない。今後は各二次史料の成立状況や、その性格などを丁寧に研究してその評価を定めた上で、個別戦争の研究に生かすようにすべき時期にきているのではなかろうか。

註

（1）佐々木潤之介「軍役論の問題点（上）（下）」（『歴史評論』一四六・一四七、一九六二年）など。
（2）三鬼清一郎「朝鮮役における軍役体系について」（『史学雑誌』七五―二、一九六六年）。
（3）高木昭作『日本近世国家史の研究』（岩波書店、一九九〇年）。
（4）藤本正行「長篠の鉄砲戦術は虚構だ」（『歴史と旅』一九八〇年五月号）など。
（5）北島万次氏が、著書『豊臣政権の対外認識と朝鮮侵略』（校倉書房、一九九〇年）で戦前から一九九〇年までの詳細な研究史整理をされている。参考にされたい。
（6）藤木久志『豊臣平和令と戦国社会』（東京大学出版会、一九八五年）。
（7）藤木久志『刀狩り』（岩波新書、二〇〇五年）。
（8）藤田達生『日本近世国家成立史の研究』（校倉書房、二〇〇一年）。
（9）立花京子「片倉小十郎充て秀吉直書の年次比定」（『戦国史研究』二二、一九九一年）など。
（10）戸谷穂高「戦国期東国の「惣無事」」（戦国史研究会二九五回レジュメ、二〇〇四年）、同「関東・奥両国「惣無事」と白河義親」（村井章介編『中世東国武家文書の研究』高志書院、二〇〇八年）。ただし、戦国史研究会レジュメは未見。竹井英文『織豊政権と東国社会』（吉川弘文館、二〇一二年）の研究史整理を参照した。
（11）竹井　前掲註（10）著書。
（12）藤井讓治「「惣無事」はあれど「惣無事令」はなし」（『史林』九三―三、二〇一〇年）。
（13）谷徹也「豊臣政権の「喧嘩停止」と畿内・近国社会」（『歴史学研究』九四二、二〇一六年）。
（14）尾下成敏「九州停戦命令をめぐる政治過程」（『史林』九三―一、二〇一〇年）。

(15)　黒田基樹『小田原合戦と北条氏』（吉川弘文館、二〇一三年）。
(16)　高橋典幸・山田邦明・保谷徹・一ノ瀬俊也『日本軍事史』（吉川弘文館、二〇〇六年）。
(17)　荒垣恒明「戦場における傭兵」（藤木久志・黒田基樹編『定本・北条氏康』高志書院、二〇〇四年）、西股総生『戦国の軍隊』（学研パブリッシング、二〇一二年）、菊池浩幸「戦国大名の軍隊と武家奉公人」（『歴史評論』七五五、二〇一三年）、則竹雄一「着到史料からみた戦国大名軍隊」（『歴史評論』七五五、二〇一三年）、長谷川裕子「戦国時代の戦場と足軽・傭兵」（高橋典幸編『戦争と平和』竹林舎、二〇一四年）、黒田基樹「戦国大名の民衆動員」（『歴史学研究』八八〇、二〇一一年）など。
(18)　池享「天下統一と朝鮮侵略」（同編『天下統一と朝鮮侵略』吉川弘文館、二〇〇三年）。
(19)　久保田正志『日本の軍事革命』（錦正社、二〇〇八年）。
(20)　谷口眞子「近世軍隊の内部組織と軍法」（『民衆史研究』四七、一九九四年）、藤田達生「織豊期大名軍制と交戦権」（『織豊期研究』一〇、二〇〇八年）、岡嶋大峰「戦場における大名前田家の統制と加賀藩士の自律性」（『加賀藩研究』二、二〇一二年）。
(21)　長屋隆幸「「戦功書上」の成立について」（『織豊期研究』一一、二〇〇九年）、久留島典子「戦功の記録—中世から近世へ—」（『国立歴史民俗博物館研究報告』一八二、二〇一四年）。
(22)　久保健一郎『戦国時代戦争経済論』（校倉書房、二〇一五年）など。
(23)　藤田　前掲註（8）書、津野倫明『長宗我部氏の研究』（吉川弘文館、二〇一二年）など。
(24)　藤本正行『桶狭間の戦い　信長の決断・義元の誤算』（洋泉社歴史新書y、二〇一〇年）、黒田日出男『『甲陽軍鑑』の史料論』（校倉書房、二〇一五年）、藤本正行『再検証　長篠の戦い』（洋泉社、二〇一五年）、鈴木眞哉『戦国軍事史へ

の挑戦』（洋泉社歴史新書y、二〇一〇年）、平山優『長篠合戦と武田勝頼』（吉川弘文館、二〇一四年）など。
(25)　津野 前掲註(23)書、尾下成敏「羽柴秀吉勢の淡路・阿波出兵」（『ヒストリア』二一四、二〇〇九年）、尾下 前掲註(14)論文、竹井 前掲註(10)書など。
(26)　下山治久『小田原合戦』（角川選書、一九九六年）、黒田 前掲註(15)書など。
(27)　北島万次『豊臣秀吉の朝鮮侵略』（吉川弘文館、一九九五年）、中野等『秀吉の軍令と大陸侵攻』（吉川弘文館、二〇〇六年）、津野 前掲註(23)書など。
(28)　笠谷和比古『関ヶ原合戦と大坂の陣』（吉川弘文館、二〇〇七年）、光成準治『関ヶ原前夜―西軍大名たちの戦い―』（NHKブックス、二〇〇九年）、白峰旬『新解釈 関ヶ原合戦の真実』（宮帯出版社、二〇一四年）など。
(29)　谷口眞子「移行期戦争論　大坂冬の陣の総合的検討」（歴史学研究会編『戦争と平和の中近世史』青木書店、二〇〇一年）、笠谷 前掲註(28)書、曽根勇二『大坂の陣と豊臣秀頼』（吉川弘文館、二〇一三年）など。
(30)　山本浩樹「戦国期戦争試論」（『歴史評論』五七二、一九九七年）、藤木久志『雑兵たちの戦場 中世の傭兵と奴隷狩り』（朝日新聞社、一九九五年）、稲葉継陽『日本近世社会形成史論』（校倉書房、二〇〇九年）など。
(31)　藤本正行「戦国期武装要語解―後北条氏の著到書出を中心に―」（中世東国史研究会編『中世東国史の研究』東京大学出版会、一九八八年）。
(32)　高木 前掲註(3)書。なお、発表年は、同書中の初出一覧による。
(33)　藤井譲治「平時の軍事力」（同編『日本の近世』三、中央公論社、一九九一年）など。
(34)　黒田基樹「戦争史料からみる戦国大名の軍隊」（小林一岳・則竹雄一編『戦争I』青木書店、二〇〇四年）。ただし、参考文献一覧には、高木 前掲註(3)書があがっている。

■織豊期研究をふり返る

商業・流通

山下智也

商業・流通史研究のあゆみ

商業・流通史という研究分野はかつて盛況であったが、隣接・関連する分野が非常に多岐にわたり、軍事面や領主の動向のなかで捉えられることもあるために、その位置づけは主要課題とされづらくなった。しかし、社会を構成する要素として、欠いてはならない重要な分野である。

ただし右のような理由から、以下の整理では、商業・流通に限定した一部の注目される研究を扱う程度に留まらざるを得ないことを先にお断り(1)し、整理を進めたい。

商人や宿・市場に関する近年の研究は、わずかながら継続されている状況にある。これらの前提には、小野晃嗣氏(2)・豊田武氏(3)の研究がある。小野氏の研究は、商人、宿・市場研究の嚆矢であり、豊田氏はそれを発展させて、宿・市場を網羅的に把握し、商業史の基礎を築いた。細かな展開は割愛するが、商業・流通史、宿・市場の研究は両氏の研究を参考に、補強・補完し、課題を批判することで進められてきたのである。そのため、いわゆる研究の蛸壺化が進んでいる。豊田氏のように広範な地域を対象とし、大局での議論することが難しくなり、対象地域や分野、扱う文書群を絞ることで、より実証的な研究を行おうという方向性となっている。また、現在の研究の進展には、史料状況の改善による。ただし、商人、宿・市場関係史料は史料的制約が大きいことも周知の事実である。

研究動向と課題

右の展開をふまえて、現在の研究状況を概観しつつ、その成果と課題についてみていこう。

その中でまず、本分野の研究の進展を示すものとして、概説書が刊行されていることは大きい。これら[4]によって貨幣・信用、商人、市場についてのイメージがよりつかみやすくなった。

また一般書も多数刊行されているが、特に『人物叢書　織田信長』[5]『信長研究の最前線』[6]によって織田信長の流通政策についての評価が示されたことで、広くそのイメージが示されたように思う。前者において池上裕子氏は、戦争面以外での信長の事績として捉え、後者において長澤伸樹氏は、信長の政策の革新性を否定している[7]。信長は流通政策面において全く新しいことを行ったわけではないが、流通の掌握に精力を注いでいたのである。今後は、以上で得たイメージをもとに、あるいはそれらを再検証するかたちでフィードバックをして、研究レベルでの精度を高めていく必要があるだろう。

新出の商人・職人関係史料の紹介は、本分野における最重要の進展である。近年では『中世商人の世界』[8]が挙げられる。ここでは、中世商人・連尺商人がいかなるものかを近世成立の史料などを手がかりにさぐる各論考と、商人の世界の慣習として、外部は知りえない商人間でのルールや、市場祭文など、大変珍しく貴重な史料紹介が掲載されている。室町・戦国期においてこのような史料の発見に至る可能性は非常に低いだろうが、織豊期ではまだ発見の見込みがある。さらに近世においては、その可能性が十分あろう。そこから遡ることで、織豊期の様子を探ることができることとなる。

また、『戦国遺文』[9]が刊行されたこと、『豊臣秀吉文書集』[10]が現在刊行中であることから、権力との関係からの見直しをはかることが期待される。かつての文書群別の史料集に加え、編年史料集への再編集、新出史料の補遺・追加によって新しい視点から史料を見直すことが出来得ると考える。

つづいて、各分野・項目ごとにこの二十年のあゆみについて確認したい。

市場・宿・町と商人

①宿・市場の運営

かつて興隆していた市場・宿を対象とした研究は、この二十年は激減した。そこには史料的制約や、新たな視点を見出すことの困難さなどによる限られた史料を検討することの限界性のほかに、池上裕子氏による都市・流通論の整理によって、市場・宿の在り方が位置づけられたという点も少なからずあるのではなかろうか。給人の在地領主的側面と市町の支配・管理者という側面を明らかにし、新宿・楽市の開発は、町人・有力百姓が主導したとする。町人衆や商人衆といった集団の「〝自力〟の解決・秩序維持能力」[12]によって、権力意志が貫徹したとは言えない下からの宿・市立て像を確立した。[11]

近世史の側からは牧原成征氏によって、近世初期の宿の展開、商人荷物の扱いや問屋の宿役人化について論じられているが[13]、前史となる織豊期との接続は不十分であり、課題と言わざるを得ない。

②楽市楽座令

市場研究においては当然、楽市楽座令研究が含まれる。その研究史と課題については紙幅の都合から長澤仲樹氏の整理[14]を参照されたい。ただし、この二十年においては、それまでの小島道裕氏による研究に対する仁木宏氏の批判と、小島氏の回答が注目される。加納楽市場を、城下と市場の二元構造とする論[15]と、寺内町の市場とする論[16]の論争となった。

さらに、安野眞幸氏は立て続けに楽市令を中心に織田氏関連の流通政策に関わる論考を発表した。史料解釈の面で疑義は残るが、歴史地理的な検証を含め一書[17]にまとめられたことに意義があるだろう。加えて、新行紀一氏によって三河小山とされてきた家康の楽市が遠江小山であると改められたこと[18]は大きく、その意味を再考する必要が出てきた。さらに、羽柴秀吉の播磨淡河楽市の発見[19]によって、楽市の西国地域への伝播という部分も検討を要する。現時点では、この発見により、楽市・市場政策と軍事の関連が強く説かれるという潮流にある。

③市場の構造

市場の構造を考える上では桜井英治氏の研究[20]が重要である。氏は市場での富の分配を図式化した。ここでモデル化された富の流れを参照すると、「支配者のジレンマ」と呼ぶ領主・支配者として搾取したくても出来ない均衡状態など、様々な市・町の流通構造が浮かび上がる。今後は、この「支配者のジレンマ」や富の分配モデルを、各地の市・町関係史料と対照させて、より具体的な議論を行っていくべきではないだろうか。さらに、領主・市・町場・商人の視点からモデル化がなされていたが、研究史では、領主目線／商人目線／百姓目線など、ある一方に重点を置きがちなので、市・町に関わる全ての身分の人々の利害を総合した見方[21]というものも取り入れるべきであると考える。

交通と輸送

①伝馬

伝馬制度については池上裕子氏・有光友學氏の研究が前提となる。両氏の論考の初出はこの二十年より以前となるが、まず池上氏によって宿と伝馬の関係が論じられた[22]。交通・輸送業者としての位置付けに加え、軍事と伝馬の関係を強調した氏の検討によって、天正期の宿立てラッシュの裏にある領主の思惑が明らかとなった。今川氏の研究に精力的であった有光氏は、その伝馬制度についても明らかにされている[23]。その後、今川氏伝馬制度については野澤隆一氏によって、有光氏の研究を批判的に展開され、守護伝馬制度を否定し[24]、山科言継の伝馬利用実態などを確認したことで、より伝馬制についての議論が深まった。ただし、基本的な事実については有光論が支持されているのではないだろうか。本多隆成氏も、有光氏の研究を土台として今川氏の伝馬制度を概括されたが[25]、制度上の地域差を新征服地（三河）の住人を取り込むための緩和策と捉えている[26]。

宿場と伝馬に関する池上氏の指摘は重要であるが、伝馬制度自体は後北条・武田・今川氏といった東国社会を中心に広がっており、全国的な展開ではない。また徳川家康の慶長の東海道宿駅設定以降の伝馬とどのように接合するかについては明確でない。戦国大名伝馬制度が近世駅制の基礎であると推測されることから、織豊期の空白部分を埋めていくことが今後の課題となろう。

②問・問屋

次に問・問屋について確認する。宇佐見隆之氏は、中世の問が問屋へ展開する動向を検証し、楽座令の影響によって総合商社的な多業種を兼務する時代の終焉を説いた[27]。中世から近世初期まで幅広く見渡し、問の動静を見極めたのは卓見である。特に、近世初期の問屋までの展開を視座に議論を展開したことは重要である。「何でも屋」では生きていけず専業化していかねばならなかったことは、都市史や町割り、座の議論とも関連するだろうが、その社会的背景については今後も検討を要する。豊臣期～近世初期の問・問屋を含めた商人の動向について史料を見出し、事例を蓄積することが求められよう。

③水上交通・輸送

水上交通は陸上交通の延長ともいわれるが、水上・陸上交通を複合的に検討されたものとして注目されるのが阿部浩一氏の研究である。(28)ここでは関宿や駿河江尻宿など関東・東国の問と水運の関係が論じられている。流通史は関連する分野が多岐にわたることは冒頭で述べたが、このように、関連する分野・項目を横断して複合的・総合的に検討することは、交通に限らず今後の研究において重要な視点であると考える。

海上交通、特に伊勢湾海運については、永原慶二氏の示した海賊商人の存在や、伊勢商人を媒体とする「永楽銭基準通貨圏」(29)の構造をきっかけとして、綿貫友子氏がより実証的に研究を進めてきた。(30)また、藤田達生氏による環伊勢海政権論(31)によって、織豊政権による環伊勢海諸国支配による流通支配が論じられることとなった。織豊期の場合、権力・政権との関連は切り離せないものであり、今後も継続して検討する必要がある。(32)また、次項目とも関連するが、特に豊臣期以降の海上交通による輸送の増加は今後も注視すべきであると考える。

④材木の流通・輸送

水上輸送の具体的な例として取り上げられているものに、材木輸送がある。長澤伸樹氏は、柴田勝家による越前支配と材木流通の実態や、琵琶湖湖上ネットワークによる材木流通を説いた。(33)いずれも織田政権との関連で論じられていることから、豊臣期などその後の変遷をたどることで、織豊期・中近世移行期の状況と輸送ルートやその展開がわかるのではないだろうか。

曽根勇二氏は、秀吉・家康期を主対象として、材木流通における木曽山の位置づけと伊勢湾や大坂湾を中心とした港湾の機能、それらと政治・軍事との関連について論じている。(34)海上交通でみた永原氏の伊勢湾における流通構造が戦国期までを対象としていることから、曽根氏はその対象範囲を拡大し、その流通構造の展開を説いた。戦国〜近世の狭間で流されがちであることから、対象時期としては理想的である。

材木の調達に関わる人々の動きを考察することで、材木流通システムや、政治構造の一端が明らかとなったことは、意義があるだろう。

課題と展望

近年の織豊期の商業・流通史研究は、右にみたように非常に多様で他分野に横断して展開している。関連分野・項目も幅広く、すべてに通じる課題というのは見出しがたい。しかし、現在のように実証研究を進める一方で、原点回帰も求められるのではないだろうか。豊田氏のように網羅的に全体を見渡すことはできないかもしれないが、商人の在り方や流通構造をより広域に照らして、位置付けることも必要であろう。

また市・宿における流通実態を明らかにしていく上で課題となるのは、時代区分上の連続／断絶に関わる問題である。近世初期までを展望し、近世史料も活用している研究もあるため、右の課題が付いて回るのだが、織豊期〜近世初期にかけての同分野における実証研究・事例の蓄積はまだまだ不十分である。特に、豊臣政権期、あるいは天正期以降における物量の増大、経済規模の拡大と、商人や流通との関係については注目すべき点で、ひとつの画期とも推測される。織豊期の時代的特質を明らかにするためには、貨幣・信用面と関連づけなければ見えてこないことから、今後の検証・議論に期待したい。

最後に、この整理における課題として東西の問題を挙げたい。今回はほとんど西国について触れられなかったが、海に開け、対外貿易を行うなど、東国と様相を異にしている。戦国大名の特質や、地域間の差異、豊臣政権について考察する上では、西国との比較を欠くことはできない。右の課題を追究することで、本分野の研究がより深化するのではないだろうか。

註

（1）流通と貨幣・信用面は非常に密接な関係にあり、本来欠くことの出来ない項目であるが、本書には本多論考が掲載されることから扱わないこととした。わずかばかり紹介するならば、高木久史（『日本中世貨幣史論』校倉書房、二〇一〇年。『通貨の日本史』中公新書、二〇一六年）、川戸貴史（『戦国期の貨幣と経済』吉川弘文館、二〇〇八年。二〇一六年歴史学研究会大会報告）、千枝大志（『中近世伊勢神宮地域の貨幣と商業組織』岩田書院、二〇一一年。「中世後期の貨幣と流通」『岩波講座　日本歴史』中世三、岩波書店、二〇一四年）、本多博之（『戦国織豊期の貨幣と石高制』吉川弘文館、二〇〇六年。『天下統一とシルバーラッシュ』吉川弘文館、二〇一五年）の各研究、鈴木公雄編著『貨幣の地域史』（岩波書店、二〇〇七年）が注目される。高木・川戸氏の研究は撰銭令でも取り上げられるべきものである。撰銭令に関する研究は藤井讓治氏により整理「織田信長の撰銭令とその歴史的位置」（『日本史研究』六一四、二〇一三年）されているため、そちらを参照されたい。

また、市場・宿・町は都市論にも含まれるが、その場合、城下町論にも言及しなければならない。掲げきれない成果の蓄積があるが、著書では、『守護所と戦国城下町』（内堀信雄・鈴木正貴・仁木宏・三宅唯美編、高志書院、二〇〇六年）や『信長の城下町』（仁木宏・松尾信裕編、高志書院、二〇〇八年）などの成果があり、研究手法としては、地字名などを活用した研究（藤田裕嗣氏・山村亜希氏ら）が注目される。

（2）小野晃嗣『近世城下町の研究』（至文堂、一九二八年。のち増補版、法政大学出版局、一九九三年）。

（3）豊田武『中世日本商業史の研究』（一九四四年、増訂版一九五二年。のち『豊田武著作集 第二巻』所収）、『豊田武著

作集　第一巻　座の研究』、『第二巻　中世日本の商業』（以上、一九八二年）、『第三巻　中世商人と交通』、『第四巻　封建都市』（以上一九八三年、いずれも吉川弘文館）。

（4）佐藤信・吉田伸之編『新体系日本史6　都市社会史』（山川出版社、二〇〇一年）、桜井英治・中西聡編『同12　流通経済史』（山川出版社、二〇〇二年）、笹本正治『異郷を結ぶ商人と職人』（日本の中世3、中央公論新社、二〇〇二年）、網野善彦・横井清『都市と職能民の活動』（同6、二〇〇三年）など。

（5）池上裕子『人物叢書　織田信長』（吉川弘文館、二〇一二年）。

（6）日本史史料研究会編『信長研究の最前線』（洋泉社歴史新書y、二〇一四年）。

（7）長澤伸樹「信長の流通・都市政策は独自のものか」（前掲『信長研究の最前線』所収）。

（8）国立歴史民俗博物館編『中世商人の世界』（日本エディタースクール出版部、一九九八年）。

（9）『戦国遺文』（東京堂出版）。一九九五年に後北条氏編全巻が出揃う（別巻『小田原衆所領役帳』は一九九八年）。その後、武田氏編・古河公方編・佐々木六角氏編・今川氏編・房総編・瀬戸内水軍編・三好氏編が刊行された。

（10）名古屋市博物館編『豊臣秀吉文書集』（既刊、一巻・二巻・三巻、吉川弘文館）。

（11）池上裕子「都市と開発」（『戦国時代社会構造の研究』第二部、吉川弘文館、一九九九年）。

（12）池上裕子「戦国期都市・流通論の再検討」（中世東国史研究会編『中世東国史の研究』東京大学出版会、一九八八年、のち前掲註(11)書所収）。

（13）牧原成征「近世初期の宿、その構成と展開」（『史学雑誌』一〇七―八、一九九八年）。

（14）長澤伸樹「楽市楽座令研究の軌跡と課題」（『都市文化研究』一六、二〇一四年）。

（15）小島道裕「岐阜円徳寺蔵の楽市制札について」（『国立歴史民俗博物館研究報告』三五、一九九一年）、「戦国期城下町と楽市令再考―仁木宏氏の批判に応えて―」（『日本史研究』五八七、二〇一一年）。なお、小島氏の研究は論文集（『戦国・織豊期の都市と地域』青史出版、二〇〇五年）としてまとめられたことから、都市史研究においても参照すべきだろう。
(16)　仁木宏「美濃加納楽市令の再検討」（『日本史研究』五五七、二〇〇九年）。
(17)　安野眞幸『楽市論　初期信長の流通政策』（法政大学出版局、二〇〇九年）。
(18)　新行紀一「小山新市は遠江である」（『戦国史研究』四三、二〇〇二年）。
(19)　木村修二・村井良介「史料紹介　淡河の羽柴秀吉制札」（『ヒストリア』一九四、二〇〇五年）、長澤仲樹「羽柴秀吉と淡河楽市」（『ヒストリア』二三二、二〇一二年）。
(20)　桜井英治「市と都市」（中世都市研究会編『中世都市研究3　津・泊・宿』新人物往来社、一九九六年）。
(21)　拙稿「後北条領国における新宿立て―原兵庫助訴状の検討―」（『日本歴史』八〇五、二〇一五年）。
(22)　池上裕子「伝馬と新宿」（『戦国史研究』八、一九八四年。のち池上前掲註(11)書所収）。
(23)　有光友學「今川領国における伝馬制度」（『歴史公論』一一五、一九八五年。のち『戦国大名今川氏の研究』吉川弘文館、一九九四年に所収）。
(24)　野澤隆一「中世後期の伝馬役」（二木謙一編『戦国織豊期の社会と儀礼』吉川弘文館、二〇〇六年）。
(25)　野澤隆一「今川氏の伝馬制度に関する一試論」（『国史学』二一二、二〇一四年）。
(26)　本多隆成『近世の東海道』（清文堂、二〇一四年）。
(27)　宇佐見隆之「問の終焉」（『日本中世の流通と商業』吉川弘文館、一九九九年）。
(28)　阿部浩一『戦国期の徳政と地域社会』（吉川弘文館、二〇〇一年）。

（29）永原慶二『戦国期の政治経済構造』（岩波書店、一九九七年）。
（30）綿貫友子『中世東国の太平洋海運』（東京大学出版会、一九九八年）。
（31）藤田達生「織田政権と尾張―環伊勢海政権の誕生―」（『織豊期研究』創刊号、一九九九年）。
（32）直近では柴辻俊六「戦国期織田政権の津湊支配」（『三重県史研究』三〇、二〇一五年）が、海上軍事面では小川雄氏の研究『徳川権力と海上軍事』（岩田書院、二〇一六年）がある。
（33）長澤伸樹「織田信長の材木調達と流通支配」（東北史学会『歴史』一一五、二〇一〇年）、「材木調達からみた柴田勝家の越前支配」（『織豊期研究』一三、二〇一一）。
（34）曽根勇二『秀吉・家康政権の政治経済構造』（校倉書房、二〇〇八年）。

■織豊期研究をふり返る

寺社・宗教

羽柴亜弥

研究の潮流

本稿ではこの二十年間に発表された研究の中で、寺社、宗教に関わる研究動向についてまとめてみたい。しかし、紙面の関係上、また筆者の実力においても、すべての分野について、論じることは不可能であるため、前半では、近年発表された研究で論じられているテーマに注目し、何が多く取り上げられているのか、その大きな流れを捉えてみる。後半は、織豊期研究の近年の動向として重要な、織田政権や豊臣政権を宗教政策等から再考する研究について紹介をする。

ここ二十年間の研究テーマを概観してみると、三つの特徴が導き出せる。①戦国大名と寺社の関わりについての研究増加、②地域社会への注目、③寺内町・門前町についての研究増加、である。この三点について、具体的に見ていきながらその背景を探っていきたい。

①戦国大名と寺社

近年の研究動向を見てみると、著しく多く取り上げられるようになったテーマは、戦国大名と寺社との関わりについてである。これは、一九九六年に出された勝俣鎮夫『戦国時代論』(岩波書店)などの発表により、時代区分を再考しようという機運が高まり、戦国期の研究が大きく発展したことによる。寺社・宗教史においてもその影響を多分に受け、それ以降、戦国大名と寺社の関係について、またその宗教政策についての研究が大きく進んだ。[1]特に、後北条氏・武田氏領国の研究が盛んである。[2]また、近年は、九州・四国の寺社についての研究も多く発表されている。[3]

②地域社会への注目

前述した①の影響もあり、地域社会への注目が集まっている。一九九〇年代に「戦国大名」と寺社という枠組みの研究が多かったが、二〇〇〇年代に入ると、事例の集積によるためか、「戦国社会」を構成するひとつの要素として、寺社・信仰が取り上げられるようになった。池上裕子・稲葉継陽編『戦国社会』（展望日本歴史12、東京堂出版、二〇〇一年）がその動向をまとめている。このような研究動向の中で、各地の寺社そのものを詳細に論じた研究が増加している。[4]伊勢神宮、畿内近国の寺社はもちろん、近年では関東や信州、四国、などの地方寺社勢力についての研究が活発である。新史料の発見や、従来から知られてはいたが使用されてこなかった史料の見直しが進み、祭祀や行事に関する研究が多くみられた。

中でも、寺社の経済・経営に関する研究については増加傾向にある。寺社内部の経済状況を解明する研究とともに、都市論や経済論などと絡めた研究も多くなってきた。[5]神職や僧侶による経済活動について注目され、春日社・伊勢神宮・浅間社・熊野など、全国を行き来する宗教者による活動や、各寺社で行われた勧進造営が、非常に盛んであったことが明らかになってきている。[6]これを容認するのか、規制するのかなど大名領国ごとに違いがあり、各地域で異なる特徴が判明している。その一方で、近世史で盛んに行われている寺社の内部組織の研究と、どのように結びついていくのかといった、「移行期」の視野に立った研究は、少ない印象を受ける。

③寺内町・門前町

寺社を中心に形成される寺内町・門前町についての研究が特に発展している。この動きは、一向一揆の研究とともに、京都や石山本願寺などの例をはじめとして全国に広がっている。このような研究が進んだ背景には、各地の発掘調査の結果が集積したことがある。かつては、文書や絵図などから読み解く研究が中心であったが、その情報に考古学の成果が合わさり、より具体的な景観復元が可能になった。また、城郭史の研究の発展も大きな要因である。考古学・地理学・歴史学が一緒になった、学際的研究分野として注目され、その町における寺社の機能が詳細に判明したのである。これらの研究により、多様な寺社の性格が明らかになってきている(7)。

戦国期研究の発展によって、その視点が地域に向かっているのが、近年の寺社・宗教史研究の大きな動向といえるだろう。前述したとおり、各地の寺社については、権力との関係、経営・経済について、寺社を中心に成立した寺内町・門前町などを、三つの軸として、様々なことが明らかになった。各地の寺社についての研究がここまで多くなったその背景には、史料の見直しが大きく関わっている。

かつては、あまり注目されてこなかった、聖教類や過去帳などについての再検討が進んだ。これまでは、経典の奥書等、一部分しか調査されず、その限られた情報のみ研究に使用されていた。しかし、最近では、聖教類に書かれた情報の重要性が見直されるようになり、各地で悉皆調査が行われるようになった。そのため、さらに多くの情報を得られることとなり、資料数の問題によって研究が進まなかった寺社についても、考察できる状況になってきたのである。このように史料の見直しにより増加したテーマとしては、起請文を使用した研究があげられる(8)。

近年は考古学の成果も非常に注目されており、墓石そのものの研究も盛んになっている。葬送儀礼の研究や死生観などに結びつけた研究なども行われている(9)。

このように、寺社や宗教史を研究する上での新たな史料論や方法論の確立によって、各地の寺社についての研究が活発化している。しかし、その一方で個別研究が多く、網羅的な研究が少ないという問題点が指摘されている。事例が多く集まってきている現状であるため、全体を見据えた研究の重要性がさけばれている。

寺社・宗教と統一政権

ここまで、研究テーマを分析し、大きな動向を捉えることを試みた。多くの研究の中でも、統一政権と寺社との関係から、織田・豊臣政権の再考がなされていることは、触れておかなければならないであろう。今谷明氏・河内将芳氏・伊藤真昭氏を中心になされた、統一政権の寺社・宗教政策についての研究である。

一九九八年、今谷明氏は「室町時代における宗教と国制」を書いており、室町・戦国期の権力と宗教との関わりについて権門体制論の立場から論じている。また、伊藤真昭氏は「京都の寺社と統一政権」を書き、統一政権の寺社政策について、上層部の掌握と組織秩序の再編を援助することにあったことを明らかにしている(10)。

また、二〇〇〇年には、朴秀哲氏が「織田政権における寺社支配の構造」(11)、「豊臣政権における寺社支配の理念」を発表し、両政権の寺社支配の特徴について、その連続性などが明らかになった。

二〇〇三年にも、多くの研究成果を得られた。河内将芳氏の「天下人の「死」とその儀礼」によって、宗教的儀礼から天下人についての考察がされた。また、伊藤真昭氏により「織田信長の存在意義―特に京都の門跡・神社にとって―」と『京都の寺社と豊臣政権』が発表された。特に後者は、旧来の統一権力が一方的に寺社を編成したという論を否定し、寺社の視点からみた豊臣政権論について述べられており、重要な指摘といえる(12)。

近年の個別研究や、前述した寺内町・門前町の研究の蓄積などにより、織田信長・豊臣秀吉が、どのような姿勢で宗教・寺社に対応していったのかについて、特に寺社側から明らかにされつつあり、この研究分野においては大きく進展しているといえよう。

このように寺社や宗教への姿勢の見直しが、詳細になされていった成果により、一向宗に対する信長の対応への見直しが提起され、また権力と法華宗の関係が再認識されるなど、織田政権論・豊臣政権論を再度検討し直す要素が指摘されてきている。近年、統一政権についてあらたな見解が示されていることもあり、注目すべき動向である。

今回、寺社・宗教史における研究の動向をまとめるという機会を得て、非常に苦しんだことがある。それは、分野ごとにその研究の方法が大きく異なっている点である。寺院については、古代中世からの継続面を追った研究が多く、中世史研究を基盤に時代を下って、分析がなされている。一方、神社やキリシタンに関する研究は、近世史研究を基盤に江戸時代から溯って分析している事が多い。同じ宗教史という大きなくくりの中でも、分野ごとに視点が異なり、総括するのが非常に難しい。中世と近世の結節点である織豊期であるが、中世史の視点での研究、近世史の視点での研究が混在しており、整合性がなかなかとれないのである。このことは、織豊期の寺社・宗教における大きな問題点ではないだろうか。

註

(1)　横田光雄『戦国大名の政治と宗教』（国学院大学大学院研究叢書、一九九九年）、長谷川弘道「戦国大名と地域寺社」（『戦国史研究　別冊　戦国大名再考』、二〇〇一年）等。

(2)　後北条氏…鈴木芳道「後北条氏と寺社」（『ヒストリア』一五八、一九九八年）等。武田氏…西田かほる「武田氏の神社政策」（笹本正治・萩原三雄編『定本・武田信玄　21世紀の戦国大名論』高志書院、二〇〇二年）、長谷川幸一「武田氏の宗教政策―寺社領の安堵と接収を中心に―」（平山優・丸山和洋編『戦国大名武田氏の権力と支配』岩田書院、二〇〇八年）等。

（3）九州…宮島敬一「戦国期権力の形成と地方寺社―肥前龍造寺氏と河上社―」（本多隆成編『戦国・織豊期の権力と社会』吉川弘文館、一九九九年）等。

（4）個別の研究をあげると枚挙に暇が無い。地域ごとに、動向を簡単にまとめてみたい。伊勢神宮…御師、経済、伊勢信仰の広がり。熊野…信仰の広がり、参詣などについて。畿内近国（東寺・興福寺・根来寺・北野社・石清水八幡宮・賀茂別雷神社等）…内部組織、祭祀の分析が進む。関東（香取・鶴岡八幡宮・浅間社等）…内部組織、交通の分析、権力との関わりについて。

（5）鍛代敏雄『中世後期の寺社と経済』（思文閣出版、一九九九年）、河内将芳『中世京都の都市と宗教』（思文閣出版、二〇〇六年）等。

（6）山本信吉・東四柳史明編『寺社造営の政治史』（思文閣出版、二〇〇〇年）、太田直之「中世後期の勧進聖と地域社会―高野山寂静院増進上人の活動を事例として―」（『民衆史研究』七七、二〇〇九年）等。

（7）峰岸純夫・脇田修監修『寺内町の研究』1～3（法蔵館、一九九八年）、山科本願寺・寺内町研究会編『戦国の寺・城・まち―山科本願寺と寺内町―』（法蔵館、一九九八年）等。

（8）柴辻俊六「武田信玄の起請文」（『古文書研究』六七、二〇〇九年）、千々和到「家康の起請文について」（『戦国史研究』二九、一九九五年）等。

（9）『日本史研究』四〇九号では、「平安京・京都の葬制・墓」の特集が組まれた。幡鎌一弘「中近世移行期における寺院と墓」（『国立歴史民俗博物館研究報告』一一二、二〇〇四年）等。

（10）今谷明「室町時代における宗教と国制」、伊藤真昭「京都の寺社と統一政権」（いずれも今谷明・高埜利彦編『中近世の宗教と国家』岩田書院、一九九八年）。

（11）林秀哲「織田政権における寺社支配の構造」（『史林』八三―二、二〇〇〇年）、同「豊臣政権における寺社支配の理念」（『日本史研究』四五五、二〇〇〇年）。

（12）河内将芳「天下人の「死」とその儀礼―信長・秀吉・家康の比較の視点から―」（『織豊期研究』五、二〇〇三年）、伊藤真昭「中近世移行期における寺社と統一政権―所司代の展開を中心として―」（『日本史研究』四五二、二〇〇〇年）、同「豊臣政権における寺社政策の理念」（『ヒストリア』一七六、二〇〇一年）、同「織田信長の存在意義―特に京都の門跡・寺にとって―」（『歴史評論』六四〇、二〇〇三年）、同『京都の寺社と豊臣政権』（法蔵館、二〇〇三年）。

■織豊期研究をふり返る

真宗・一向一揆

水野　智之

政治権力・組織構造論の展開

一九九五年から二十年ほどの寺社・宗教に関する研究動向のうち、ここでは真宗・一向一揆について扱う。特に後者に比重をおいて述べていきたい。

かつて一向一揆は人民闘争史の観点から様々な研究者の関心が寄せられ、中世社会の一揆全体を視野に含めた上で多くの研究がなされた。その成果の多くは『講座一揆』（東京大学出版会、一九八一年）に結実したと言える。ここでの歴史認識は、民衆による一揆を制圧することによって、近世の統一政権が形成されていくというものであった。このような近世の封建権力の成立過程について、当時としては広く支持されていたと考えられるが、八〇年代半ばになると、中世後期の社会における一向一揆として、社会経済史と宗教史・教団史研究を連携させて議論する問題意識が希薄化し、一揆研究は一部の研究者を除いて、学界では次第に低調となった(1)。

一向一揆研究がやや行き詰まりの兆候を示した頃、従来の歴史像を見直した研究として、九十年代に著書としてまとめられた神田千里氏の一連の研究が挙げられる。『一向一揆と真宗信仰』（吉川弘文館、一九九一年）、『信長と石山合戦』（吉川弘文館、一九九五年）、『一向一揆と戦国社会』（吉川弘文館、一九九八年）などが刊行され、『信長と石山合戦』

以降では、一向一揆の政治史的理解や、本願寺教団と戦国大名における「家中」の同質性、つまり主従的関係が強調された。ここでは、一向一揆・本願寺教団と織田信長らのいわゆる統一政権とは敵ではなく、共存可能であると見なし、政治的な対立関係から両者が戦われたとした。これは従来の一向一揆の歴史像を大きく転換するものであり、幕府体制下における本願寺という位置づけを試みた研究であったと言える。

神田氏の視角と重なるわけではないが、この頃畿内では畠山氏など守護権力と一向一揆の状況が大いに解明された(2)。戦国末期における幕府—守護体制や寺内町から導かれた「大坂並」体制について、地域社会の視角から考察された。

また、九十年代以降には城下町研究が活発になされた。文書や絵図・地籍図などを用いた分析だけではなく、考古学からも多くの城郭や寺内町・門前町の発掘がなされた(3)。例えば、加賀の一向一揆の城郭の構造や当時の町割や地形など、景観復原が詳細になされるようになった。このような研究からは、地形を考慮した町割やその機能の意義などがより一層深く考察されるに至っている。文献史学と考古学の連携は九十年代により一層推し進められてきたように感じられ、今日の研究動向に連なっていく特徴と指摘できる。

さらに、本願寺権力論、本願寺教団の組織構造論も大いに伸展した。この点では金龍静氏の研究『一向一揆論』(吉川弘文館、二〇〇四年)が挙げられる。著書の刊行は二〇〇〇年代であるが、考察の深化は主に九十年代である。金龍氏の「報謝行」論から一揆を理解する見解は、本願寺と一向一揆は「別物」と指摘されてきた従来の課題を克服する視点を打ち出したものである。「報謝行」とは、教義的に言えば一向宗のあらゆる行為は阿弥陀如来と親鸞よりたまわった信心(御恩)に報い感謝することであり、蓮如は、信心の讃嘆による法談・説教や、「御文」による読誦もそれにあたると説く。よって、礼拝・観察・供養等を含めたすべての宗教行為が「報謝行」と見なされた可能性は高く、その論理から「一向一揆」の行動論理を見通すものである。この議論の中で、一向一揆は戦国期一向宗教団と密接な関係にある別組織ではなく、日常における教団成員がそのまま非常時の一揆主体となる様相を説いた点は高く評価されよう。また、中世では仏法王法相依論をもって正統性を付与し、朝廷・幕府・地域権力のどれもが仏法を護持する限り、正統な公的存在となるというあり方に対し、王法とは全く無縁の新仏法観への結集を掲げた蓮如教団と、新旧両仏教観を新たな王法の下に従わせようとした信長権力は、中世的世界の終焉を象徴する二大勢力であったと説く。このれは「宗教一揆論」という視点に基づく新たな一向一揆像であり、その理解は今日にも影響を及ぼしている。[4] この『一向一揆論』にまとめられた研究と教団構造論に関する研究は、従来の一向一揆の理解を大いに深めたと言える。

なお、一九九八年には蓮如五百回忌を迎えたことから、『講座蓮如』（平凡社、一九九六〜九八年）が刊行された。ここには真宗や本願寺教団に関する諸論文がまとめられた。加えて、『蓮如大系』（法蔵館、一九九六年）、『蓮如名号の研究』（法蔵館、一九九八年）、『蓮如方便法身尊像の研究』（法蔵館、二〇〇三年）も刊行された。これらの研究がいずれも織豊期研究に直接的に関わるというわけではないが、一向一揆や真宗に関する研究動向として、政治的理解、宗教権力論、都市論、地域社会論の観点で配慮すべき内容を多く含んでいる。[5]

以上のように、中世社会の中に一向一揆を位置付ける作業は各研究者の問題関心の多様性から各領域に展開したが、いずれも従来の一向一揆・本願寺権力像を克服することを試みた成果であったとみられる。

「一向一揆」の再検討と地域社会からの分析

このような新たな研究動向に対して、二〇〇八年に峰岸純夫氏は『中世社会の一揆と宗教』（東京大学出版会）を刊行された。この中で一向一揆に関しては七十年・八十年代に発表された内容をほぼ再提示された。この点は一向一揆の研究史として重い意味があると見なされる。つまり、従来の民衆による一揆を制圧することによって、近世の統一政権が形成されていく歴史像はなお有効ではないか、加えて新たな一向一揆研究の方向性が見失われつつあり、もう一度原点に回帰して考察すべきではないか、という警鐘の意味である。今後の研究はこの点を十分に考慮すべきである。

従来の一向一揆研究（いわゆる第三期）と主に九十年代以降の研究（いわゆる第四期以降）の動向や成果を踏まえ、新行紀一編『戦国期の真宗と一向一揆』（吉川弘文館、二〇一〇年）が刊行された。ここで安藤弥氏は一向一揆に関する研究動向と課題を整理し、一向一揆研究の方向性を改めて捉え直している。[6]また、織豊期研究において、一向一揆の研究は大きな比重を占める分野であり、「一向一揆」なのか、あるいはそうでなく「一揆」なのかといった論点も改めて厳密に追究されるようになった。村岡幹生氏は「永禄三河一揆」と見なし、改めて一向一揆像の再検討を迫っている。[7]また、惣国一揆については多くの議論があるが、石田晴男氏は改めて紀伊国の「惣国」及び「一揆」が成立したことを説かれた。[8]神田千里氏が説かれた本願寺権力の政治史的分析についても、筆者がさらに検討を加え、本願寺と公家社会あるいは武家との政治的関係をより一層解明した。[9]

一向一揆の概念についても改めて問われるようになった。近世初期以来、次第に定着していった「一向一揆」像についても再検討が進められた。それには近世の史料も含めて、一向一揆に関する関係史料が整えられたことが大きい。大桑斉氏による『大系真宗史料　文書記録編11　一向一揆』「解説」は、一向一揆の語られ方について分析した重要な成果である。[10]『大系真宗史料』は二〇〇六年より刊行が開始され、従来の研究水準を高く押し上げた成果として注目される。史料の翻刻、整理という点では、自治体史の刊行も留意される。『愛知県史』では、長島一向一揆に関する史料の紹介などが進められている。[11]

織豊期における一向一揆・本願寺教団権力については、地域社会との関わりから改めて捉え直されるようになった。川端泰幸『日本中世の地域社会と一揆』（法蔵館、二〇〇八年）はその観点を踏まえて分析した研究である。大阪真宗史研究会編『真宗教団の構造と地域社会』（清文堂、二〇〇五年）にもそのような方法論による論文が見られる。これはいわゆる第四期の研究動向を受けた視点であろう。先述した新行紀一編『戦国期の真宗と一向一揆』の中にも、太田光俊氏による真宗寺院と地域社会との関わりを扱った研究もある。(12) 地域社会論は一九九〇年代から議論されたもので、真宗・一向一揆の研究史から見れば一部にはそれ以前からの社会史の問題関心を含んで展開しているように思われる。(13) 地域社会論という問題関心ではないが、神田千里氏も自身の見解をさらに展開し、一向一揆と土一揆の同質性を説かれている。(14) この論点は「一向一揆」を論じる上でさらに考察されるべきであろう。また、金龍氏が提起された「宗教一揆論」という視点は、近年、仁木宏氏によって地域社会論の視角に基づいてさらに考察が深められている。(15)

本願寺教団に関しても、天皇や朝廷を踏まえて中世社会の中で検討する分析もなされた。草野顕之『戦国期本願寺教団史の研究』（法蔵館、二〇〇四年）では、堂舎の荘厳化や天皇との関わりが検討された。小泉義博『本願寺教如の研究　上・下』（法蔵館、二〇〇四年・二〇〇七年）、同朋大学仏教文化研究所編『教如と東西本願寺』（法蔵館、二〇一三年）、金龍静・木越裕馨編『顕如』（宮帯出版社、二〇一六年）のように、宗主など関する動向も一層、究明されるに至った。なお、本願寺および宗主、また一向一揆など諸研究の成果は『増補改訂　本願寺史』第一巻（二〇一〇年）に簡潔にまとめられており、二〇一〇年以前の研究という制約があるが、およその到達点を知ることができる。

今後の課題

以上、筆者の問題関心と紙数の都合から限られた研究しか取り上げられなかったが、織豊期研究において、一向一揆・本願寺の研究は依然として大きな比重を占める分野の一つであると考えられる。特に近年では次の三点への関心が高まっているように思われる。第一には、神田千里氏の説かれるように大名権力と本願寺権力を同質と見なしてよいのか否かという点である。この点は一向一揆をどのように見なすかともつながる問題である。第二には、「宗教一揆」という捉え方と大名権力ないし織豊政権との関係の評価についてである。「宗教一揆」として真宗本願寺派の関わる一揆を広く宗教権力の中に位置づけるかどうか、あるいは一揆の特殊性に注目するかによって歴史的評価は異なるように思われる。第三には、地域社会における本願寺・末寺と一向一揆権力の性格の把握をめぐる点である。それぞれの地域社会の状況や論理が解明されつつあり、今後もこの観点に基づく研究は進展すると思われる。一向一揆の分析および評価については重厚な研究史の蓄積があり、それを打破することは容易ではないが、この二十年の成果を踏まえた新たな議論の展開を期待したい。

註

（1）新行紀一「一向一揆と民衆」（『日本史研究』二六六、一九八四年）。なお、この点は安藤弥「一向一揆研究の現状と課題」（新行紀一編『戦国期の真宗と一向一揆』吉川弘文館、二〇一〇年）にも指摘されている。筆者もその研究史の把握について多くの点で理解を共有している。

（2）小谷利明『畿内戦国期守護と地域社会』（清文堂、二〇〇三年）、弓倉弘年『中世後期畿内近国守護の研究』（清文堂、二〇〇六年）など。こののち畿内政治史は細川氏や三好氏の動向の解明が進んだ。

（3）城下町研究、寺内町・門前町研究については非常に多くの成果があり、枚挙にいとまがない。この分野については、仁木宏・松尾信裕編『信長の城下町』（高志書院、二〇〇九年）、脇田修ら監修『寺内町の研究』全三巻（法蔵館、一九九八年）参照。各自治体あるいは博物館・資料館による発掘成果報告書なども多く刊行されている。特に九十年代には石川考古学研究会『石川考古』における加賀一向一揆に関する城郭の発掘成果や、山科本願寺遺跡、大坂に関する発掘などがある。山科本願寺跡については安藤弥「山科本願寺・寺町遺跡について」（『日本史研究』四九六、二〇〇三年）、京都市埋蔵文化財研究所編『山科本願寺跡』（二〇〇五年）等、大坂については懐徳堂記念会編『大坂・近畿の城と町』（和泉書院、二〇〇七年）等参照。

（4）この分野に関しては、小泉義博『越前一向衆の研究』（法蔵館、一九九九年）、青木忠夫『本願寺教団の展開』（法蔵館、二〇〇三年）等の研究も注目される。

（5）『講座蓮如』全六巻（平凡社、一九九六〜九八年）には重要な提言を含む論文が多く収録されているが、政治史的観点では新行紀一「永正三河大乱と一向一揆」（第一巻、一九九六年）、宗教権力論では矢田俊文「戦国期宗教権力論」（第四巻、一九九七年）、都市論では仁木宏「寺内町における寺院と都市民」（第三巻、一九九七年）、地域社会論では第五巻（一九九七年）・第六巻（一九九八年）に収録された各地域における真宗の展開を扱った諸研究が注目される。

（6）この研究史の区分は、金龍静『一向一揆論』第一章による。ただし、第四期のスタートは峰岸純夫編『本願寺・一向一揆の研究』（吉川弘文館、一九八四年）とされており、第四期は必ずしも九十年代の研究のみを指すわけではないが、混乱を避けるため、便宜その区分を用いて説明しておく。

（7）村岡幹生「永禄三河一揆の展開過程」（新行紀一編『戦国期の真宗と一向一揆』）。なお、三河一向一揆については、二〇一三年に安城市歴史博物館（愛知県安城市）で、第四回松平シンポジウム「三州に一揆おこりもうす―三河一向一揆の本質を問う―」が開催され、「一向一揆」であったかどうかをめぐって再び検討がなされた。この点は拙稿「三州に一揆おこりもうす―三河一向一揆の本質を問う―」参加記」（『地方史研究』六四―四、二〇一四年）参照。

（8）石田晴男「「紀州惣国」再論」（新行紀一編『戦国期の真宗と一向一揆』）。

（9）拙稿「室町・戦国期の本願寺と公家勢力」（新行紀一編『戦国期の真宗と一向一揆』）。なお、この研究をうけて、拙稿「足利義晴〜義昭期における摂関家・本願寺と将軍・大名」（『織豊期研究』一二、二〇一〇年）を発表し、戦国末期の本願寺の政治的位置について考察した。

(10)　大桑斉「一向一揆はいかに語られたか」（『大系真宗史料　文書記録編11　一向一揆』法蔵館、二〇〇七年）。他にも、一向一揆の思想に関わる研究として、『本福寺跡書』にみられる百姓の王孫思想の分析を行った永井隆之『戦国時代の百姓思想』（東北大学出版会、二〇〇七年）が注目される。

(11)　『愛知県史　資料編11　織豊1』（愛知県、二〇〇三年）。なお、ここでの史料を用いつつ、織田信長による長島一向一揆攻めについて新たな見解が提示されている。この点は播磨良紀「織田信長の長島一向一揆攻めと「根切」」（新行紀一編『戦国期の真宗と一向一揆』）参照。長島一向一揆については、由緒書の分析から、中野和之「願証寺の系譜」（新行紀一編『戦国期の真宗と一向一揆』）、地域社会の観点から、石神教親「「長島一向一揆」再考」（『織豊期研究』一六、二〇一四年）がある。

(12)　太田光俊「本願寺末寺の位置」（新行紀一編『戦国期の真宗と一向一揆』）。他にも「小牧・長久手の戦いにおける本願寺門末」（藤田達生編『近世成立期の大規模戦争』岩田書院、二〇〇六年）がある。

(13)　遡れば、「タイシ」「ワタリ」を論じた井上鋭夫『山の民・川の民』（平凡社、一九八一年）の成果や網野善彦氏の議論があるが、九〇年代以降には地域社会論と関わりつつ、本願寺の儀礼・贈答関係や信仰面での研究が展開した。近年の信仰面の研究としては、大喜直彦『中世びとの信仰社会史』（法蔵館、二〇一一年）が注目される。

(14)　神田千里『戦国時代の自力と秩序』（吉川弘文館、二〇一三年）。土一揆に関する論文は二〇〇一年から二〇〇四年にかけて発表されている。なお、同書には織田政権の支配論理や天下概念に関する検討を加えた論文が収録されている。

(15)　仁木宏「宗教一揆」（『岩波講座日本歴史　第九巻　中世四』岩波書店、二〇一五年）。

■織豊期研究をふり返る

武家儀礼

小久保　嘉紀

はじめに

織豊期研究に限らず、近年は儀礼に対する注目が顕著である。従来、儀礼研究は有職故実学の一環として、儀礼の復元を主たる目的として研究がなされてきたが、近年は儀礼の復元だけでなく、儀礼に対する主催者の政治的意図を見出したり、また儀礼に体現される階層秩序を読み取るなどのアプローチがなされており、政治史の中に儀礼を位置付けるという試みが積極的に行われている。つまり、儀礼とは形式的なものではなく、極めて政治的なツールとして研究関心が集められているのである。

そして、織豊期における儀礼の特徴として、とくに豊臣期において武家儀礼の成熟が見られるという点が挙げられる。前代の室町期には、将軍義満期に公家儀礼の吸収を経て武家儀礼の形成がなされ、それ以後も室町将軍の下で武家儀礼の整備がなされていった。この延長線上において、織豊期における武家儀礼の成熟を位置付けることができる。本稿では、儀礼の中でもとくに、この武家儀礼について扱うこととする。

また近年は、狭義の儀礼だけでなく、書札礼や官位といった、広義の儀礼的性質を持つ対象についての研究も活発であり、儀礼研究はますます裾野を広げていると言える。

そこで本稿では、以下、「儀礼・故実」「書札礼・文書論」「官位」と節を区切り、近年の織豊期研究における武家儀礼研究の動向について整理し、その課題について考えてみたい。

儀礼・故実

先に、織豊期には武家儀礼の成熟が見られると述べたが、主にその視点は豊臣政権下の武家儀礼に集中しており、織田政権下の武家儀礼についての評価は消極的である。そのことは例えば、「織田政権下にはいわゆる儀礼的な面にとぼしく、正月元日に安土城で行なわれた信長家臣団による年頭御礼の存在が特筆し得る程度にすぎない」という二木謙一氏の指摘に端的に表れており(1)、その見方は現在でも通説の位置を占めていると言える。この二木氏の指摘は、『信長公記』に見られる安土城での年頭御礼の記事(例えば、巻十五の天正十年(一五八二)正月の事例)などを受けてのことと思われるが、それら以外にも、織田政権下の儀礼の様相が断片的にでも窺える事例を集積していくことが、今後必要不可欠な作業となるであろう。

また近年は、織田政権と中世の大名権力との間に連続性を見る議論も活発であり、大名権力としての織田家中における儀礼の存在を想定することも充分に可能である(2)。そこで手がかりになるのは、織田家中における階層秩序の存在である。儀礼の機能の一つとして、階層秩序を可視的に示すという点が挙げられるが、近年は織田家中における階層秩序についても注目がなされている。例えば、信長は織田一門や譜代家臣の重用が顕著であったとされ(3)、また山崎布美氏によると(4)、織田一門の中でも、「織田」名字と「津田」名字で差別化が行われていたとされ、家中秩序が細分化していたことが分かる。このような研究成果から、織田家中における階層秩序と、断片的に窺える織田政権下の儀礼とをすり合わせた上で、今後考察していく必要があると言える。

ただし、ここで留意しなければならないのは、大名権力としての儀礼と、「天下人」としての儀礼とは、峻別する必要があるという点である。即ち、前者は家中を対象とするものであるが、後者は家中だけにとどまらず、服属した大名なども対象とする点に特徴がある。織田政権の場合、「天下人」としての儀礼がどの程度見られるのか解明することが、織田政権の性格を考える上での重要な課題である。[5]

さて、この「天下人」としての儀礼を、大名統制のために最大限活用したのが、次の豊臣政権である。豊臣政権の儀礼については、二木謙一氏の『武家儀礼格式』「第Ⅱ部　豊臣政権の儀礼格式」に、「豊臣政権の儀礼形成」[6]「『聚楽第行幸記』にみる豊臣期の儀礼」「豊太閤前田邸御成記の考察」が収められ[7]、豊臣政権は室町幕府の儀礼を模倣し、とくに正月対面儀礼を重視したことを指摘し、また聚楽第行幸には、秀吉に伝統準拠と朝廷尊重の姿勢が見られるとする。そして、秀吉の前田邸御成の事例から、秀吉は室町幕府の将軍御成の先例を踏襲していたと指摘している。また二木氏は、『毛利輝元上洛日記』の分析から、天正十六年の毛利輝元の上洛の際の、秀吉の歓待儀礼についても明らかにしている。[8]以上の二木氏の論考に共通している点は、豊臣政権の儀礼は秀吉独自の新儀を交えつつも、室町幕府の儀礼や先例を模範としているという点である。また二木氏は、「第Ⅲ部　江戸幕府の儀礼格式」において、江戸幕府もまた室町幕府の儀礼を模範としていたと指摘する。

ここで、室町幕府の儀礼吸収をめぐる視角について、本郷恵子氏による同書の書評に注目したい。[9]本郷氏は、豊臣政権による室町幕府の儀礼吸収は、政権としての脆弱性を儀礼の機能により補うことを目的としたものであり、その政権の脆弱性を儀礼で補うあり方は、室町幕府の場合と共通すると指摘する。一方で江戸幕府では、絶対的に君臨する強固な政権としての確立とともに儀礼の形成も行われており、室町幕府や豊臣政権の儀礼とは性格を異にするとされる。

したがって、本郷氏の指摘も踏まえるならば、豊臣政権による室町幕府の儀礼吸収と、江戸幕府による室町幕府の儀礼吸収とは、性質を異にするのではないだろうか。室町幕府の儀礼や先例が、豊臣政権・江戸幕府それぞれの場合において、どのような取捨選択を経て吸収されたのか、比較対照させつつ検討することは今後の重要な課題であると言える。

次に、織豊期の故実についての研究にも触れておきたい。織豊期、すなわち中近世移行期の故実に着目することは、室町幕府の故実がどのような媒介を経て次の江戸幕府へと継承されていくのか、その推移を考える上で非常に重要である。

室町幕府の故実、とくに伊勢流故実については水野哲雄氏の論考があり(10)、幕府政所執事伊勢氏の一族、伊勢貞知が、天正四年の近衛前久の薩摩下向に随行した際、島津氏やその被官に伊勢流故実を授与し、また島津氏の被官に伊勢名字を授与した事例を明らかにしている。

また近年は、中近世移行期の故実家をめぐる視点として、それまで故実家ではなかった者が故実を習得し、故実家へと転身する背景についても注目がなされている。例えば、末柄豊氏によると(11)、後に故実家としても著名な存在になる細川藤孝は、その前段階として、足利義昭を将軍として擁立するために、室町幕府の関係者から故実を習得していたと指摘している。また拙稿では(12)、幕府奉公衆であった曽我尚祐は、当初は故実との関係は稀薄であったが、室町将軍の側近として、その後、織田信雄の右筆としての経歴を経る中で、いわば職務上の必要に迫られて書札礼などの故実を習得していたことを指摘し、そして近世初頭には、そのようにして習得した故実を背景に、曽我流故実を形成して故実家としての地位を確立したことを指摘した。

以上の成果を踏まえると、中近世移行期において室町幕府の崩壊など政治秩序が再編する中で、台頭した新興勢力は新たに故実を具備する必要が生じ、その需要に応じる形で多くの故実家が成立したのがこの時期の特徴であると言える。

書札礼・文書論

次に、近年の織豊期の書札礼・文書論について、信長・秀吉・家康を対象とした研究を中心に整理していきたい[13]。

まず、信長については、信長文書を類型化し、その変遷の背景について考察した、尾下成敏氏・久野雅司氏の研究がある[14]。信長の書札礼は、織田政権の勢力拡大に伴い薄礼化の傾向を示すが、尾下氏によると、天正六年（一五七八）以降、長岡藤孝ら有力部将などへの書札礼が厚礼化するとされる。その背景として尾下氏は、当時、彼らが動員されていた統一戦争や安土城の普請などに対する信長からの見返りとして、織田政権が彼らへ与えた恩典であったと指摘している。

従来、信長の書札礼の変遷は、信長が帯びた官位の推移と関連付けられることが多かったが、尾下氏の論考は、織田政権をめぐる政治動向とより関連させて考察した点において画期的であると言える。ただ、信長による織田部将への書札礼の厚礼化が、尾下氏が説くように、功労に対する恩典として機能していたかどうか、また信長にそのような意図が存在したかは、なお論究の余地があるように思われる。また尾下氏は、信長による織田部将への書札礼の厚礼化に、信長による主従関係の強化の意図を読み取るが、むしろ薄礼化してこそ、主従関係が専制的になり、強化したと見なせるのではないだろうか。したがって、この厚礼化は信長から織田部将への譲歩として位置付けた方が妥当と思われる。

ここで関連するのが、尾下氏が厚礼化したとする天正六年以降の織田政権の性質である。藤田達生氏が[15]、同年の荒木村重の謀反などから、織田政権の重臣層の統制は不充分であったこと、そして本能寺の変はその延長線上に位置付けられるとしたことに見られるように、天正六年以降の織田政権は、別所長治の離反や荒木の謀反が起こるなど（その前年には松永久秀の謀反）、不安定な側面を有していた。そのような点を背景として、信長の書札礼の厚礼化が行われたと考えられるのではないだろうか。

いずれにせよ、戦国期に台頭した大名権力や、信長・秀吉・家康といった天下人は、勢力伸長ないし官位昇進とともに、書札礼は単線的に薄礼化していくと説かれることが多かったが、尾下氏が指摘したように、信長であっても実際には、その時々の政治状況に対応する形で、書札礼の厚薄を調節していたという点は注目される。勢力伸長や官位昇進に伴い、書札礼が薄礼化するという傾向はある意味当然であるので、その中でも一部厚礼化が見られるであるとか、または薄礼化が緩やかであるといった事例にも着目していくことで、書札礼研究がより豊かなものになると考えられる。

また、信長の書札礼の中でも、とくに家康との関係については平野明夫氏の論考があり(16)、天正元年までは信長と家康の書札礼は対等であったが、将軍義昭追放後に変化し、織田一門に準ずる織田政権下の一大名としての書札礼になると指摘する。

次に秀吉については、その前提として、小林清治氏による秀吉書札礼論(17)、三鬼清一郎氏による秀吉文書論が存在し(18)、秀吉の書札礼の変遷については、筑前守・少将・関白任官を契機として、段階的に薄礼化したことなどが指摘されてきた。即ち秀吉書札礼においては、書札礼が変化する際の契機として、官位昇進との関係性が密接であると言え、その見解は現在でも支持されている。また藤田達生氏は「惣無事令」との関係について、秀吉書札礼の薄礼化と惣無事令とは無関係であり、惣無事令の存在を疑問視している(19)。

また、近年の注目すべき動向として、『豊臣秀吉文書集』（全九巻予定）の刊行が挙げられる。この刊行により、秀吉文書の全容がより緻密に明らかになることで、秀吉書札礼の研究がさらに進展していくことが期待される。なお、同史料集の編集委員である播磨良紀氏により、秀吉の名乗り・花押の類型化による年次比定の基準について整理がなされており[20]、この基準を元にして、無年号の秀吉文書の年次比定が今後より進められていくと考えられる。

そして家康については、高橋修氏の研究があり[21]、秀吉の書札礼の変化が官位昇進を契機としていたのとは対照的に、家康の書札礼の変化は支配領域の拡大を契機とすると指摘している。その背景として高橋氏は、家康は「位階・官職の上昇といった朝廷権威によりかかることなく、ほぼ政治的実力に応じた格好で自己の権威・権力を誇示しようとした」と指摘するが、この点は豊臣政権とその後の江戸幕府との、朝廷に対する姿勢の差異について考える上でも非常に重要である。そして、書札礼に朝廷権威を反映させていたか、または支配領域の拡大といった政治的実力を反映させていたか、という違いに着目して書札礼を分析することで、そこからそれぞれの政治姿勢のあり方を読み取ることも可能であり、このような視点を今後の書札礼研究により生かしていく必要があると考えられる。

また、家康以前の松平氏の書札礼との関係については、平野明夫氏の研究があり[22]、松平氏が主家としていた幕府政治所執事伊勢氏の書札礼法書である『宗五大草紙』が、家康の書札礼にも影響を与えていたとする[23]。そして、家康の花押については、元康時代のものも含めて播磨氏の研究があり、家康の花押は小差な変化をわずかな期間に繰り返していたこと、またその変化は三河平定・遠江制圧などの政治動向と密接な関係があることを指摘している。

近年、各種の文書集の刊行など、文書をめぐる利用環境は長足の進歩を見せており、その中で花押研究もますます活発である。今後は、花押研究の成果を、より書札礼研究にも反映させていくことが望まれる。

官　位

最後に、織田政権・豊臣政権の官位をめぐる研究動向について整理しておきたい。

まず、織田政権については、先に述べた儀礼の場合と同様に、官位秩序の政治利用という点では消極的な評価がなされている。信長自身は、上総介・尾張守・弾正忠を名乗っており（いずれも私称）、将軍義昭追放後には公卿に列せられ、右大臣まで昇進しているが、天正六年（一五七八）には辞し、その後、左大臣への任官も固辞している。信長が私称した官途の背景については、木下聡氏・堀新氏の指摘があり[24]、上総介は今川家の家の官途でありそれに対抗するもので、尾張守は尾張支配者であることを内外に喧伝するため、弾正忠は父信秀が称していたためであるとする。

また、織田一族・織田部将の官位については、子の信忠・信雄の左中将、信孝の侍従をはじめとし、織田一族を高位の官職に任官する一方で、織田部将には一般的な官途を名乗らせるなど、信長は織田一族と織田部将との間で歴然とした格差を設けていたと木下氏は指摘している[25]。なお、信忠は天正三年に秋田城介に任官しているが、それは織田氏の「東夷成敗」を執行する主体としての意味が存在したとの清水亮氏の指摘がある[26]。

以上、信長が名乗った官途には政治的な背景が窺えるが、右大臣を辞すなど、信長自身は官位秩序からは距離を置いている。また、織田一族と織田部将との間で官職・官途に格差を設けていたが、それ以上に細分化した序列を設けるなどの意図は信長には見られない。即ち信長は積極的には、官位秩序を家臣団編成には利用していないと言える。ただし、堀氏によると[27]、天正三年の信忠への家督譲与の際には、信忠を「顕職」に任官することで、次男信雄・三男信忠との間に差別化を図ったとし、官位秩序の論理を信忠の家督確立に利用していたことが分かる。

以上の点から、織田政権の官位秩序への姿勢としては、必要に応じて政治利用を行うが全面的には依拠しない、という位置付けが近年の研究成果によりなされていると言える。

次に、豊臣政権については、周知のように秀吉は積極的に官位秩序を大名編成のために利用したことで知られているが、近年の研究によりその内実がより具体的に明らかになっている。下村效氏が提唱した、豊臣大名は羽林家の家格の公家と同じ昇進過程をたどるとする「羽林体制」論に対し、池享氏は、すべての豊臣大名がその昇進過程に当てはまるわけではなく、「清華成」（三位以上）、「公家成」（四位相当）、「諸大夫成」（五位相当）という昇進呼称に注目するべきであるとした。(28)(29)

その後、矢部健太郎氏はこの「清華成」に着目し、秀吉は羽柴・織田・徳川・宇喜多家（後に毛利・上杉・前田・小早川家が加わる）を「武家清華家」として、豊臣政権の家格秩序を確立したと指摘している。また矢部氏によると、毛利氏・上杉氏が「清華成」が遅れたのは、両氏はそれぞれ豊臣政権の「取次」を務めていたが、上杉氏は新発田氏討伐後で領国が不安定であったため、毛利氏は九州征伐後もなお九州に在陣していたため、この両氏は上洛できなかったためとする。そして矢部氏は、最後に小早川氏が「武家清華家」に加わった背景として、豊臣秀俊（後の小早川秀秋）が小早川家に入嗣した後も、豊臣政権の中で高い家格を維持し続ける必要であったためとする。なお、矢部氏には他にも、豊臣期に創出された従五位下・御剣役を特徴とする「布衣」についての論考や、「武家清華家」の内部秩序についての論考などがある。(30)(31)(32)(33)(34)

従来、豊臣政権の大名編成は「武家官位」に基づいて説明がなされることが多かったが、矢部氏の研究は、「武家清華家」などの「武家家格」の視点を導入した点に、豊臣政権の構造をめぐる研究の画期として位置付けることができる。ただ、その豊臣政権の「武家家格」は、「武家官位」をソースとするものであり、武家政権による純粋な自前の家格ではない。この点は、御相伴衆などといった室町幕府の家格とは性質を異にしている。その差異の意味するところなど、今後も家格をめぐる研究の進展が期待される。

また、黒田基樹氏は、(35)羽柴名字は「公家成」した大名に授与したが、関ヶ原の戦いを契機に変化したと指摘し、堀越祐一氏は、(36)豊臣姓・羽柴名字・官位により豊臣大名を類型化し、豊臣政権の身分秩序の様相を明らかにしている。そして木下聡氏は、(37)豊臣政権の官位秩序の地域ごとの様相について明らかにし、秀吉の関白任官後に領国となった地域では一国一侍従とするなどの特徴が見られるとする。

おわりに

以上、儀礼・故実、書札礼・文書論、官位を軸に、織豊期の武家儀礼研究における近年の研究動向について概観してきた。総じて、儀礼の持つ秩序編成及びその可視化という機能に着目して研究が進展してきたように思われる。今後は、そのような儀礼秩序がどのように権力構造を規定し、また逆に規定されていたのかについても、解明していく必要があると考えられる。

また、武家儀礼に関しては、織田政権期と豊臣政権期の断絶が指摘されて久しいが、そのような見解に対しても、見直しが必要な研究段階にあると思われる。今後の武家儀礼研究に期待したい。

註

（1）二木謙一『武家儀礼格式の研究』（吉川弘文館、二〇〇三年）、四三九頁。

（2）ただし、大名権力の家中における儀礼の様相については、いまだ充分に解明されてはおらず、研究の余地があると言える。即ち大名権力の場合、「色部年中行事」などのような年中行事書が残存しているのはむしろ稀であり、断片的に儀礼の様相を窺い知ることができるのみである。そのような事例を集積し、大名権力の家中での儀礼を解明することも、今後の課題として挙げられる。

（3）池上裕子『織田信長』（吉川弘文館、二〇一二年）。
（4）山崎布美「織田氏における津田名字について」（『季刊ぐんしょ』六六、二〇〇四年）、同「織田一族における家中秩序」（『日本歴史』七四五、二〇一〇年）。
（5）その手がかりとして、例えば、先に挙げた『信長公記』巻十五の天正十年正月の年頭御礼の記事では、近隣諸国の大小名たちが出仕したとあるが、信長の家臣から大名化した織田大名だけではなく、新たに信長に服属した大名なども含むのであれば、「天下人」としての儀礼の性質を有すると言える。織田政権下の儀礼の解明に向けて、今後の研究の進展が俟たれる。
（6）二木謙一「豊臣政権の儀礼形成」（同『武家儀礼格式』吉川弘文館、二〇〇三年。初出、桑田忠親編『豊臣秀吉のすべて』新人物往来社、一九八一年）。
（7）二木謙一「『聚楽第行幸記』にみる豊臣期の儀礼」「豊太閤前田邸御成記の考察」（ともに同右書。後者は初出、岩橋小弥太先生頌寿記念会編『日本史籍論集』下、吉川弘文館、一九六九年）。
（8）二木謙一『秀吉の接待―毛利輝元上洛日記を読み解く―』（学研新書、二〇〇八年）。
（9）本郷恵子「書評　二木謙一『武家儀礼格式の研究』」（『法制史研究』五四、二〇〇四年）。
（10）水野哲雄「戦国期島津氏領国における伊勢流故実の受容と展開」（『年報中世史研究』三三、二〇〇八年）。
（11）末柄豊「細川幽斎と武家故実」（森正人・鈴木元編『細川幽斎―戦塵の中の学芸―』笠間書院、二〇一〇年）。
（12）拙稿「織豊期における書札礼故実の集積と、近世故実書の成立への展開―曽我尚祐『和簡礼経』を中心に―」（『織豊期研究』一一、二〇〇九年）。

（13）なお、それ以外の大名権力や織田・豊臣家臣などの書札礼・文書論については、以下の研究がある。

池西香里「中世武家書札礼の変遷―書札礼書の分析を中心に―」（『鷹陵史学』三七、二〇一一年）

今泉　徹「戦国大名佐竹氏の家格制」（『国史学』一七七、二〇〇二年）

臼井　進「戦国大名六角氏の発給文書の特色―伊庭貞隆の文書を中心に―」（『史叢』九三、二〇一五年）

大音百合子「近江浅井氏発給文書に関する一考察」（『古文書研究』四一・四二、一九九五年）

片桐昭彦「信玄の家臣団と書札礼」（山梨県立博物館監修『武田信玄からの手紙』山梨日日新聞社、二〇〇七年）

――「戦国期武家領主の書札礼と権力―判物・奉書の書止文言を中心に―」（『信濃』六六―一二、二〇一四年）

木村康裕「上杉謙信発給文書の分析」（同『戦国期越後上杉氏の研究』岩田書院、二〇一二年）

久野雅司「村井貞勝発給文書の基礎的考察」（『東洋大学文学部紀要　史学科篇』二七、二〇〇二年）

久保文武『藤堂高虎文書の研究』（清文堂、二〇〇五年）

黒嶋　敏「島津義久文書の基礎的研究」（『東京大学史料編纂所研究紀要』二五、二〇一五年）

黒田基樹「小早川秀秋の発給文書について」（研究代表者：深谷克己『一九九四・九五年度科学研究費補助金（一般研究B）研究成果報告書　岡山藩の支配方法と社会構造』、一九九六年）

小竹文生「羽柴秀長文書の基礎的研究」（『駒沢大学史学論集』二七、一九九七年）

小林清治「伊達政宗の書札礼」（『古文書研究』四一・四二、一九九五年。後に、同『伊達政宗の研究』吉川弘文館、二〇〇八年）

高橋　充「葦名盛氏の「止々斎」号―葦名氏発給文書の検討　その一―」（『福島県立博物館紀要』九、一九九五年）

――――「戦国期葦名氏の書札礼―葦名氏発給文書の検討　その二―」（羽下徳彦編『中世の社会と史料』吉川弘文館、二〇〇五年）

野本　亮「長宗我部元親発給文書に関する若干の考察―永禄～天正後期を中心にして―」（『研究紀要（高知県立歴史民俗資料館）』一一、二〇〇二年。後に、平井上総編著『シリーズ・織豊大名の研究　一巻　長宗我部元親』戎光祥出版、二〇一四年）

松尾剛次「最上義光文書の古文書学　判物・印判状・書状」（『山形大学大学院社会文化システム研究科紀要』一一、二〇一四年）

マルクス・リュッターマン「中・近世武家書札礼の文化史―記号の概観―」（小島道裕編『武士と騎士―日欧比較中近世史の研究―』思文閣出版、二〇一〇年）

宮島敬一「浅井長政の印判状と浅井氏発給文書」（有光友學編『戦国期印章・印判状の研究』、岩田書院、二〇〇六年）

小久保嘉紀「明智光秀の書札礼」（福島克彦・藤田達生編『史料で読む戦国史③　明智光秀』、八木書店、二〇一五年）

以上の中でもとくに、片桐昭彦氏の二〇一四年の論考が注目される。従来、判物であるか奉書であるかは書止文言で区別してきたが、必ずしも書止文言の違いで区別できるわけではないとする。

（14）　尾下成敏「織田信長発給文書の基礎的研究」（『富山史壇』一三〇、一九九九年）、同「織田信長発給文書の基礎的研究　その二」（『富山史壇』一三二、二〇〇〇年）、同「織田信長書札礼の研究」（『ヒストリア』一八五、二〇〇三年）、久野雅司「織田信長発給文書の基礎的考察―武家宛書状・直書の検討による一試論―」（大野瑞夫編『史料が語る日本の近世』吉川弘文館、二〇〇二年）。

（15）　藤田達生「織田政権と謀反」（『ヒストリア』二〇六、二〇〇七年）。

(16)　平野明夫「戦国期徳川氏の政治的立場―織田氏との係わりを通して―」(『国史学』一五八、一九九五年。後に、同『徳川権力の形成と発展』岩田書院、二〇〇七年)。
(17)　小林清治「秀吉の書札礼」(『東北学院大学論集　歴史学地理学』二四、一九九二年。後に、同『秀吉権力の形成―書札礼・禁制・城郭政策―』東京大学出版会、一九九四年)。
(18)　三鬼清一郎「豊臣秀吉文書に関する基礎的研究」(『名古屋大学文学部研究論集CI　史学三四』、一九八八年)、同「豊臣秀吉文書に関する基礎的研究(続)」(『名古屋大学文学部研究論集　四十周年記念論集　史学三五』、一九八八年)、同「豊臣秀吉文書の概要について」(『名古屋大学文学部研究論集　史学四四』、一九九八年)、同「豊臣秀吉文書の史料学的考察」(『織豊期研究』一一、二〇〇九年)。
(19)　藤田達生「豊臣国分と秀吉書札礼―小林清治氏の新著に学んで―」(『日本史研究』四三七、一九九九年。後に、同『日本近世国家成立史の研究』校倉書房、二〇〇一年)。
(20)　播磨良紀「羽柴秀吉文書の年次比定について」(『織豊期研究』一六、二〇一四年)。
(21)　高橋修「徳川家康発給書状論」(『東北歴史資料館研究紀要』二五、一九九九年)。
(22)　平野明夫「徳川家の書札礼」(『戦国史研究』三四、一九九七年)。
(23)　播磨良紀「徳川家康の花押について」(矢田俊文編『戦国期の権力と文書』高志書院、二〇〇四年)、同「松平元康の花押について」(『愛知県史研究』八、二〇〇四年)。
(24)　木下聡「織豊期の武家官位」(同『中世武家官位の研究』吉川弘文館、二〇一一年)、同「信長は、官位を必要としたのか」(日本史史料研究会編『信長研究の最前線―ここまでわかった「革新者」の実像―』洋泉社歴史新書y、二〇一四年)。堀新「織田信長と武家官位」(『共立女子大学文芸学部紀要』四五、一九九九年。後に、同『織豊期王権論』校倉書房、二〇一一年）。
(25) 木下 前掲註(24)論文(二〇一一年)。
(26) 清水亮「「秋田城介」織田信忠考」(海老澤衷先生の還暦を祝う会編『海老澤衷先生還暦記念論文集　懸樋抄』海老澤衷先生の還暦を祝う会、二〇〇八年)。
(27) 堀 前掲註(24)論文。
(28) 下村效「天正 文禄 慶長年間の公家成・諸大夫成一覧」(『栃木史学』七、一九九三年。後に、同『日本中世の法と経済』続群書類従完成会、一九九八年)、同「豊臣氏官位制度の成立と発展―公家成・諸大夫成・豊臣授姓―」(『日本史研究』三七七、一九九四年。後に、同『日本中世の法と経済』)。
(29) 池享「武家官位制の創出」(永原慶二編『大名領国を歩く』吉川弘文館、一九九三年。後に、同『戦国・織豊期の武家と天皇』校倉書房、二〇〇三年)、同「武家官位制再論」(『日本歴史』五七七、一九九六年。後に、同『戦国・織豊期の武家と天皇』)。
(30) 矢部健太郎「豊臣「武家清華家」の創出」(『歴史学研究』七四六、二〇〇一年。後に、同『豊臣政権の支配秩序と朝廷』吉川弘文館、二〇一一年)。
(31) 矢部健太郎「豊臣「公儀」の確立と諸大名」(『史学研究集録』二六、二〇〇一年。後に、同前掲註(30)著書)。
(32) 矢部健太郎「小早川家の「清華成」と豊臣政権」(『国史学』一九六、二〇〇八年)。
(33) 矢部健太郎「「布衣」考―豊臣期「諸大夫」の一形態―」(『栃木史学』一六、二〇〇二年。後に、同前掲註(30)著書)。
(34) 矢部健太郎「太閤秀吉の政権構想と大名の序列」(『歴史評論』六四〇、二〇〇三年。後に、同前掲註(30)著書)。
(35) 黒田基樹「慶長期大名の氏姓と官位」(『日本史研究』四一四、一九九七年)。

（36）　堀越祐一「豊臣期における武家官位制と氏姓授与」（『歴史評論』六四〇、二〇〇三年。後に、同『豊臣政権の権力構造』吉川弘文館、二〇一六年）。

（37）　木下　前掲註（24）論文（二〇一一年）、同「秀吉は、官位をどのように利用したのか」（前掲註（24）『信長研究の最前線』）。

織豊期研究二十年の回顧

三鬼清一郎

今から四半世紀も前のことになるが、愛知県史・三重県史など自治体史の編纂で顔を合わせるメンバーが、意見を交換する機会をもっていた。当初は二次会の席であったが、東海地域に職場をもつ人や学生・院生も加わり、徐々に研究会としての色彩を帯びるようになった。もちろん、各人の問題意識や研究への関わり方は違っているが、織豊期という中世末期にも近世初期にも包摂されない独自の時代空間に惹かれていた。信長・秀吉・家康という「天下人」が、なぜこの時期に、この地域から相次いで出現し、戦国末期における歴史的変動を通じて新たな社会秩序を生み出す原動力となったかという謎を解きたいという問題意識は、各人が共有していたように思われる。

研究会では、一点ずつ正確に史料を読み込み、その中に隠れている歴史の側面を解明するよう心がけた。最初に採りあげた史料は「片桐文書」で、その後は「伊予小松一柳文書」「大洲加藤文書」「吉村文書」、さらには「山崎文書」「生駒家文書」「池田家文書」などで、月例の輪読会として現在も続いている。また、各人の問題関心に基づいた個別報告では、終電車の時間ぎりぎりまで議論を交わしたこともあった。ここでは、学界の通説とされる理論を検証するなかで各自が発想を拡げ、大きな時代像を描くことが共通の課題であった。

織豊期研究会として正式に発足したのは一九九五年三月十六日である。設立総会には関東・関西、さらには九州地方からも研究者が参加し、学生・院生や歴史愛好者なども加わって多彩な顔ぶれでスタートした。研究対象については狭く限定せず、戦国時代から江戸時代初頭までに拡げている。当面は、総会を含めて年四回の研究報告会を開催し、それ以外の月は史料の輪読を行うこと原則とした。ただ、この時点では、機関誌を刊行することは念頭になかった。

研究会としては、共同研究のほか、史跡や史料の保存運動にも積極的に参加し、自治体史の執筆を通じて地域の歴史像を描くことも必要な仕事と考えていた。その一環として、メンバーの幾人かが加わった『新修名古屋市史』第二巻の刊行を記念して、一九九九年三月十四日にシンポジウム「織田・豊臣政権と尾張」を開催した。地元の関心は高く、研究者・教育者・歴史愛好者が全国から一二六名参加し、盛会だったが、これを機会に機関誌を刊行しようという意見が盛り上がった。我々に定期刊行物を維持するだけの力量があるか、個別報告書として記録すべきではないかといった意見もあったが、思いきって踏み切ることにした。創刊号（同年十一月刊）の「織豊期研究」にはシンポジウムの全容が収録されている。

特定の時代を対象にした学会誌を刊行することについて、さまざまな考えがあることは予想されるが、我々には密かに期すところがあった。それは、当時の学会・研究会で真の議論が行われておらず、せいぜい質疑応答のレベルにとどまっている現状に風穴をあけ、業績主義が蔓延していることに批判の態度を示すことである。それには、我々自身の厳しい自己点検と相互批判が不可欠であるが、その実践の場を機関誌「織豊期研究」に求めたのである。

学会誌である限り、研究水準を大きく超える優れた論文を掲載することは当然であるが、我々としては、問題意識にあふれ将来が期待できる若手研究者に発表の場を提供することが必要であると考えた。書評については、当該年次に刊行された問題提起的な著書を選び、その分野に造詣の深い研究者に委嘱するよう心がけた。それによって議論を活性化したかったのである。

研究会として最初に手がけたことは、この間に積み上げてきた研究成果を論文集として纏めることであった。これによって我々は、多くの方々の批判を仰ぐなかで自らの立ち位置を確かめ、さらなる発展を期したいと考えたのである。この論文集には一五名の会員が執筆している。

三鬼清一郎編『織豊期の政治構造』（吉川弘文館、二〇〇〇年六月刊）

共同研究として取り組んだテーマは、天正十二年（一五八四）に羽柴（豊臣）秀吉と徳川家康・織田信雄連合軍との間で闘わされた小牧・長久手の戦いである。この戦いは、秀吉の天下統一過程における局地的な合戦の一つとみなされていたが、このような見解は既に払拭され、信長死後における政治上の帰趨を決する「天下分け目の戦い」であることがが共通認識となっている。

この戦いは、最終的な勝敗がつかぬまま和議が結ばれたので、その後も両者の緊張関係は続いた。天正十四年に家康が上洛することで秀吉と主従関係が結ばれたが、家康は天正十八年に関東へ移封したのち、独自の知行割によって権力構成を質的に高め、朝鮮出兵を免れたことで勢力を温存できた。信雄は家康の旧領国への移封を拒んだことで秀吉の怒りにふれ、改易された。

秀吉・家康の双方とも、全国の大名・領主をはじめ、土豪・地侍や寺社などを自己の側に組み入れようと、さまざまな方策で働きかけた。すべての勢力は、どちらの陣営に属すかを明確にするよう迫られ、圏外に立つことは許容されなかった。とりわけ土豪層は、在地に根ざして領主化する途を閉ざされ、上級権力に服属する以外に生き残ることが不可能となったのである。

我々は、文献史料の研究とあわせて、合戦が行われた現地の調査を行った。四百年を超える歴史の流れと、それ以上に激しい開発の波によって史跡が破壊されていることは予測していたが、地名や伝承などを手がかりとして土地に刻まれた痕跡を探り、文献史料の間隙を埋めようと試みた。この過程で我々は、史跡や史料を保存することの重要性を再確認したのである。

研究会としては、二〇〇一年七月二十日に三重県久居市（現・津市）久居市民ふれあいセンターで開催された「上野遺跡シンポジウム　北畠氏一族と秀吉」（主催・三重大学上野遺跡学術研究会）や、二〇〇四年十月三日の第二回シンポジウム「木造氏と上野遺跡」を後援した。これは、城郭や城館の現状調査や、内部構造を復元する研究に支えられており、この頃の「織豊期研究」には、「戦場をあるく―戦場調査ガイド―」というタイトルで、三河野田城や伊勢戸《へ》木《き》城、桶狭間・姉川の古戦場、長島一向一揆の足跡などについての記事が掲載されている。また、兵庫県篠山市の八上城とその周辺遺跡をはじめ、各地の史跡保存運動にも会員が活動している。

小牧・長久手の戦いについての共同研究は、文部科学省平成十三～十六年度基盤研究（A）「近世成立期の大規模戦争と幕藩体制―占領・国分・仕置の視点から―」（研究代表者・藤田達生）を受けて実施された。

戦争や戦場の研究については、戦前の皇国史観への反発もあって、無意識のうちに避ける傾向にあったことは否定できない。しかし、実態に基づいた研究を軽視し、理念だけを強調する研究が空疎であることも実感している。それゆえ我々は、あえてこれを正面に掲げたのである。

秀吉・家康の両陣営とも、新たな統一国家を構築するプランを描きつつ、信長亡き後の「天下人」の座をめぐって激突した。戦闘は全国的規模で展開され、局外中立は許されず、長期にわたって戦いは継続した。共同研究では、個々の場面における具体的な事実を確定し、それぞれの側の政権構想を解き明かすことが最大の課題であった。なお、二〇〇四年三月二十七日に、「織田・豊臣政権と合戦」と題するシンポジウムを三重県菰野町の町民センターで開催した。

四年にわたる共同研究の成果は、二冊にまとめられた。これには二七名の会員が執筆している。

藤田達生編『小牧・長久手の戦いの構造　戦場論上』（岩田書院、二〇〇六年四月刊）

同　『近世成立期の大規模戦争　戦場論下』（同）

二〇〇八年十二月十三日には、「織豊期研究」第一〇号の刊行を記念して、シンポジウム「織豊期の史料と権力」を開催した。この全容は、第一一号（翌年十月刊）に収録されている。

織豊期研究会としては、慶長五年（一六〇〇）の関ヶ原の戦いをテーマに共同研究をすすめるなかで創立二十周年の日を迎えた。この間、我々の共同研究を温かく見守り、ときには厳しく批判して下さった多くの方々に感謝し、今後ともご指導を賜ることをお願い申し上げる次第である。次の区切りを目指す我々には、今までにない困難が待ち受けている。研究会の実務運営が僅かの委員の加重負担で支えられているが、中堅層の多くが東海地方から離れた地へ転出し、世代交替が容易ではないのが現状であるが、解決の途を模索したいと思っている。

最後に、創立当初からの会員である故秋沢繁・小林清治・新行紀一・立花京子・永原慶二氏らの先学に感謝し、謹んでご冥福をお祈り申し上げたいと思う。

あとがき

一九九五年三月に織豊期研究会が発足し、その二十周年を迎えるにあたって、どのような企画を立てるか、議論になった。二〇一五年二月二十二日の昼下がり、名古屋駅近辺の喫茶店に委員五名が集まり、多くの意見が交わされた。

現在、織豊期研究会は三重大学に事務局をおき、年に一回、会誌『織豊期研究』を刊行している。主に東海地域の教員、院生が委員を務める体制で運営しているが、事務作業を担う人材も不足気味で、財政面もあまり余裕がない。よって、どのようなことが実施可能であるか、手探りの状態でもあったが、織豊期研究がこの二十年でどのように進展したのかを問うことが多くの委員の問題関心にのぼった。重要なテーマが数多く挙げられたため、土曜・日曜の二日間にわたってシンポジウムを開催する案も浮上したが、そのような企画を実行するほど財政上の余力がないため、テーマを絞って一日で開催することとなった。

それぞれの分野で活躍されている遠方の先生方にご報告を依頼したところ、ご快諾を賜った。同年九月五日に中部大学名古屋キャンパスで、準備報告会を実施し、シンポジウムの当日に向けて検討が積み重ねられた。

シンポジウムの報告準備とは別に、若手の院生・研究者を中心として、この二十年に発表された織豊期研究の論文目録を作成することも行われた。これは三鬼清一郎氏『織田豊臣政権研究論文目録』(一九九八年三月現在)の成果を引き継ぐことを意図したものである。上嶋康裕・小久保嘉紀・千枝大志・長屋隆幸・羽柴亜弥・山下智也各氏に、水野が加わり、『史学雑誌』『戦国史研究』『中世城郭研究』掲載の論文目録を手掛かりとして、織豊期の論文を収集した。入力作業の一部は、中部大学人文学部歴史地理学科の学生にも協力をお願いした。

その目録はシンポジウム当日に参加者に配付する予定であったが、一万点以上の論文が集まり、なお入力内容の確認などが不十分であったため、配付は断念した。今後、この目録は何らかの形で公表することとしたい。それぞれが分担した数年分の目録作成すら中々困難であり、特に配列は頭を悩ますこともあった。

作成に関わった者の共通の感想として、『織田豊臣政権研究論文目録』の作成は非常に大変な作業であっただろうと実感するに至った。現在、用語の検索により、論文を探すことは容易になったが、逆に研究の総体を捉えることは困難になりつつある。このような目録の作成は織豊期の研究動向を知る上で重要である。

二〇一五年十一月二十八日、名古屋大学文学部二三七講義室で、シンポジウム「織豊期研究の現在（いま）」が開催され、遠方からも多くの方々がご参加下さった。ご来場の方々、および名古屋大学文学部日本史学研究室に、この場を借りて厚くお礼を申し上げる。織豊期研究会の活動は全国各地の方々に注目され、活動を支えていただいていることを改めて気づかされた次第である。なお、このシンポジウムは公益財団法人大幸財団の学会等助成金による補助をいただいた。ここに記して感謝したい。

シンポジウムの成果について、どのように公表するかも課題になっていたが、研究会のメンバーが多く参加した小牧・長久手の戦いに関する共同研究の成果論集『戦場論』上下（藤田達生編、二〇〇六年）の刊行でお世話になった岩田書院に、今回もお引き受けいただくこととした。岩田博社長はシンポジウム当日の報告内容も聞いて下さった。出版事情の大変厳しい昨今、本書刊行へと導いていただき、関係者一同、深くお礼を申し上げるところである。

織豊期の研究には多くの議論があるが、本書の各論文をもとに、さらに議論が進展することを期待したい。研究動向については、主要な分野について、この二十年の動向をもとに整理し、本書に収録した。本会の初代会長である三鬼清一郎氏の「織豊期研究二十年の回顧」とあわせて、ご参考にしていただければと思う。

織豊期研究会は今後も東海地域に基盤をおく研究会として、さらなる十年、二十年へと活動の充実を期すところである。引き続き、多くの方々のご支援をお願いするとともに、織豊期研究の魅力がより一層広まることを祈念して、あとがきの結びとしたい。

二〇一七年四月

織豊期研究会委員（編集担当）水野　智之

長屋 隆幸（ながや たかゆき）名城大学非常勤講師
1972年生まれ　愛知県立大学国際文化研究科博士後期課程満期退学　博士（国際文化）
『近世の軍事・軍団と郷士たち』（清文堂出版、2015年）
「土佐藩の公儀普請」（『金沢城研究』8、2010年）
「交代寄合西高木家における幕末軍制改革」（『名古屋大学附属図書館研究年報』9、2011年）

山下 智也（やました ともや）愛知大学綜合郷土研究所臨時職員（古文書担当）
1988年生まれ　愛知大学大学院文学研究科博士後期課程在学中　修士（日本文化）
「後北条領国における新宿立て―原兵庫助訴状の検討―」（『日本歴史』805、2015年）
「合戦時の輸送と宿場―小田原合戦時の伝馬課役から―」（『織豊期研究』18、2016年）

羽柴 亜弥（はしば あや）愛西市臨時職員（郷土資料室勤務）
1988年生まれ　愛知大学大学院文学研究科博士後期課程在学中　修士（日本文化）
「「大祭筏場車記録」にみえる織豊期津島の村について」（『海部津島郷土研究』1、2016年）

水野 智之（みずの ともゆき）中部大学人文学部教授
1969年生まれ　名古屋大学大学院文学研究科博士課程後期単位取得退学　博士（歴史学）
『室町時代公武関係の研究』（吉川弘文館、2005年）
『名前と権力の中世史』（吉川弘文館、2014年）
「足利義晴～義昭期における摂関家・本願寺と将軍・大名」（『織豊期研究』12、2010年）

小久保 嘉紀（こくぼ よしのり）桜花学園大学・椙山女学園大学・中京大学非常勤講師
1979年生まれ　名古屋大学大学院文学研究科博士課程後期修了　博士（歴史学）
「明智光秀の書札礼」
（藤田達生·福島克彦編『史料で読む戦国史3 明智光秀』八木書店、2015年）
「将軍偏諱の授与とその認知―相良義陽の事例から―」（『九州史学』173、2016年）
「『院秘抄』所載書札礼に関する基礎的考察」
（稲葉伸道編『中世寺社と国家・地域・史料』法蔵館、2017年）

三鬼 清一郎（みき せいいちろう）名古屋大学名誉教授
1935年生まれ　東京大学大学院人文科学研究科博士課程退学
『織豊期の国家と秩序』（青史出版、2012年）
『豊臣政権の法と朝鮮出兵』（青史出版、2012年）
『鉄砲とその時代』（吉川弘文館、2012年。初刊:教育社、1981年）

【著者紹介】掲載順

藤田 達生（ふじた たつお）三重大学教育学部・大学院地域イノベーション学研究科教授
1958年生まれ　神戸大学大学院文化学研究科博士課程修了　学術博士
『日本中・近世移行期の地域構造』（校倉書房、2000年）
『日本近世国家成立史の研究』（校倉書房、2001年）
『城郭と由緒の戦争論』（校倉書房、2017年）

藤井 譲治（ふじい じょうじ）京都大学名誉教授
1947年生まれ　京都大学大学院文学研究科博士課程単位修得退学　博士（文学）
『幕藩領主の権力構造』（岩波書店、2002年）
『徳川将軍家領知宛行制の研究』（思文閣出版、2008年）
『戦国乱世から太平の世へ』（岩波新書、2015年）

本多 博之（ほんだ ひろゆき）広島大学大学院文学研究科教授
1960年生まれ　広島大学大学院文学研究科博士課程後期単位修得退学　博士（文学）
『戦国織豊期の貨幣と石高制』（2006年、吉川弘文館）
『天下統一とシルバーラッシュ』（2015年、吉川弘文館）
「戦国豊臣期の政治経済構造と東アジア」（『史学研究』277、2012年）

山本 浩樹（やまもと ひろき）龍谷大学文学部教授
1962年生まれ、広島大学大学院文学研究科博士課程後期単位取得退学　文学修士
『戦争の日本史12　西国の戦国争乱』（吉川弘文館、2007年）
「戦国期西日本における境域と戦争」（『史学研究』285、2014年）

光成 準治（みつなり じゅんじ）九州大学大学院比較社会文化研究院特別研究者
1963年生まれ、九州大学大学院比較社会文化学府博士課程修了　博士（比較社会文化）
『中・近世移行期大名領国の研究』（校倉書房、2007年）
『関ヶ原前夜｜西軍大名たちの戦い｜』（日本放送出版協会、2009年）
『毛利輝元｜西国の儀任せ置かるの由候｜』（ミネルヴァ書房、2016年）

平井 上総（ひらい かずさ）花園大学文学部准教授
1980年生まれ　北海道大学大学院文学研究科博士後期課程修了　博士（文学）
『長宗我部氏の検地と権力構造』（校倉書房、2008年）
『長宗我部元親・盛親』（ミネルヴァ書房、2016年）
「中近世移行期の地域権力と兵農分離」（『歴史学研究』911、2013年）

織豊期《しょくほうき》研究の現在《いま》

2017年（平成29年）5月　第1刷　450部発行　　定価［本体6900円＋税］

編　者　織豊期研究会

〒514-8507 三重県津市栗真町屋町1577　三重大学教育学部 日本史研究室内

発行所　有限会社岩田書院　代表：岩田　博　http://www.iwata-shoin.co.jp

〒157-0062 東京都世田谷区南烏山4-25-6-103　電話03-3326-3757 FAX03-3326-6788

組版・印刷・製本：新日本印刷

ISBN978-4-86602-995-5 C3021 ¥6900E

コピーOK